ENCYCLOPÉDIE
DE L'INGÉNIEUR.

I.

Cet ouvrage se trouve :

Chez J. G. DENTU, Imprimeur - Libraire, rue du Pont
de Lodi, n° 5, près le Pont-Neuf;

et au dépôt de sa Librairie, Palais-Royal, galeries de bois,
n°s 265 et 266;

Ainsi qu'aux adresses suivantes :

BARROIS, l'aîné, rue de Savoie, n° 13;

TREUTTEL et WÜRTZ, rue de Lille, n° 17;

KLOSTERMANN, rue du Jardinet, n° 13;

BAILLEUL, rue Helvétius.

ENCYCLOPÉDIE DE L'INGÉNIEUR,

OU

DICTIONNAIRE

DES PONTS ET CHAUSSÉES.

PAR J. R. DELAISTRE,

INGÉNIEUR PENSIONNÉ, ET ANCIEN PROFESSEUR A L'ÉCOLE MILITAIRE DE PARIS.

TOME PREMIER.

~~~~~~~~~

PARIS,

DE L'IMPRIMERIE DE J. G. DENTU.

1812.

PRÉFACE.

Sɪ je ne craignais pas d'être soupçonné de cet amour-propre qui nous fait toujours regarder comme supérieure la branche des connaissances humaines à laquelle nous nous sommes principalement attachés, j'essaierais de faire ici l'éloge de l'art de l'ingénieur ; mais, sans nous arrêter à une discussion peu nécessaire, ouvrons l'histoire, et voyons quel degré d'importance mettaient à la construction des voies publiques les peuples qui ont étonné le monde par leur puissance et leur supériorité dans les arts.

Les Romains, si souvent pris pour modèle, excitent encore l'admiration de tous les peuples modernes, par la solidité et l'étendue de leurs voies publiques.

Ils divisaient leurs routes en chemins militaires, en chemins de traverse, et en chemins privés. Les premiers, les seuls dont je veuille parler ici, traversaient plusieurs fois l'Empire, sur des longueurs de quinze à seize cents lieues. Rien n'était oublié pour rendre ces chemins commodes et solides; ils n'étaient pas tortueux comme les nôtres, et, sous les prétextes les plus futiles, on ne leur faisait pas faire des détours qui aujourd'hui prolongent la peine du voyageur, et nuisent à la commodité du commerce. Les gorges profondes, les marais fangeux n'étaient pas même des obstacles; tout était nivelé par des ponts ou des remblais immenses. Rien ne pouvait arrêter les Romains; le génie de ce grand peuple, exalté encore par la forme de son gouvernement, savait également maîtriser les élémens et les nations.

On comptait à Rome trente portes auxquelles aboutissaient autant de grands chemins. Au milieu de la ville était une colonne de bronze doré, d'où se calculaient toutes les distances, et de mille en mille pas géométriques on en trouvait d'autres. Ces colonnes, appelées *colonnes milliaires*, étaient en marbre, de neuf à dix pieds de hauteur, et assises sur un piédestal corinthien, surmontées d'un chapiteau toscan, qui portait une boule.

Je ne parle point des temples, des palais, des arcs de triomphe, des tombeaux, des gymnases et des bains qui embellissaient les routes.

Les premiers hommes de l'Etat étaient chargés de veiller à l'exécution des travaux publics, et le peuple romain crut honorer Auguste en le nommant commissaire des grands chemins aux environs de Rome. Cet empereur nomma des préteurs pour veiller à l'exécution de ces travaux; et ces commissaires, qui remplissaient des fonctions correspondantes à celles de nos ingénieurs des ponts et chaussées, s'appelaient *Curatores viarum*. Ils étaient d'un rang et d'un mérite distingués; c'était par ces places qu'on parvenait aux plus hautes dignités. Ces hommes avaient cette élévation de génie qui se manifestait dans les travaux dont les projets et l'exécution leur étaient confiés.

Jetons un coup-d'œil sur l'histoire des autres peuples; nous verrons Sémiramis couper l'Assyrie par des canaux, des aqueducs; la traverser par de superbes routes; faire combler des vallées; percer des montagnes; en un mot, rendre son royaume florissant, en établissant entre toutes les parties de ce grand Etat des communications faciles.

Nous verrons en Egypte de hautes levées des-

tinées à braver les inondations annuelles du Nil,
et établir une communication assurée entre la
multitude des villes qui semblaient sortir du sein
des eaux.

Comparez l'Egypte, telle que nous l'ont dé-
peinte les historiens, avec ce qu'elle est aujour-
d'hui, et ce parallèle vous donnera une idée de
l'importance des travaux de l'ingénieur.

Nous verrons également Carthage et Tyr devoir
leur prospérité à leurs ports et aux autres voies
favorables au commerce.

L'antique Empire des Chinois, où la population
est si grande, et où par conséquent le gouvernement a dû favoriser l'agriculture et le commerce,
nous offre aussi de très-beaux travaux pour les
voies de transport, soit grandes routes, canaux
ou ports de mer.

Il est donc bien démontré qu'aucun peuple n'a
pu arriver à un haut degré de prospérité, qu'autant
qu'il a établi des communications multipliées et
faciles avec les pays qui peuvent lui fournir les
choses nécessaires à ses besoins réels ou factices.

Cette courte digression peut suffire pour indiquer l'importance de l'art de l'ingénieur, et faire

sentir combien il est essentiel de répandre, autant que possible, toutes les connaissances qui y sont relatives. C'est dans cette intention que j'ai composé l'ouvrage que je présente au public. La manière élémentaire dont j'ai traité chaque article, le met à la portée de tout le monde. Toutefois, il ne laissera pas d'être fort utile aux personnes déjà instruites, en ce qu'il pourra leur rappeler bien des choses que le peu d'habitude de les pratiquer leur aura fait oublier. Je lui ai donné la forme de Dictionnaire, parce que c'est la plus commode pour faciliter les recherches, et de l'homme déjà instruit, et de celui qui, n'ayant pas assez de loisir pour s'instruire de toutes les parties de la science, a cependant besoin de consulter tel ou tel article pour la direction de certains travaux.

J'ai renfermé dans mon Dictionnaire les sciences qui font la base de l'instruction à l'Ecole des ponts et chaussées de Paris : on y trouvera détaillées toutes les connaissances que l'ingénieur doit avoir en géométrie, physique et minéralogie, dans leurs rapports avec l'art de l'ingénieur : seulement j'ai évité d'employer les calculs algébriques, qui auraient pu arrêter et dégoûter ceux qui n'ont point fait une étude particulière de l'algèbre.

Je me suis servi par-tout des mesures nouvelles, en y joignant les anciennes, comme on ne peut encore s'empêcher de le faire, jusqu'à ce que celles-ci soient plus généralement connues.

Chaque article donnera toutes les connaissances relatives à l'objet dont on traite : par exemple, au mot *écluse*, on développera leur utilité, la manière de les tracer, de les fonder, de les élever; on y trouvera le développement de toutes les parties qui les composent.

Pour tracer une écluse, il faut connaître la formation des courbes, leurs propriétés et la manière de les décrire. Il faut, pour élever les *bajoyers*, les *sas*, et construire les portes, connaître la résistance à opposer à la pression de l'eau; on trouvera, à l'article *fluide*, toutes les connaissances sur lesquelles on peut baser ses calculs de résistance.

A l'article *bois*, les forces des bois, selon les différentes dimensions, avec des tables calculées d'après les expériences de M. de Buffon : il en est de même pour le choix des matériaux. On trouvera, à l'article *pierres, briques, mortiers,* etc., tout ce qui peut être dit à ce sujet pour les *épuisemens;* à ce mot, les noms de toutes les machines en usage, leurs différens degrés d'utilité et la manière de s'en servir. Ce que j'ai dit ici pour le mot *écluse* est applicable aux mots *ponts, canaux, chemins,* etc.

Il m'est donc permis de croire que cet ouvrage ne paraîtra pas indigne du titre de l'*Encyclopédie de l'Ingénieur.*

Au reste, je n'attends, pour fruit de mon travail, ni gloire ni fortune : je me croirai trop récompensé si je me suis rendu utile, et c'est ma plus douce espérance.

ENCYCLOPÉDIE

DE L'INGÉNIEUR.

A

Abaissement du niveau. Voyez *Nivellement.*

Abattage. s. m. Sorte de manœuvre dont se servent les tailleurs de pierre et les charpentiers pour retourner ou soulever une pierre ou une pièce de bois.

Abattage se dit aussi de la coupe de bois dans une forêt. Les mois de novembre, décembre, janvier, sont ordinairement choisis pour l'abattage des bois : c'est la saison où l'on cause le moins de dommage aux arbres que l'on veut conserver ; on ne craint pas d'en faire tomber les boutons et de détruire l'espérance des plus beaux jets.

Les bois une fois abattus, on ne doit pas tarder à en retrancher les branches. Il convient encore d'équarrir les arbres huit à dix jours après, parce que tout ce qui peut précipiter l'évaporation de la sève est favorable à leur conservation ; il est aussi très-utile d'enlever promptement l'aubier : alors rien ne retient et ne captive la transpiration de la sève ; les pores sont ouverts et le bois sèche plus facilement.

I.   i

Abattis. s. m. On appelle abattis toute la pierre que les carriers ont abattue ou arrachée dans une carrière.

About. s. m. Relever à bout les pavés d'une chaussée, c'est rétablir la forme de la chaussée et remplacer les pavés qui sont usés ou cassés. On appelle aussi *about* l'extrémité de toutes sortes de pièces de charpente, coupée à l'équerre, façonnée en talus et mise en œuvre de quelque manière que ce soit.

Abscisse. s. f. Est une partie quelconque du diamètre ou de l'axe d'une courbe comprise entre le sommet de la courbe, ou un autre point fixe, et la rencontre de l'ordonnée. Voyez *Ordonnée, Axe.*

Acanthe. s. f. Ornement d'architecture. Voici l'origine de cet ornement, telle que l'a donnée Vitruve. Une jeune fille de Corinthe étant morte, sa nourrice posa sur son tombeau quelques petits vases que cette fille avait aimés pendant sa vie, et afin que le temps ne les gâtât pas aussi promptement, elle couvrit d'une tuile le panier qui les contenait; elle posa par hasard ce panier sur la racine d'une plante d'acanthe. Au printemps suivant, les feuilles et les tiges commencèrent à sortir. Le panier, qui était sur le milieu de la racine, fit élever, le long de ses côtés, les tiges de la plante, qui, rencontrant les coins de la tuile, furent contraints de se recourber en leur extré-

mité , et formèrent le contournement des *volutes*.
Le sculpteur Callimachus passant auprès de ce
tombeau vit le panier ; il remarqua la manière
dont ces feuilles naissantes l'avaient enveloppé:
cette forme nouvelle lui plut et il l'imita dans les
colonnes qu'il fit depuis à Corinthe ; il établit et
régla sur ce modèle les proportions et les mesures
de l'ordre corinthien. Perraut remarque , à ce
sujet, que les architectes romains n'ont pas imité
les ouvrages de Callimachus dans leur chapiteau
corinthien ; car ils y ont mis le plus souvent des
feuilles qui sont fort différentes de celles de
l'acanthe, qu'ils ont réservées pour l'ordre com-
posite , ainsi qu'on le voit à l'arc de Titus. Ces
feuilles sont bien plus profondément refendues ,
et on les appelle feuilles d'olivier ou de laurier
quand elles sont fort grandes.

Accotement. s. m. Chemin de terre aux deux
côtés d'une chaussée, lequel doit toujours être en
pente, depuis la chaussée jusqu'au fossé où il se
termine. Les accotemens des grandes routes en
France ont ordinairement quatre mètres ; ceux
des Romains en avaient généralement autant ; ils
étaient quelquefois plus élevés que le milieu de la
chaussée et construits de la même matière. Chez
eux les accotemens faisaient une partie essentielle
des chemins; en France ce n'est qu'un accessoire
beaucoup trop négligé : on s'en occupe à peine.
Cette négligence est due à ce qu'ordinairement

les devis fixent un prix beaucoup trop bas pour
les terrassemens et le ragréage. Les entrepreneurs
se ruineraient, s'ils remplissaient les conditions
qui leur sont imposées relativement aux accotemens et aux fossés qui en dépendent. Il faut, pour
les leur faire exécuter, leur passer souvent deux
ou trois mètres pour un : c'est ce que j'ai été forcé
de faire quelquefois, avec le consentement de
l'ingénieur en chef. Cette partie des chemins restera toujours imparfaite, si l'on persiste à suivre
le même système dans les devis.

Accélération. s. f. Augmentation et accroissement de vitesse dans le mouvement des corps.

Pour déterminer la force du choc d'un corps
qui tombe sur un autre corps, il faut connaître
trois choses : le poids absolu du corps qui tombe,
l'accélération des vitesses acquises ou les espaces
parcourus pendant la durée de sa chute ; enfin,
son poids relatif ou la force qu'il a acquise à la fin
de cette même chute. Il n'y a pas de difficulté à
connaître le poids absolu d'un corps, puisque,
avant sa chute, il a un poids déterminé.

A l'égard de l'accélération de vitesse acquise
pendant les instans de la chute du corps, il faut
savoir d'abord que la vitesse d'un corps n'est autre
chose que le plus ou le moins d'espace parcouru
pendant la durée de son mouvement, que les espaces parcourus ou les hauteurs desquelles tombent les corps, sont entre eux comme les carrés

des temps ou des vîtesses, et que ces vîtesses ou
ces temps sont entre eux comme les racines carrées des hauteurs ou des espaces parcourus.

Il faut donc connaître en combien de temps un
corps pesant peut tomber depuis le commencement de sa chute, et connaître aussi la hauteur de
la chute, pour avoir le rapport déterminé des espaces parcourus, des vîtesses ou des temps avec
lesquels ces espaces ont été parcourus.

Je ne suivrai point les expériences curieuses
qui ont été faites par Galilée, Mariotte, La Hire,
Huygens, Desaguilles, Newton. Ce dernier a le
plus approché de l'exactitude, en donnant 15 pieds
(4,873) de hauteur de chute pendant la première
seconde, parce que cette opinion est conforme à
la théorie des cycloïdes, qui nous donne par le
calcul 15 pieds 3 lignes (4,880).

Tous les corps, comme chacun le sait, parcourent l'espace avec la même vîtesse : des boules
de plomb, de cuivre ou de cire qui tombent à
travers l'air, de la hauteur de 200 pieds, se rendent presque tous ensemble à terre, puisque,
d'après les expériences faites par Galilée, il n'y
a sur la fin de leur chute qu'une différence de
quatre doigts entre l'espace que les premières ont
parcouru et le chemin qu'a fait la boule de cire.
Newton a confirmé cette vérité en faisant l'expérience dans le vide de Boyle : il suspendit dans ce
vide différens corps, tels qu'un morceau d'or,

un flocon de laine, une barbe de plume ; ils tombèrent tous avec une égale vitesse.

La différence qu'on remarque dans la chute
des corps, quant à leur vitesse, ne dépend donc
point de la nature du mobile, mais de la résistance de l'air, qui fait perdre à chaque instant au
mobile une partie de sa vitesse, et qui lui fait employer à parcourir le même espace plus de temps
qu'il n'en emploierait dans le vide. Cette résistance dépend du volume du mobile, de la vitesse
avec laquelle il se meut, de sa figure. De là les
corps de même volume qui tombent dans l'air
perdent d'autant plus de leur vitesse, qu'ils sont
moins pesans, puisque, présentant la même surface au milieu qu'ils tendent à diviser par leur
chute, la résistance de ce milieu est la même
contre les uns et contre les autres.

Il ne faut pas confondre le volume d'un corps
avec sa masse : le volume est l'espace qu'un corps
occupe en longueur, largeur et épaisseur ; et la
masse est la quantité de matière ou de poids que
le volume contient en plus ou en moins.

Il résulte donc de toutes les expériences faites sur
l'accélération des corps, que, quelles que soient
leur grosseur, leur pesanteur, leur densité, ils
commencent à tomber avec une vitesse de 15 pieds
(4,873) par seconde ; mais après avoir parcouru
15 pieds (4,873) dans la première seconde de
temps, ils en parcourent trois fois autant dans la

suivante, cinq fois autant dans la troisième, etc. Galilée reconnut le premier cette loi, qui a été confirmée ensuite par toutes les expériences, et par la théorie de la pesanteur.

De là il suit que les espaces entiers parcourus depuis le commencement de la chute sont comme les carrés des temps ; car le corps qui n'avait parcouru qu'une perche à la fin de la première seconde, se trouve avoir parcouru quatre perches au bout de deux secondes, neuf après trois secondes, etc. : donc les espaces parcourus dans la chute des corps sont comme les carrés 1, 4, 9, 16 des temps 1, 2, 3, 4.

Les espaces étant comme les carrés des temps, et les vitesses comme les temps pendant lesquels elles ont été acquises, les espaces sont comme les carrés des vitesses, donc les vitesses sont comme les racines des espaces parcourus, c'est-à-dire des hauteurs d'où les corps doivent tomber, pour acquérir ces vitesses.

On peut dire également que les vitesses sont comme les racines des hauteurs doubles, c'est-à-dire, des espaces qui seraient parcourus uniformément avec les mêmes vitesses acquises. Voyez *Gravité*, *Percussion*, *Pesanteur*.

Adhérence ou *Adhésion*. s. f. Etat de deux corps qui tiennent l'un à l'autre, soit par leur propre action, soit par la compression des corps extérieurs.

Notre atmosphère, par sa pesanteur, presse les corps les uns contre les autres (voyez *Air*) , lorsqu'il ne se trouve point d'air entre eux. Que l'on mette deux sphères concaves de cuivre l'une sur l'autre et qu'on pompe l'air qu'elles contiennent, ces deux sphères tiendront l'une à l'autre avec une force égale à toute la pesanteur de notre atmosphère , lorsqu'elle agit sur le plan d'un cercle dont la grandeur est égale à celle du plus grand cercle de cette sphère.

Tous les corps posés les uns sur les autres tiennent ensemble , et ils se tiennent d'autant mieux que leur surface est plus polie.

Les surfaces des grands corps sont en général fort raboteuses ; lorsqu'ils sont posés les uns sur les autres, ils ne se touchent que par un petit nombre de points et ils sont séparés dans un très-grand nombre. La vertu attractive qui les unit, agit très-fortement sur les parties qui sont en contact, et elle agit plus faiblement sur celles qui sont à une petite distance les unes des autres. Plus les aspérités qui sont répandues sur les surfaces des corps sont petites , et moins ces surfaces sont éloignées. Aussi les corps dont les surfaces sont bien polies, s'attirent plus puissamment et contractent entre eux une plus grande adhérence.

Pour que les surfaces deviennent plus unies, moins inégales, moins raboteuses, il faut avoir soin de les oindre avec un fluide gras, dont les parties subtiles puissent remplir leur cavité, se trouver, pour ainsi dire, au niveau de leurs petites éminences, et enfin obstruer la plus grande partie de leurs pores ; c'est pourquoi les anciens enduisaient d'huile les pierres après les avoir bien polies, et elles paraissaient alors ne former qu'un seul et même corps.

Affaissé. adj. Un bâtiment s'affaise par son propre poids lorsqu'il est mal construit, soit qu'il l'ait été sur un mauvais fonds, soit que les joints en mortier ou plâtre soient trop forts ; ce qui produit les fractures des voûtes. Dans les grands édifices, il convient de laisser les fondemens s'affaisser et les mortiers prendre corps, avant de les élever hors de terre.

Les chaussées des chemins faites de terres rapportées s'affaissent beaucoup ; il faut les laisser tasser avant de former les encaissemens.

Affermir. v. a. C'est rendre stable, fortifier un terrain pour établir des fondemens, soit par des pilotis, soit par des arcs renversés entre les piliers. Voyez *Fondations.*

Affourcher. v. a. Affourcher deux pièces de bois, c'est les joindre par un double assemblage avec languette et rainure de l'une à l'autre.

Aimant. s. m. Pierre dure que l'on trouve dans presque toutes les mines de fer. Cette pierre est de différentes couleurs : il y en a de blanche, de bleue, de noire ; la plus grande partie est de couleur de fer : elle a la vertu d'attirer une autre pierre de même espèce, ou du fer, soit qu'elle touche, soit qu'elle soit à un très-petite distance. On préfère celle dont les forces attractives sont plus grandes.

L'aimant communique sa force attractive au fer, dès qu'on le passe sur un de ses pôles. Le fer auquel on a communiqué cette vertu devient lui-même semblable à un véritable aimant et peut communiquer la vertu magnétique à un autre morceau de fer. Il ne faut pas cependant que le fer auquel on veut communiquer cette vertu soit trop épais ; il doit avoir une certaine longueur.

Lorsque l'aimant est abandonné à lui-même et qu'il a la facilité de se mouvoir, on observe qu'il dirige toujours un de ses pôles vers le pôle boréal du monde, et l'autre vers le pôle austral. Une aiguille de boussole à laquelle on a communiqué la vertu magnétique, obéit plus aisément à cette impression et se dirige mieux qu'un aimant vers les deux pôles du monde : c'est pourquoi les physiciens et les navigateurs la préfèrent à un aimant et en font usage.

L'aberration et la dérivation de l'aimant ou de l'aiguille aimantée, en vertu de laquelle elle s'éloigne de la direction du méridien terrestre, se nomme la déclinaison de l'aimant; cette déclinaison est occidentale dans plusieurs endroits de la terre, elle est orientale dans les autres. Soit qu'elle soit orientale ou occidentale, elle est exposée à des vicissitudes continuelles d'augmentation ou de diminution. Voyez *Boussole*.

Air. s. m. Fluide invisible, sans odeur, sans saveur, transparent, pesant, élastique, sonore, électrique, et qui forme une espèce d'enveloppe à notre globe.

Nous ne considérerons l'air que dans celles de ses propriétés qui peuvent avoir rapport à l'art de l'ingénieur : telles sont la fluidité, la pesanteur, l'élasticité.

La fluidité de l'air est très-grande, parce qu'il est composé de parties extrêmement rares, sphériques, mobiles, petites et légères, qui ne s'attirent que faiblement, qui au contraire se repoussent et qui par conséquent peuvent être séparées les unes des autres fort aisément.

Comme fluide, l'air presse dans toutes sortes de directions avec la même force. Sa pression latérale égale sa pression perpendiculaire. Toute la masse d'air qui environne la terre s'appelle atmosphère, et l'on peut déterminer son poids, ainsi que nous allons le voir.

Ce fut Galilée qui commença à soupçonner que l'air était pesant ; il tira cette connaissance de l'eau, qui ne s'élevait que jusqu'à une certaine hauteur dans les pompes. Torricelli, par l'invention du baromètre, fournit les moyens de déterminer

quelle était la compression de l'atmosphère sur
notre globe. Voyez *Baromètre*.

Si on remplit de mercure un long tube de verre,
ouvert d'un côté et fermé de l'autre, et qu'après
l'avoir renversé on le plonge dans un petit vase
aussi rempli de mercure, on voit le mercure
tomber en quelque sorte hors du tube; mais il
reste suspendu ordinairement à la hauteur de 29
pouces (0,785) dans nos climats : il est donc démontré par cette expérience que la pesanteur de
notre atmosphère est en équilibre avec celle du
mercure dans le tube.

On connaît à peu près la grandeur de la terre,
et on peut supposer que la pression de l'air est
partout en équilibre avec une colonne de mercure
de 29 pouces (0,785) : par conséquent tout le
poids de l'atmosphère équivaudrait au poids d'un
océan de mercure qui couvrirait la surface de la
terre jusqu'à la hauteur de 29 pouces (0,785) :
or, ce poids, suivant le calcul de Bernouilli,
égale 6,687,360,000,000,000,000. Cette pesanteur est énorme, et cependant on ne s'aperçoit
pas que le corps soit comprimé par un tel poids.
Selon les calculs faits par Mussembrock, un
homme d'une taille ordinaire est pressé par
l'air comme par un poids de plus de 42 mille
livres.

La pesanteur de l'air, comparée à celle de l'eau,
est quelquefois dans le rapport de 1 à 800 : ce

rapport n'est pas très-constant ; il varie, suivant les pays et les saisons, de 1 à 600, à 1000. Si donc un pied cubique d'eau pèse 631. 34 grains, et que la gravité spécifique de l'air soit à celle de l'eau comme 1 est à 700 (0,034,277), un pied cubique d'air pesera 694 grains.

Le poids de l'air qui est proche de la surface de la terre étant connu, ainsi que son ressort ou son élasticité, on peut comprendre aisément tout ce qui concerne le mécanisme des pompes. Voyez *Pompes.*

Puisque l'air est fluide et pesant, il est soumis nécessairement aux lois de la gravitation et de la pression, comme les autres fluides : par conséquent la pression doit être proportionnelle à sa hauteur perpendiculaire. C'est par ce moyen qu'on peut évaluer la hauteur des montagnes, si l'on porte un baromètre en un lieu élevé, où par conséquent la colonne d'air soit plus courte. La colonne de mercure baissera d'un quart de pouce si l'on porte le tube à 100 pieds (32,484) plus haut : son abaissement suivra la même proportion, à mesure que l'on montera.

L'air est élastique ; il cède à l'impression des autres corps en rétrécissant son volume, et se rétablit ensuite dans la même forme, à la même étendue, en écartant ou affaiblissant la cause qui l'avait resserré. Cette force élastique est une des propriétés distinctives de l'air.

L'air qui est le plus voisin de notre globe se raréfie de telle manière, que son volume est toujours en raison inverse des poids qui le compriment ; c'est-à-dire que si l'air, pressé par un certain poids, occupe un certain espace, ce même air, pressé par un poids qui ne soit que la moitié du précédent, occupera un espace double de celui qu'il occupait dans le premier cas. MM. Boyle et Mariotte ont établi cette règle par des expériences ; cependant elle n'est pas absolue : car l'air peut être comprimé au point de ne pouvoir plus l'être, comme il est un point où l'air ne peut plus être raréfié.

L'air exposé à l'action du feu se raréfie : d'où il suit que l'élasticité de l'air, cette propriété en vertu de laquelle il tend à se développer en toutes sortes de sens, augmente et acquiert une plus grande intensité, lorsque le feu déploie son action contre ce fluide ; au contraire l'air exposé au froid se condense et se réduit à un moindre volume, comme s'il perdait une partie de son ressort.

La dilatation de l'air, prise depuis le terme de la glace jusqu'à la plus grande chaleur, peut être dans le rapport de 6 à 7.

Une masse d'air peut être dilatée par le feu jusqu'à contenir un espace trois à quatre mille fois plus grand.

J'ai donné les principes généraux et l'on en

trouvera l'application aux articles des machines où l'air agit comme principal moteur.

Aire. s. f. Surface plane et horizontale. Les aires se font avec différens matériaux.

— *de plâtre.* Simple enduit de plâtre que l'on pratique ordinairement dans un atelier pour y tracer un plan, une épure.

— *de ciment.* Massif d'un pied (o,325) d'épaisseur ou environ, composé de cailloux avec mortier de chaux et de ciment : on le forme ordinairement sur les voûtes exposées aux injures de l'air, comme celles des ponts et des terrasses ; on le couvre de dalles de pierre, ou de pavé.

— *de bassin.* Massif que l'on pratique dans toute l'étendue d'un emplacement pour le mettre de niveau : on forme ce massif de différentes matières suivant la disposition du terrain, quelquefois en moellons, quelquefois en ciment ou en terre grasse. Nous parlerons des précautions à prendre pour les bien former, aux articles auxquels leur usage est applicable.

On entend aussi par aire la surface du carré d'un triangle, d'un cercle et de toute autre figure géométrique.

Trouver l'aire d'une figure quelconque, c'est trouver combien sa surface contient de toises, de pieds, de pouces, ou telle autre mesure donnée. Voyez *Planimétrie.*

L'aire d'un pont est le dessus du pont, pavé ou non pavé, sur lequel on marche.

Alignement. s. m. On ne peut bâtir un mur de face dans les rues des villes, ni sur les grands chemins, sans y être autorisé par le préfet, d'après l'avis de l'ingénieur des ponts et chaussées chargé de donner les alignemens. Voyez *Police des routes.*

On trace un alignement par le moyen de bâtons appelés jalons; il faut le concours de trois ou quatre personnes pour les porter, les changer, les reculer selon la volonté du traceur ; on se place à trois ou quatre pieds au-dessus du jalon en se baissant à sa hauteur ; on mire tous les autres avec celui qui est devant soi, de manière qu'ils se couvrent tous. Lorsqu'une partie de chemin est parfaitement droite, on dit qu'elle est d'un seul alignement : on en voit peu en France.

Les Romains, qui n'épargnaient rien pour la construction de leurs grandes routes, les rendaient courtes le plus qu'il leur était possible ; ils faisaient des alignemens qui traversaient les montagnes, les marais, etc.

L'empereur Vespasien fit percer le mont Apennin en Italie, dans le dessein de raccourcir la Voie Flaminienne : ce percement est de mille pieds (324,839) de longueur. Trajan fit traverser le lac de Pontia près de Terracine, par une chaussée pavée de quinze à seize milles de longueur. Cette

chaussée était interrompue de distance en distance par des ponts pour la communication d'une
partie du lac dans l'autre.

En France, non seulement le moindre obstacle
que la nature présente fait contourner un chemin,
mais plus souvent encore la crainte d'endommager
ou de traverser la propriété d'un homme puissant.
Ce défaut se remarque dans les pays où se te-
naient les Etats, principalement dans la ci-devant
Flandre : un aperçu, que j'ai envoyé au conseil
des ponts et chaussées lorsque j'étais au service
dans le département du Pas-de-Calais, prouve
qu'on aurait pu épargner dans ce département une
longueur totale de 150,000 mètres ou 30 lieues,
en faisant suivre aux grandes routes leur direction naturelle, sans égard aux réclamations des
particuliers. Cette économie de terrain est considérable dans un pays fertile ; et d'ailleurs combien ne diminuerait-elle pas les frais d'entretien ?

Quelques-uns de nos rois ont cependant senti
l'importance de diriger les chemins en ligne droite.
Je vais rapporter les motifs d'un arrêt du conseil
du 26 mai 1705, qui ordonne que les anciens et
nouveaux chemins seront conduits du plus droit
alignement que faire se pour a.

« Parce que Sa Majesté ayant appris que les
« entrepreneurs desdits ouvrages de pavé, dans
« les grands chemins, sont tous les jours troublés
« par les propriétaires des héritages riverains des-

« dits chemins , lorsque, pour les redresser , les-
« dits entrepreneurs se mettent en état de passer
« dessus les terres ; ce qui fait qu'il y a quantité de
« chemins qui, au lieu d'être d'un droit aligne-
« ment, comme ils auraient dû être, ont été faits
« avec des sinuosités fort préjudiciables aux in-
« térêts de Sa Majesté, par la plus grande dépense
« qu'il faut faire pour les construire et pour les
« entretenir, et à la commodité publique , en ce
« que les chemins en sont beaucoup plus longs : à
« quoi étant nécessaire de pourvoir, ordonne, etc. »

En supposant qu'il en coûte seulement 3 cen-
times pour l'entretien de chaque mètre carré, et
cette évaluation n'est point exagérée, si les routes
sont bien entretenues , on économisera , pour
le seul département du Pas - de - Calais plus de
80,000 fr. , et pour la totalité des départemens ,
8 à 10 millions chaque année.

L'agriculture y gagnera encore davantage , puisque , d'après un aperçu établi sur des faits,
150,000 mètr. donneront en superficie 1,800,000
mètres, qui seront rendus à la culture dans un
département où les terres sont si précieuses. Si
l'on suppose le même résultat pour chaque département, on sera étonné de l'immensité des terrains rendus à la fortune publique et particulière
de l'Etat. Ce projet , qui présente de très-grands
avantages, semble offrir aussi quelques difficultés ;
mais ces difficultés ne peuvent entrer en compa-

raison avec le bien qui résulterait de son exécution : elles ne sont qu'apparentes, et le bien est réel.

Une fois que le plan général serait arrêté d'après des données certaines, l'exécution se ferait par partie : on commencerait par les routes les plus défectueuses.

Dans le premier empire du monde, les grandes routes ne seraient plus un amas de boues et de pierres ; elles seraient construites solidement, et sous une forme plus commode pour tous les voyageurs ; on ne serait plus obligé de parcourir 60 lieues, au lieu de 40 ; les montagnes seraient aplanies ou unies par des ponts, et les routes suspendues au-dessus des vallées profondes.

Plus de vingt siècles se sont écoulés, et nous sommes, pour ainsi dire, encore témoins des travaux étonnans des Romains en ce genre. Un plus grand nombre de siècles s'écouleront, et la postérité la plus reculée admirera les grands travaux que Napoléon Ier aura fait exécuter pour l'utilité et la gloire de sa nation. Voyez *Chemin.*

Alluvion. s. f. Accroissement que forment les inondations le long des côtes ou des rivages des rivières.

Cette addition qu'un fleuve fait à un fonds appartient au propriétaire de ce fonds, lorsque l'accroissement s'est fait imperceptiblement, c'est-à-dire, de manière à ce qu'il soit impossible de connaître combien le fonds a reçu d'augmentation dans chacun des instans que l'alluvion a mis à se former.

Mais si un fleuve, par son impétuosité, a emporté une partie d'un fonds et l'a jointe à l'héritage voisin, cette partie ne cesse pas d'appartenir au propriétaire du fonds dont elle a été détachée. Toutefois, si elle est demeurée pendant long-temps jointe à l'héritage voisin, et que les arbres que le fleuve a entraînés y aient pris racine : alors le tout appartient au propriétaire de cet héritage.

Il y a donc de la différence entre l'alluvion, et l'accroissement fait par la violence des eaux.

Les îles qui s'élèvent dans un fleuve ou une rivière navigable, appartiennent au gouvernement ; personne n'y peut prétendre, sans un droit ou un titre exprès et une possession légitime : tel est le vœu de la déclaration du roi du mois d'août 1683, à la disposition de laquelle on n'a rien changé depuis.

Les îles qui se forment dans les petites rivières non navigables appartiennent au propriétaire des terres contiguës.

Amaigrir. v. a. Diminuer l'épaisseur d'une pièce de bois de charpente, ou de quelques autres matériaux, pour qu'ils puissent remplir la place à laquelle ils sont destinés.

Amarres. s. f. Pièces de bois appliquées sur les montans d'une chèvre ou d'un engin, lesquelles forment un bossage autour des extrémités. On appelle aussi *amarre* un câble dont on se sert pour attacher quelque chose. On désigne encore par *amarres* les cordages avec lesquels on attache les vaisseaux à quelques pieux ou anneaux.

Amarrer. v. a. Attacher et lier fortement avec une amarre.

Amont. s. m. Quand on reprend un mur par sous œuvre au rez-de-chaussée, on étaie le reste de ce mur en amont.

On appelle donc *amont* les parties supérieures d'un mur dont les parties inférieures sont reprises en sous œuvre pour être réparées. On se sert plus particulièrement de ce mot pour indiquer les parties de construction qui, sur une rivière, sont du côté de la source. S'il s'agit d'un pont, on dit parapet d'amont, avant-bec d'amont; et ce qui est opposé se nomme parapet d'aval, avant-bec d'aval.

Ancre. s. f. Barreau de fer carré, diversement contourné, que l'on passe dans l'œil d'un tirant de fer, pour retenir l'écartement des murs de face, et empêcher la poussée des voûtes. Une culée du pont Saint-Maur, sur la rivière de la Marne, à deux lieues de Paris, est ainsi contre-gardée. Le Pont de Béziers, sur la rivière d'Orbe, dans le ci-devant Languedoc, est aussi assuré avec des ancres et des tirans. On donne ordinairement aux ancres la figure d'un S ou d'un Y. Dans les départemens du nord, on leur donne la figure de différens chiffres, et l'on indique par ce moyen la date de la construction.

Angar. s. m. Espèce de bâtiment provisoire, porté par des piliers de pierre ou des poteaux de bois, et qui sert de magasin ou d'atelier pour les ouvriers, les tailleurs de pierre, etc.

Angle. s. m. Espace compris entre deux lignes qui se rencontrent ou se coupent en un point. Il y en a de trois sortes : angle droit, angle aigu, angle obtus.

— *droit,* a pour mesure le quart du cercle ou 90 degrés, que les ouvriers nomment équerre ou trois-quarts.

— *aigu,* a pour mesure plus de 90 degrés ; les ouvriers le nomment angle maigre.

— *obtus,* a pour mesure moins de 90 degrés ; les ouvriers l'appellent angle gras.

Les angles reçoivent encore leur dénomination des lignes dont ils sont formés. Celui qui est formé de lignes droites se nomme rectiligne ; celui qui est formé de deux lignes courbes, curviligne ; et celui qui est formé d'une ligne droite et d'une ligne courbe, mixtiligne.

La mesure d'un angle est la valeur de l'arc compris entre ses côtés : d'où il suit que les angles se distinguent par le rapport de leurs arcs à la circonférence du cercle entier. Voyez *Cercle.*

Puisque la valeur d'un angle s'estime par le rapport de son arc à la circonférence, il importe peu avec quel rayon cet arc soit décrit. La quantité d'un angle demeure donc toujours la même, soit que l'on prolonge les côtés, soit qu'on les raccourcisse : ainsi, dans les figures semblables, les angles homologues ou correspondans sont égaux. L'art de prendre la valeur des angles est d'un grand usage pour la levée des plans.

Les instrumens qui servent principalement à cette opération, sont le quart de cercle, la planchette, la boussole, le graphomètre. Voyez ces mots.

Les angles ont aussi des noms qui ont rapport à leurs situations respectives : ce qu'il faut bien connaître pour l'application à la trigonométrie pratique.

Les angles contigus sont ceux qui ont le même sommet et un côté commun.

L'angle adjacent, ou de suite, est formé par le prolongement de l'un des côtés d'un autre angle.

Deux angles de suite sur la même ligne équivalent à deux angles droits.

Il suit de là que l'un des deux étant donné, on a la valeur de tous deux, puisque l'un est le complément de l'autre.

Par conséquent, si l'on a un angle inaccessible à mesurer sur le terrain, en déterminant l'angle accessible adjacent, et soustrayant ce dernier de 180 degrés, le reste est l'angle cherché.

Les angles verticaux, ou opposés au sommet, sont ceux dont les côtés sont les prolongemens l'un de l'autre et sont égaux. Il suit de là que si l'un de ces angles est inaccessible et l'autre accessible, l'un donnera la valeur de l'autre. Voyez *Trigonométrie, Levée des plans.*

Anse. s. f. On appelle anse de panier une courbe AGDHB (pl. XXXVI, fig. 12) qui ressemble à la moitié d'une ellipse coupée par son grand axe, et qui est composée de plusieurs arcs de cercle, tous concaves d'un même côté, se touchant aux points où ils se joignent, et valant tous ensemble 180 degrés. La droite, AB, qui joint les extrémités de l'anse de panier, se nomme diamètre de l'anse; la droite CD, élevée perpendiculairement sur le milieu du diamètre AB, jusqu'à l'anse de panier, se nomme la flèche ou la montée de l'anse de panier, et les deux extrémités AB du diamètre s'appellent les naissances de l'anse.

Le nombre des arcs qui composent une anse de panier est toujours impair, et celui du milieu est nécessairement coupé en deux parties égales par la montée CD.

Lorsqu'une anse de panier AGDHB n'est pas extrêmement surbaissée, on peut la construire avec trois arcs de cercle AG, GDH, BH, et l'on peut faire les arcs extrêmes AG, BH, plus ou moins grands; c'est-à-dire qu'on peut leur donner plus ou moins de degrés, suivant que l'anse est plus ou moins surbaissée.

Une anse de panier dont la montée CD n'est pas moindre que les cinq douzièmes du diamètre AB, se fait ordinairement avec les trois arcs AG, GDH, BH, de 60 degrés chacun.

Mais lorsque la montée CD est moindre que les cinq douzièmes du diamètre AB, on est obligé, pour donner une figure agréable à l'anse, de faire chacun des arcs extrêmes AG, BH, plus grands que 60 degrés, et l'on augmente d'autant plus ces arcs extrêmes, que l'anse est plus surbaissée.

Enfin, lorsque l'anse de panier doit être extrêmement surbaissée, par exemple, lorsque la montée CD doit être moindre que le quart du diamètre AB, si on la composait de trois arcs seulement, les arcs extrêmes AGBH, qui partiraient des naissances, auraient des courbures trop différentes de l'arc du milieu qui les joindrait, et l'anse serait d'une figure désagréable : dans ce cas, on construira l'anse avec cinq arcs AG, GM, MDN, BH, HN.

On peut donc faire une infinité d'anses de panier différentes les unes des autres, sur un même diamètre avec la même montée ; mais le problème peut devenir déterminé par différentes conditions que l'on peut imposer.

Je vais citer, par exemple, la solution de quelques problèmes dont la connaissance est très-nécessaire aux ingénieurs, dans les projets des ponts.

PROBLÈME I.

Le diamètre AB , et la montée CD d'une anse
de panier, composée de trois arcs de 60 degrés
étant donnés , trouver la longueur de cette anse.

Solution.

Le rapport de 7 à 22 étant suffisamment exact
dans la pratique pour exprimer celui du diamètre à la circonférence , on supposera que la
circonférence est égale au produit de son diamètre
multiplié par $\frac{22}{7}$, et que chaque arc de 60 degrés
est égal au produit fait de la sixième partie de son
diamètre , ou du tiers de son rayon multiplié
par $\frac{22}{7}$.

On aura donc l'arc $GDH = \dfrac{KD}{3} \times \dfrac{22}{7}$

$$\text{l'arc } AG = \dfrac{FA}{3} \times \dfrac{22}{7}$$

$$\text{l'arc } BH = \dfrac{JB}{3} \times \dfrac{22}{7}$$

et par conséquent la longueur de l'anse AGDHB
$= \dfrac{KD \times FA \times IB \times 22}{3 \qquad 7}$

Il suit que si l'on prend $\frac{19}{11}$ pour $\sqrt{3}$, ce qui
sera assez juste pour la pratique , on trouvera le
rayon moyen $\dfrac{KD \times FA \times IB}{3} = \dfrac{6CA \times SCD}{11}$, et par

conséquent la longueur de l'anse AGDHB ou

$$\frac{KD \times FA \times IB \times \frac{22}{7}}{3} \quad \frac{6\,CA \times SCD \times \frac{22}{7}}{11} \quad \frac{12\,CA \times 10\,CD}{7}$$

$\frac{6\,AB \times 10\,CD}{7}$, c'est-à-dire qu'on aura avec assez

de précision la longueur d'une anse de panier,
composée de trois arcs de 60 degrés chacun, en
ajoutant 12 fois le demi-diamètre CA , ou 6 fois le
diamètre AB avec 10 fois la montée CD , et en
prenant la septième partie de la somme.

Supposons, par exemple, que le diamètre AB
d'une anse de panier composée de trois arcs de
60 degrés soit de 60 pieds, et que sa montée CD
soit de 20 pieds (6,497), on réunira 6 fois 60 pieds,
savoir : 360 pieds (116,942), à 10 fois la montée
20 pieds, savoir, 200, et prenant la septième
partie du total 560, on aura, pour la longueur de
l'anse proposée, 80 pieds ou (25,987.)

PROBLÈME II.

Le diamètre AB, la montée CD , et le centre
FI des arcs extrêmes d'une anse de panier à cinq
centres, étant donnés , décrire l'anse de panier.

Solution.

Ayant fait sur FI un triangle équilatéral FKI ,
dont la pointe K sera nécessairement sur le prolongement CQ de la montée, et ayant prolongé
indéfiniment vers GH les côtés KF, KI, on

fera KE=AI ; et si le problème est possible , le point E se trouvera au-dessus du sommet D de la montée.

On fera ensuite chacune des trois lignes KQ, KR, KS, égale à $\dfrac{DE}{2\times\sqrt{2}\times\sqrt{3}}$, et par les pointes Q, R, S, on mènera les deux droites indéfinies QRM, QSN.

Enfin, après avoir décrit du point K comme centre, par le point D, l'arc MDN entre les côtés de l'angle MQN, on déduira les points R et S, les deux arcs MG, NH, entre les côtés des angles MRG, HSN ; et l'on achèvera l'anse de panier en décrivant des points F, I, comme centres, les arcs GA, HB, qui passeront nécessairement par les extrémités du diamètre AB.

PROBLÈME III.

Le diamètre AB, la montée CD, et le rapport de rayon AF d'un arc extrême au rayon GR de l'arc suivant étant donnés, construire l'anse de panier avec cinq centres.

Solution.

On suppose que le diamètre AB soit de 30 pieds, la montée CD de 5 pieds, dont le rayon GR d'un

arc extrême soit le tiers du rayon GR de l'arc suivant :

Ayant retranché le diamètre AB=   30 P.
de 15 CD=.   75
il restera. . .   45

Comme le second rayon GR doit contenir trois
fois le premier rayon AF, on divisera le reste
45 p. par 12+3, c'est-à-dire, par 15 : et le quotient 3 p. sera la valeur de chacun des rayons AF,
BI, des arcs extrêmes.

Les centres FI des arcs extrêmes étant déterminés, on achèvera l'opération en observant de
faire GR triple de AF, ou FR, double de AF.

PROBLÈME IV.

Le diamètre AB, la montée CD, et le rayon
AF de l'un des arcs extrêmes d'une anse de panier à cinq centres étant donnés, trouver la
longueur de la courbe de cette anse.

Solution.

On ajoutera ensemble 28 fois le diamètre AB,
15 fois la montée CD, et 19 fois le rayon AF d'un
arc extrême, puis ayant divisé leur somme par
45, on multipliera le quotient par $\frac{11}{7}$, et le produit sera la longueur de la courbe de l'anse de
panier.

Au lieu de diviser la somme par 45, et de multiplier le quotient par $\frac{11}{7}$, on pourra multiplier la somme par 11, puis diviser le produit par 315, et le quotient sera la longueur de la courbe de l'anse de panier ; par exemple, si l'on propose de trouver la longueur de la courbe d'une anse de panier, dont le diamètre AB soit de 3o pieds, la montée CD de 5 pieds, et le rayon AF de 3 pieds, on ajoutera ensemble :

28 fois le diamètre AB, savoir. .	84o
15 fois la montée CD, savoir. .	75
19 fois le rayon AF.	57
et ayant trouvé leur somme. . .	972
on la multipliera par.	11
ce qui donnera ce produit. . . .	10,692 ᴾ.

Enfin, on divisera le produit par 315, et le quotient 33ᴾ. 11ᴾ. 3ᴵ. ¼ (11,026), et un peu plus, sera la longueur de l'anse de panier proposée.

En général, comme l'anse de panier aura toujours une forme agréable, en faisant le rayon AF égal au tiers de rayon suivant GK, on peut se faire une règle de cette proportion.

Alors, pour avoir la longueur de l'anse de panier, on ajoutera ensemble 26 fois le diamètre, les 11 quinzièmes du même diamètre, et 34 fois la montée, puis ayant multiplié cette somme par 11, on la divisera par 315 : par exemple, si l'anse a 3o pieds (9,745) de diamètre, et 5 pieds (1,624) de montée, on ajoutera ensemble,

26 fois le diamètre AB , savoir. . . . . 780ᵖ.

les 11 quinzièmes de AB ou de 30 pieds. 22

34 fois la montée CD. 170

puis on multipliera par 11 cette somme. . 972ᵖ.

et ayant divisé le produit 10,692 par 315, le quotient 33ᵖ. 11ᵖ. 3ˡ. ¾ (11,026) qu'on trouvera sera la longueur de l'anse de panier proposée.

Lorsqu'on proposera de toiser une anse de panier DAd, dont la montée AC sera plus grande que la moitié de son diamètre Dd , on pourra prendre à sa place une anse de panier ordinaire ADB, dont le diamètre AB sera double de la montée AC de l'anse proposée, et dont la montée CD sera la moitié du diamètre Dd de la même anse proposée.

Les longueurs de toutes les anses de panier dont on fait usage dans la pratique, étant trouvées, on est en état de toiser les surfaces de toutes les voûtes en berceau surbaissées et surmontées.

M. Gauthey, dans son *Traité de la construction des ponts*, dit , en parlant des anses de panier, que les seules conditions auxquelles la courbe d'une anse de panier soit assujétie, sont que la tangente au sommet soit horizontale, et que les tangentes aux naissances soient verticales. Comme une demi-ellipse jouit de ces deux propriétés, il paraît naturel de choisir cette courbe ; mais il ajoute, avec raison, qu'elle a l'inconvénient d'obliger, dans la construction, de changer de panneaux à chacun des voussoirs qui composent la voûte ; ce qui est assez incommode, et offre surtout le désavantage encore plus important de ne pas donner autant de débouché que les courbes composées d'un certain nombre d'arcs de cercle, parce qu'on est le maître, en déterminant convenablement les longueurs et les rayons de ces arcs, de donner à l'anse de panier la forme que l'on trouve la plus convenable.

La difficulté de tracer sur l'espace en grand, d'une manière parfaitement exacte la courbe que l'on a projetée, quand elle est composée de plusieurs arcs de cercle, a fait proposer différentes manières de décrire les anses de panier, dans lesquelles cet embarras disparaît presque entièrement.

Les charpentiers emploient ordinairement pour raccorder les deux côtés d'un angle AED, une courbe dont le tracé consiste à partager les deux côtés de l'angle en un même nombre de parties égales, et à joindre les points de division par des lignes qu'on regarde comme des tangentes à la courbe, et qui, en les supposant infiniment rapprochés, déterminent chacun de ces points par leurs intersections successives. En faisant la même opération pour l'angle BFD, on aura une portion de courbe égale à la première, et qui achèvera la description de l'arche ADB.

On a encore proposé de composer les anses
de panier de deux arcs de cercle décrits à partir
des naissances, et raccordés, pour le sommet de
la voûte, par une portion de chaînette. Les courbes
composées de cette manière offrent, sur-tout
dans la partie inférieure, un plus grand débouché que les anses de panier ordinaires, et on
pourrait les leur préférer sous ce rapport.

Antiquités. s. f. Terme dont on se sert en parlant des monumens qui nous restent des anciens.

On doit présumer que l'art de l'ingénieur et les
arts en général étaient déjà parvenus au plus haut
degré de perfection, à l'époque célèbre qui bou-
leversa la surface du globe, et changea le système
physique du monde. En interrogeant l'histoire,
en confrontant les dates, j'aperçois des villes, des
ponts, des grandes routes, des monumens enfin
qui attestent des découvertes immenses dans les
arts, et des connaissances profondes dans les
sciences, a des époques où à peine les eaux
avaient eu le temps de s'écouler, et où la terre devait être encore couverte de limon. Les hommes,
avant ce déluge que l'on dit avoir été universel,
avaient donc fait des découvertes et acquis des
connaissances, qui ont servi aux peuples échap-
pés à cette terrible catastrophe.

Que de moyens et que de lumières ne suppo-
sent pas la construction de cette tour fameuse
connue sous le nom de *Babel*, cette superbe Ba-

bylone , ces masses pyramidales dont l'origine se
perd dans la nuit des temps !

Pour élever de semblables monumens , ne de-
vait-il pas y avoir des communications parfaitement établies ? ne fallait-il pas que les arts mécaniques eussent fait de grands progrès ? Il faut l'a-
vouer : lorsqu'on se reporte aux temps de ténè-
bres pour l'histoire , on est souvent frappé de
quelques rayons de lumière qui servent à nous
diriger dans cette obscurité profonde : ce qui
nous force de suspendre notre jugement sur l'u-
niversalité du déluge et l'antiquité de notre globe;
mais cette discussion est hors de mon sujet.

Les monumens que je viens de citer, le nombre
prodigieux de canaux creusés dans toute l'Egypte,
l'élévation extraordinaire des chaussées qui la
traversaient en tous sens , et sur lesquelles étaient
bâtis une quantité inombrable de villes et de villages s'élevant, pour ainsi dire, du sein des mers;
le fameux lac Mœris destiné à servir de réservoir
d'eau , dans les grandes sécheresses ; tant d'autres
monumens fameux n'attestent-ils pas combien
nous sommes encore éloignés d'atteindre le degré
de splendeur où les arts étaient déjà parvenus
dans ces temps reculés ? Nous avons acquis, dira-t-
on, de l'élégance et du goût : mais ces peuples et
les Egyptiens eux-mêmes, que nous condamnons
peut-être avec trop de légèreté sous ce rapport,
en manquaient-ils ? Le tombeau d'Osymandias,

dont Hérodote nous a laissé la description, pourrait seul prouver le contraire. Sur un labyrinthe souterrain s'élevait, au milieu d'un portique circulaire, un édifice de structure ronde, surmonté d'un dôme magnifique dont le rez-de-chaussée, décoré à l'extérieur de colonnes et de figures colossales, renfermait le tombeau de ce prince, avec cette inscription : *Je suis le roi Osymandias. Si quelqu'un veut savoir qui je suis et où je repose, qu'il surpasse les ouvrages que j'ai faits.* C'est sous cet édifice qu'était un labyrinthe immense, dont la construction, aussi ingénieuse que magnifique, faisait l'admiration de l'antiquité. Outre ce tombeau, le palais ou labyrinthe double dont parle aussi Hérodote qui l'avait visité, était encore digne d'admiration.

Les pyramides, ces types anciens de nos mesures, les obélisques, pourraient servir de preuves de l'opinion où je suis que, chez les anciens et chez les Egyptiens eux-mêmes, aux époques les plus reculées, les arts étaient plus perfectionnés qu'ils ne le sont aujourd'hui. Mais je ne parlerai que de deux édifices, qui ne permettent pas de douter que les anciens avaient sur les forces mouvantes des connaissances que nous avons à peine.

Le premier de ces édifices, qui n'était fait que d'une seule pierre, fut apporté d'Eléphantine à Laïs par les ordres d'Amasis. Au rapport d'Hérodote (liv. II), ce prince employa trois années à ce transport, qui fut exécuté par deux mille hommes, tous bateliers. La longueur extérieure du morceau était de vingt-une coudées, la largeur de quatorze, et la hauteur de huit. Dans l'intérieur, il avait dix-huit coudées, plus une petite coudée de long ; douze coudées de large, et cinq de haut ; ce qui donne, mesure de Paris, d'après les observations de M. le comte de Caylus (*Académie des Belles-Lettres*, 16 *novembre* 1671), vingt-sept pieds dix pouces trois lignes pour sa longueur, dix-huit pieds six pouces dix lignes pour la largeur, et dix pieds sept pouces quatre lignes pour sa hauteur extérieure.

Le poids de ce petit temple était de cinq à six cent mille livres. Combien de moyens qui nous sont inconnus, pour tirer cette masse de la carrière, la conduire sur le Nil, et la transporter à Laïs, éloignée de près de deux cents lieues d'Eléphantine !

Le temple d'une seule pierre, transporté à Butoo, est encore plus étonnant par les difficultés qu'offrait son volume immense. Chaque face de ce temple avait cinquante-trois pieds huit lignes ; toutes les dimensions étaient égales, et formaient un cube de cent quarante-neuf mille trois cent quarante-cinq pieds.

Si nous quittons ces peuples pour observer la Chine dans le premier âge du monde, nous y trouverons des travaux aussi étonnans. Plusieurs historiens ont voulu faire considérer les Chinois comme une colonie d'Egyptiens ; mais cette assertion n'est appuyée sur aucun fondement solide, et la nature même de leurs monumens prouve le contraire. Les Egyptiens ont eu pour principe, dans la construction de leurs monumens, même les plus utiles, l'orgueil et le faste : ce sont les travaux du despotisme. Les travaux des Chinois sont tous consacrés au service public : rien n'est personnel, tout est dirigé vers l'utilité générale. Ce sont des montagnes coupées pour faciliter le passage des grandes routes, des ponts qui laissent passer sous leurs arches des vaisseaux voguant à pleines voiles, d'immenses canaux dont la largeur et la longueur étonnent l'imagination. Eh ! qui ne serait pas étonné, en considérant quelques statues de leurs dieux ? Ce sont des montagnes qu'ils ont taillées, et auxquelles ils ont donné la forme de leurs divinités.

Cette idée gigantesque, mise à exécution, n'est pas d'un peuple nouveau : les Chinois, depuis des siècles, ne font plus rien d'extraordinaire ; ce peuple est usé de vieillesse, et ne se conserve dans son état de vétusté que par la bonté de son régime.

Il me semble qu'on peut considérer, dans les arts, deux grandes époques : la première, dont l'origine nous est inconnue, se termine vers l'an 2,000 du monde ; la seconde s'est prolongée jusqu'à nos jours.

Dans la première époque, les travaux des arts semblent surpasser la force ordinaire des hommes ; on ne peut pas même assurer que, dans des temps postérieurs à cette première époque, il n'y ait pas eu encore des travaux tout aussi étonnans. On trouve, aujourd'hui même, répandus çà et là sur la terre des édifices qui semblent n'appartenir à aucune nation connue. On voit en Suède, près de Stockholm, un antique palais entouré de fortes chaînes qui le soutiennent, et retardent son entière dégradation. Si l'on en croit les auteurs suédois, et l'inscription qui se trouve sur cet édifice, sa construction remonte à l'an 266 après le déluge. L'art de l'écriture remonterait donc à une date très-peu éloignée de cette affreuse catastrophe, ou, pour mieux dire, elle lui serait antérieure. Il y a beaucoup de ruines aux environs de cet édifice, et beaucoup de pierres chargées de figures hiéroglyphiques indéchiffrables.

Les Grecs et les Romains exécutèrent des travaux bien moins grands, bien moins étonnans que les peuples du premier âge, et les peuples d'aujourd'hui sont des enfans auprès des Grecs et des Romains.

Je ne parle point ici des ouvrages d'arts qui consistent dans l'élégance des formes et la justesse des proportions : les Grecs ont en ce genre surpassé tous les peuples du monde ; mais je parle de ces grands travaux où l'homme rivalise, pour ainsi dire, avec la nature.

Chez les peuples de la première époque, rien ne décèle l'esprit imitateur : tout est grand et simple. En Egypte, les marbres sortis de la carrière sont taillés simplement, posés les uns sur les autres, placés selon la direction des quatre points cardinaux du monde. Les autres nations sont venues ensuite, et, le ciseau à la main, ont suppléé, par des détails d'embellissemens, à ce qui leur manquait du côté de la vaste étendue des idées et de la grandeur des efforts. Les Grecs ont apporté plus de perfection dans les arts, mais ils n'ont pas fait de grands travaux ; et ce sont les grands travaux qui tiennent de l'homme et qui caractérisent son génie. Le perfectionnement dû au goût peut tenir à des circonstances qui sont étrangères à l'homme : un beau ciel, une température douce, un sol fertile, de belles formes, la considération attachée à la culture des arts, la nature même du gouvernement, conduisaient naturellement, chez les Grecs, à cette perfectibilité. Le climat, dit Polybe, forme les mœurs des nations, leur figure et leur couleur. Quoique les Grecs modernes ne soient plus ce qu'ils étaient autrefois, puisque pendant une suite de siècles leur sang s'est mêlé avec celui de plusieurs peuples conquérans, cependant le sang des Grecs est encore renommé pour sa beauté, et la nature, sous leur ciel, semble s'appliquer à donner aux hommes une forme belle, noble, élevée et majestueuse.

Les belles provinces d'Italie sont encore une preuve de l'assertion de Polybe. On y voit peu de ces traits à peine ébauchés, comme on en trouve en grand nombre dans d'autres climats : les traits y sont grands, bien marqués, et cette beauté de forme se remarque même chez le bas peuple.

Les anciens Romains n'avaient pas moins de grandeur dans leur caractère que de majesté dans leurs formes : ils étaient plus grands dans leurs travaux que les Grecs. Les cloaques de Rome, les nomachies, les bains, les cirques, les aqueducs, les ponts, les chemins, tous ces monumens se ressentaient du caractère vraiment élevé du peuple romain. Quels sont les travaux que nous pouvons mettre en comparaison avec ceux de ce peuple ? Aucun, et pour stimuler notre admiration, nous sommes obligés de fouiller dans les ruines.

Appareil. s. m. C'est l'art de tracer exactement les pierres d'un édifice, de les faire tailler, et de les poser dans la place à laquelle elles sont destinées.

Appareilleur. s. m. Celui qui, sachant l'art de la coupe des pierres, leur donne la grandeur et la figure qu'elles doivent avoir, en ménageant les blocs de manière qu'il y ait le moins de perte

possible, et qui en conséquence dirige le travail
des tailleurs de pierre, poseurs et contreposeurs.
L'appareilleur est un homme très-essentiel pour
la conduite des travaux d'arts.

Aqueduc. s. m. Conduite d'eau d'un lieu à un
autre dans un canal creusé dans les terres ou
élevé au-dessus, suivant un niveau de pente,
malgré les inégalités de terrain où il passe. On
construit sur les grandes routes de petits aqueducs qui traversent la chaussée et servent à l'écoulement des eaux. Ces aqueducs sont formés d'un
radier d'un mètre de largeur, y compris l'épaisseur des culées, et d'un recouvrement en pierres
plates jointes ensemble. On en construit aussi
de plus considérables selon la quantité des eaux
qu'ils ont à recevoir ; ils ont alors une voûte en
maçonnerie avec mortier de ciment ; ils portent
rarement plus d'un mètre de hauteur. Je ne m'é-
tendrai pas davantage sur ces petits aqueducs ;
mais je dois parler d'aqueducs plus importans,
qu'on est souvent obligé de pratiquer sous les
canaux, afin de donner un libre écoulement tant
aux eaux des ruisseaux qui endommageraient le
canal, sur-tout dans le temps de leurs plus grandes
crues, qu'aux eaux qui proviennent des orages
ou des fontes de neiges. Je puiserai dans Bélidor
tout ce que j'ai à dire sur ces aqueducs ; je ne
crois pas qu'aucun auteur en ait traité depuis lui.
C'est à l'ingénieur chargé de semblables travaux

de régler ses projets d'après les localités ; il suffit,
je crois, d'indiquer ici les écueils qu'il pourrait
rencontrer.

Il faut d'abord observer, à l'aide de nivellemens, quelle sera la hauteur des eaux des ruisseaux dans leurs plus grandes crues, afin de déterminer, d'une manière avantageuse, et la position des aqueducs et leur capacité. Si on n'a point
assez de fond pour les construire d'une grandeur
proportionnée à l'abondance des eaux que recevra le contre-fossé supérieur, il faudra lui donner deux ou trois passages contigus, afin de prévenir les inondations que pourrait causer le défaut d'un écoulement assez prompt ; mais il faut
bien faire attention de disposer ces aqueducs de
manière qu'on puisse aisément les nettoyer, dans
la crainte qu'à la longue ils ne se bouchent par le
limon que déposeraient les eaux troubles, si elles
ne s'échappaient pas avec assez de vitesse. C'est
pourquoi il faut, quand les eaux des contre-fossés
seront de part et d'autre à peu près aussi élevées
que celles du canal, éviter autant qu'on le pourra
de donner aux aqueducs la forme d'un siphon
passant au-dessous du canal. Il vaut mieux pratiquer une entrée d'un côté de la digue, un déchargeoir du côté opposé. En cas que la surface
du terrain soit supérieure au terrein opposé, il
vaut mieux encore profiter du mur de chute de
l'écluse la plus prochaine, pour y pratiquer un

aqueduc droit. C'est parce qu'on n'en a pas usé
ainsi en construisant le canal de Languedoc, et
qu'on n'a pas pratiqué d'autres aqueducs où il
devait y en avoir, que ce canal a beaucoup souffert
des eaux étrangères qui s'y jetaient : elles en auraient certainement causé la ruine si M. le ma-
réchal de Vauban n'y avait remédié. Comme les
aqueducs qu'il a ordonnés sont fort bien entendus,
j'en rapporte un sur la planche II. Il est développé
de manière à ce qu'il sera facile d'en juger, sur-
tout si on prête quelque attention à ce qui suit.

Les figures 1 et 2 font connaître que le terrain
du côté de l'entrée des eaux, étant plus élevé que
celui qui répond à leur sortie, on a construit un
puisard DFGR revêtu de maçonnerie, où viennent se rendre les eaux du contre-fossé, pour de
là passer dans l'aqueduc FTH sous le canal PSE ;
que cet aqueduc, de 5 pieds (1,624) de hauteur
sous clef, a le fond construit en voûte renversée,
comme le montre la figure 2e, pour empêcher,
autant qu'il se peut, que la vase ne s'y dépose,
et afin qu'elle s'arrête dans le fond EG ou ABC
du puisard. On voit que l'entrée F de l'aqueduc
est élevée de six pieds au-dessus du même fond,
pour qu'il n'y ait que les eaux de superficie qui
puissent y passer, et que trouvant cette entrée
disposée en pente, elles se précipitent vers la
sortie H, pour tomber dans le second puisard
HIKL, revêtu aussi de maçonnerie dont l'objet

principal est d'empêcher qu'il ne se forme un affouillement, sur-tout de la part des eaux que lâchera la vanne de l'écluse de décharge MN, servant à vider le canal par la rigole, quand on veut l'avoir à sec pour faire quelques réparations. Ainsi, l'on voit que l'on a sagement ménagé cette décharge de fond au-dessus de cet aqueduc, et que pour soutenir l'impétuosité de la chute, on a construit le mur en glacis KL revêtu de pierres de taille disposées en cintre, afin de lui donner plus de solidité. Au reste, on a soin de curer de temps en temps la vase qui s'amasse dans ces deux puisards, lesquels doivent être construits avec autant de soin que tout le reste.

Bélidor donne aussi le dessin d'un autre aqueduc ayant un double passage, où le fond des puisards se trouve de niveau avec celui du même aqueduc, au lieu qu'au précédent ces puisards sont plus bas : c'est pourquoi je les estime meilleurs. Mais cela n'empêche pas qu'ils ne doivent être pavés de pierres dures, afin de résister à la chute des eaux et de prévenir les affouillemens.

Il faut ménager dans le mur de refend des passages pour que les manœuvres puissent communiquer d'un côté à l'autre, lorsqu'il s'agit de nettoyer ou de faire quelques réparations.

Dans beaucoup d'endroits, l'on rencontre de grands obstacles pour faire passer un aqueduc de maçonnerie sous le lit d'un canal. Alors on se sert des buses de charpente pour l'écoulement des eaux quand elles ne sont pas abondantes. Ces buses se composent de gros arbres en grume de 18 pouces (0,487) de diamètre au moins : ils doivent être bien droits et sans défauts ; on les divise par tronçons les plus longs que l'on puisse employer ; on les scie en parties égales sur la même longueur pour creuser sur 5 pouces (0,135) de profondeur et 10 (0,271) de largeur dans toute leur étendue : en sorte que ces deux parties étant jointes par entaille, bien calfatées, goudronnées, goujonnées de 4 pieds (1,299) en 4 pieds (1,299) avec de bonnes chevilles de bois, forment une buse carrée de 10 pouces (0,271) de côté. Il faut qu'elle ait au moins 3 pouces (0,081) d'épaisseur dans la partie la plus faible qui est aux angles. Les arbres qui les composent se joignent les uns aux autres par une liaison d'un pied (0,325) de longueur, et sont encastrés moitié par moitié ; les joints sont recouverts d'une plaque de plomb bien clouée.

En posant ces buses à demeure, il faut avoir soin que les jonctions des arbres reposent sur des bouts de madriers. Quant aux deux extrémités de chaque buse, elles portent sur des semelles de 5 pieds (1,624) de long et de 6 pouces (0,162) d'équarrissage, entretenues par des palplanches.

L'entrée des eaux se borde de deux pierres de

taille formant une manière de lunette, ayant un
évasement de 2 pieds (0,650) d'ouverture et de
10 pouces (0,271) de profondeur, sur une pareille
épaisseur autour. Cette entrée se ferme d'une
petite grille de fer dont les barreaux sont espacés
de 2 pouces (0,054). Cette grille est attachée sur
un seuil de pierre bordée de palplanches.

C'est à présent le lieu de parler des aqueducs
que l'on construit pour amener l'eau dans les
grandes villes.

On ne saurait douter que l'usage des aqueducs
n'ait été connu dès que les hommes se sont réunis
en corps de nations. Les Egyptiens que l'on regarde
comme un des plus anciens peuples du monde,
réduits à chercher dans leur industrie de quoi
remédier à l'aridité de quelques-unes de leurs
provinces, creusèrent un nombre infini de canaux pour communiquer la fécondité des eaux
du Nil aux cantons qui en étaient éloignés. Mais
les pays montueux et hérissés de rochers ne
profitaient pas de ce secours. De là vint l'idée
de construire des aqueducs, des rivières artificielles, dont le lit suspendu dans les airs rappro-
chait et semblait joindre les montagnes que la
nature avait séparées par des vallées. Hérodote
place l'entreprise des canaux sous le règne de
Sésostris; à l'égard des aqueducs, il paraît n'avoir
connu en Egypte que celui qu'un roi d'Arabie,
qu'il ne nomme pas, fit faire avec des peaux de

bœufs et d'autres animaux cousues ensemble, pour
conduire les eaux du Cocis à la distance de douze
journées. Ni Hérodote, ni aucun autre historien
n'ont marqué le temps où furent construits ceux
qui portaient la fertilité dans les déserts de la
Libye : aucun écrivain ne nous en a donné la description, et l'on ignorerait même leur existence
sans les récits des voyageurs modernes. Maillet
rapporte, d'après un auteur arabe, qu'on comptait
dix-huit aqueducs, depuis l'entrée du Nil jusqu'à
Memphis, dans l'espace de 180 lieues, indépendamment de deux autres plus grands encore qui
étaient entre Memphis et la mer. L'un portait ses
eaux dans les déserts où le temple de Jupiter-
Amnon avait été bâti, et l'autre au lac Maréotis,
derrière Alexandrie. La plupart des aqueducs
destinés pour la Libye avaient cent pieds de haut
et vingt pieds de large, sur une profondeur proportionnée, afin qu'ils pussent porter des bateaux
propres à transporter à travers les airs toutes
sortes de marchandises et de provisions. De
tous ces aqueducs il n'en subsiste plus que
deux qui sont construits rez de terre, dont l'un
conduit les eaux du Nil aux Elouats, et l'autre
dans la petite province de Fioumé. Maillet rapporte encore qu'outre les acqueducs élevés au-
dessus de terre, il y en avait de souterrains qui,
partant des rivages du Nil, et gagnant le dessous
des montagnes, allaient répandre leurs eaux dans

les campagnes stériles de la Libye, à une distance
de trente à trente-cinq lieues.

Tyr et Jérusalem ont aussi eu des aqueducs
célèbres. L'aqueduc de Tyr traversait la digue
qu'Alexandre fit jeter dans la mer pour joindre
au continent l'île dans laquelle était située cette
ville : celui de Jérusalem distribuait dans la ville
les eaux des piscines de Salomon.

La Grèce fournit aussi des travaux admirables
en aqueducs. Celui que le roi Théagènes fit construire à Mégare était célèbre, suivant le rapport
de Pausanias : il rassemblait les eaux, dont la chute
précipitée et les crues fréquentes rendaient impraticable une partie du territoire de la Mé-
garide.

M. Fourmont qui avait voyagé dans la Grèce
parle d'une infinité de ruines d'aqueducs, et sur-
tout de deux, situés hors de l'emplacement de
l'ancienne ville d'Athènes : ils sont à deux rangs
d'arcades très-hautes et très-larges, les unes au-
dessus des autres, d'une architecture simple,
quoique bien entendue, et sans autre ornement
qu'un cordon qui règne des deux côtés au-dessus
du cintre ; le massif des deux acqueducs, jusque
vers le haut des arcades, est de pierres très-dures
de cinq à six pouces en carré, disposées par assises
égales, et jointes ensemble par un ciment de la
dureté du caillou ; les voûtes et le dessus des
arcades sont d'un beau marbre blanc de Pentali,

dans lequel on a creusé, à la pointe du ciseau, le canal des eaux. Ce canal est voûté ; il y a de distance en distance des soupiraux pour y porter le jour. On a pratiqué au-dessus des arcades un chemin de sept pieds de large, en forme de galerie couverte, qui règne d'un bout à l'autre de chaque aqueduc.

L'aqueduc d'Argos commençait à trois lieues de la ville, au mont Absus, dont il suivait les contours par un canal à fleur de terre, fait de ciment et de poudre de marbre corroyés ensemble dans la chaux.

Corinthe avait deux aqueducs. Le premier commençait à sept lieues de la ville, et prenait son cours du mont Cylléné. Ces canaux, qui subsistent encore, sont à fleur de terre et à découvert : ils ont trois pieds de large. Le second commençait à quatre lieues et demie de Corinthe : il prenait son eau à la petite rivière nommée *Agina.*

L'aqueduc de Sparte, sur une hauteur près du fleuve Eurotas, est peut-être le plus singulier de tous. Il commençait à sept lieues de la ville, proche Pellénée ; l'eau coulait, à fleur de terre, dans des canaux jusqu'à un vallon distant de Sparte d'environ une lieue, où se trouve un torrent au-dessus duquel l'aqueduc s'élevait en arcades de pierres de taille, plus hautes et plus larges que celles des deux aqueducs d'Athènes que je viens de citer. Les arcades joignaient ensemble deux éminences, d'où les eaux entraient autrefois dans une galerie souterraine pour se rendre près de la ville dans un beau réservoir aujourd'hui à découvert. Ce réservoir est une vaste pièce carrée, formée de petits cailloux, qui étaient joints avec un ciment aussi dur que le caillou même du réservoir. L'eau passait dans la ville, et entrait dans un autre aqueduc composé de cent petites arcades voûtées : ce dernier aqueduc prenait ses eaux à deux lieues et demie, dans deux canaux de trois pieds de largeur sur un pied de profondeur, qui se remplissaient par des saignées qu'on avait faites au Knasseus et au Tifon.

L'aqueduc de Spolète est le mieux conservé de tous ceux de l'Italie ; il passe pour être de Théodoric, roi des Goths : il est fondé sur le roc dans le fond d'une vallée, ou plutôt d'un abîme : on le voit monter à la hauteur de 105 toises (204,649) pour joindre ensemble deux montagnes voisines. C'est l'ouvrage d'architecture le plus hardi et le plus élevé que l'on connaisse dans le monde ; car la plus haute pyramide d'Egypte n'a que 600 pieds (194,904) de hauteur. Cet aqueduc subsiste encore dans tout son entier ; il continue, depuis tant de siècles, à porter de l'eau dans la ville, et sert aussi de pont pour y entrer. *Voyez* planche IV.

L'eau, dit M. de Parcieux, est si nécessaire à la vie, que, de tous les objets qui peuvent intéresser une grande ville, il n'y en a point de plus important que celui de lui procurer des eaux de bonne qualité et en suffisante quantité. Les Romains en étaient si persuadés, qu'au milieu de leurs grandes entreprises, un de leur premier soin était de faire arriver l'eau dans tous les lieux qu'ils habitaient. Quelque peu considérable que fût une ville conquise par ces maîtres du monde, dès qu'ils en étaient paisibles possesseurs, ils y faisaient affluer l'eau. On trouve encore des restes de ces aqueducs dans un très-grand nombre de villes : entr'autres à Fréjus, à Nîmes, à Aix, à Lyon, à Metz, à Paris, etc.

L'aqueduc fait pour amener l'eau à Fréjus avait dix lieues de long, et dans cette étendue on avait construit des arcades sur la longueur d'environ une lieue, pour traverser différentes vallées : il en reste encore plusieurs morceaux assez bien conservés ; quelques-uns ont deux et trois rangs d'arcades : il y avait de plus quelques montagnes percées pour passer d'une vallée à l'autre.

L'aqueduc qui portait à Nîmes les eaux des sources réunies d'Airan et d'Eure, situées près d'Uzès, avait sept lieues de long. Tout le monde a entendu parler du célèbre pont du Gard, qui existe encore en entier. Il est composé de trois ponts placés l'un sur l'autre : c'est sur le plus haut de ces ponts que passaient les eaux de ces fontaines pour se rendre à Nîmes. La vue de ce superbe monument fit dire à Linguet, dans un moment d'enthousiasme : « Quand je me trouvai « au fond du précipice, sur lequel plane, pour « ainsi dire, ce superbe aqueduc ; quand je toisai « de l'œil, d'une part les deux montagnes qu'il « rapproche l'une de l'autre, ces trois étages d'ar- « cades qui s'élèvent avec majesté du fond de « l'abîme et vont, à près de 200 toises dans l'air, « présenter un chemin sûr et solide aux eaux qui « le traversaient alors, je me sentis accablé de « l'immensité de l'ouvrage ; je fus long-temps sans « pouvoir revenir de mon admiration. »

Les Romains avaient amené à Aix, en Provence, les eaux de trois fontaines très-abondantes ; celles de Traconade près de Jonques, de Vauvernagues et de Saint-Antonin. Les eaux de Traconade ve- naient par un aqueduc de sept lieues de long : pour le pratiquer, il fallut percer une montagne d'un quart de lieue de long près de Mayrargues, et un roc de 200 toises de traversée auprès d'Aix. On amena dans ce même aqueduc les eaux des sources de Vauvernagues et de Saint-Antonin, par deux branches d'aqueduc, l'une de trois lieues et demie de long, l'autre de deux lieues et demie. Ainsi, pour fournir à Aix une quantité d'eau suffi- sante, on pratiqua une longueur d'aqueduc qui avait treize lieues de Provence.

M. Delorme, de l'Académie de Lyon, a fait con- naître, dans un Mémoire, une partie des travaux immenses que les Romains avaient faits pour amener de l'eau de toutes parts à la ville de Lyon. Quelles dépenses et quelle hardiesse pour franchir les montagnes qui sont entre Feurs, Saint-Etienne, Saint-Chaumont et Lyon! Si l'on mettait à bout tous les aqueducs qui ont été faits en différens temps pour fournir de l'eau à Lyon, ils occuperaient, selon M. Delorme, une étendue de soixante lieues. Le seul aqueduc qui amenait les eaux du mont Pil, occupait plus de vingt lieues de chemin. Il était voûté dans toute sa longueur; plus de mille toises étaient faites par sous œuvre à travers les montagnes et les rochers.

Un ouvrage merveilleux et digne de la magnificence des Romains, que M. de Parcieux a oublié dans son Mémoire, c'est l'aqueduc de Metz, dont on voit encore aujourd'hui un grand nombre d'arcades fort élevées : ces arcades traversaient la Moselle, qui est très-grande en cet endroit. Les sources abondantes et délicieuses de Gorze, dit Meurisse dans son *Histoire des évêques de Metz*, fournissaient l'eau à la naumachie. Toutes les fois que l'on voulait offrir le simulacre d'un combat naval, on rassemblait les eaux dans un réservoir, et de là elles étaient conduites par des canaux souterrains si spacieux, qu'un homme pouvait marcher dedans pour peu qu'il se courbât. Les eaux passaient la Moselle par-dessus ces hautes et superbes arcades, qui se voient encore aujourd'hui à deux lieues de Metz, et qui étaient si bien maçonnées et si bien cimentées, qu'excepté la partie du milieu que les glaces ont emportée, elles ont toujours résisté et résistent encore aux temps les plus orageux. De là ces mêmes eaux s'écoulaient sous terre par d'autres aqueducs semblables aux premiers, et venaient se rendre doucement au lieu des bains, ensuite à la naumachie.

L'aqueduc de Ségovie en Espagne ne le cède en rien aux ouvrages de ce genre que je viens de citer. Il en reste encore cent cinquante-neuf arcades, toutes faites de grandes pierres sans ciment ; les arcades avec tout l'édifice ont cent deux pieds de hauteur : il y a deux rangs d'arcades l'un sur l'autre ; l'aqueduc traverse la ville, et passe par-dessus la plus grande partie des maisons qui sont dans le fond.

Si les Romains ont fait tant de dépense ; s'ils ont exécuté, pour donner de l'eau à quelques villes de leurs colonies, tant de travaux qui nous étonnent encore aujourd'hui, on doit s'attendre à voir à Rome des travaux encore plus étonnans. Ce n'étaient pas de faibles ruisseaux comme les nôtres, que les aqueducs menaient dans la ville de Rome ; c'étaient, pour ainsi dire, des fleuves entiers. « Si l'on fait attention, dit Pline, à la « grande quantité d'eau qui est conduite à Rome, « et en combien de lieux elle se disperse pour « les bains, pour les viviers, les réservoirs, les

« jardins, et les maisons particulières de la ville
« et de la campagne ; que d'ailleurs on considère
« la longueur du chemin que parcourt cette eau,
« le grand nombre d'arcades qu'il a fallu cons-
« truire pour la conduire, les montagnes qu'on a
« été obligé de percer pour donner passage aux
« canaux, on sera contraint d'avouer qu'il n'y eut
« jamais d'entreprise plus grande ni plus admi-
« rable dans toute la terre. »

Agrippa, pendant son édilité qui dura seulement une année, ayant ajouté l'eau Vierge à celles
qui étaient à Rome, les fit couler dans tous les
quartiers ; il fit creuser sept cent lacs ou réservoirs, construire cent cinq fontaines, et cent
trente châteaux ou regards, dont la plupart étaient
décorés d'ornemens magnifiques : on y comptait
trois cents statues d'airain ou de marbre et quatre
cents colonnes. Nos fontaines publiques ne sont
pas aussi bien pourvues d'eau, et ne se font remarquer par aucun appareil de magnificence. Il
faut excepter la fontaine de Grenelle : elle est
remarquable par sa sculpture, mais elle est sans
eau. La fontaine des Innocens est la seule à Paris
qui donne véritablement de l'eau, les autres font
pitié ; et, comme le dit M. Bonami, dans son
Mémoire sur les Fontaines : « On ne s'aperçoit de
« leur existence que par le bruit de ceux qui vont
« y chercher et disputer de l'eau. »

Les aqueducs doivent être, pour les nations

policées , des ouvrages de luxe et de magnificence. Les rivières , les ruisseaux , les fontaines
suffisent aux peuples qui n'ont pas encore atteint
le goût des arts et du luxe. Les Romains n'entre-
prirent ces sortes de travaux que 400 ans après
la fondation de Rome, et je crois que les cloaques furent un de leurs premiers travaux dans
ce genre ; ils peuvent être comptés parmi les mer-
veilles de cette reine du monde : ils s'étendaient
sous toute la ville , se subdivisaient en plusieurs
branches, et se déchargeaient dans la rivière :
c'étaient de grandes et hautes voûtes bâties fort solidement, où l'on allait par bâteau ; ce qui a fait
dire à Pline, « que la ville était suspendue en l'air,
« et que l'on naviguait sous les maisons. » Il ajoute
que les cloaques sont le plus grand ouvrage qu'on
ait entrepris. Des charrettes chargées de foin
pouvaient, dans divers endroits, aller sous ces
voûtes, sur lesquelles était soutenu le pavé des
rues. Il y avait, d'espace à autre, des trous par où
l'on jetait les immondices dans ces cloaques ; ce
qui conservait toujours la ville dans une très-
grande propreté.

Le grand nombre d'aqueducs qui apportaient
à Rome une quantité d'eau incroyable, déchargeaient cette eau dans ces cloaques : on y faisait
passer encore d'autres ruisseaux ; aussi rien n'y
séjournait long-temps , et tout était emporté
promptement dans la rivière.

Paris ne fut point oublié par les Romains, et cette ville leur doit le premier aqueduc qui y conduit de l'eau des sources éloignées : c'est l'aqueduc d'Arcueil, qui fut, à ce que l'on croit, construit, par les ordres de Julien, pour porter des eaux au palais des Thermes, que ce prince habitait. Après la destruction de cet aqueduc, on en construisit d'autres successivement. Depuis environ un siècle, on est parvenu à procurer à Paris quelques filets d'eau ; mais sur cet objet utile, nous sommes bien éloignés de cette magnificence romaine que Pline vante à si juste titre.

Les Normands, en ravageant la France et particulièrement Paris, ne laissèrent subsister aucun ouvrage des Romains : l'aqueduc d'Arcueil fut détruit en 1544. On découvre au haut de la rue Saint-Jacques les canaux de l'ancien aqueduc d'Arcueil ; mais ce ne fut que sous le règne de Henri IV qu'on songea au rétablissement d'un ouvrage si nécessaire, abandonné depuis 800 ans. D'après les ordres de Sully, on travailla à faire des fouilles et des tranchées dans la plaine de Long-Boyau du côté de Rungis, pour y retrouver les eaux que les Romains avaient conduites au palais des Thermes. La mort de Henry IV suspendit l'exécution du projet de Sully : Marie de Médicis le reprit ; et, le 17 juillet 1613, Louis XIII alla à Rungis poser la première pierre de cet aqueduc, qui fut achevé quelques années après. Ce monument est un des plus beaux que nous ayons dans ce genre de construction moderne. *Voyez* pl. XXIII. Cet aqueduc commence à un carré voûté, situé près du village de Rungis, dans lequel viennent se rendre les eaux. C'est à un des angles de ce carré, qu'est construit le premier des vingt-six regards qui, à des distances inégales sur toute la route de l'aqueduc, sont supportés par des arcades de pierres de taille, pour traverser la prairie d'Arcueil, au milieu de laquelle coule la rivière de Bièvre. Le dernier de ces regards est le château d'eau construit à l'extrémité de la rue d'Enfer près l'Observatoire. Du premier regard au château d'eau, il y a six mille sept cent soixante-treize toises quatre pieds.

Mais cet aqueduc fournit si peu d'eau, que du temps de M. de Parcieux, qui en a fait le calcul, il n'y avait à Paris que 200 ou 230 pouces d'eau en tout pour abreuver ou nettoyer cette grande ville. Or, toute ville devrait avoir au moins un pouce d'eau par chaque mille habitans ; ce qui donne vingt pintes d'eau pour chaque personne, pourvu qu'on n'en laisse pas perdre pendant la nuit. Cette quantité suffit pour les besoins intérieurs des maisons bourgeoises et ceux de la classe inférieure ; mais elle ne suffit pas pour les grandes maisons. Il serait de plus très-utile d'avoir une certaine quantité d'eau qui coulât sans cesse dans les rues pour les entretenir propres, et qui fût toujours prête à être employée en cas d'incendie. On compte communément 800,000 habitans dans Paris. Il faudrait donc dans cette ville 800 pouces d'eau pour le besoin intérieur des maisons, et elle en a tout au plus, ainsi que je viens de le dire, 200 à 230 pouces, auxquels il faut ajouter les eaux de la rivière d'Ourcq, dont je parlerai dans un moment.

Comme peu de personnes ont une idée juste de ce qu'on entend par un pouce d'eau, il n'est pas inutile d'en donner ici une courte définition : nous renvoyons pour de plus grands détails à l'article *Jauge.*

On est convenu de nommer un pouce d'eau le jet ou la quantité continue d'eau qui sort par un trou rond d'un pouce de diamètre, fait à un des côtés d'un vase de cuivre ou de fer-blanc, avec cette condition, qu'il faut que la surface de l'eau soit toujours entretenue dans le vase à 7 lignes (0,016) au-dessus du centre du trou.

Les choses étant telles pour le diamètre du trou et pour la hauteur de la surface de l'eau au-dessus du centre, l'expérience a fait reconnaître qu'il passe par cette ouverture soixante-douze muids d'eau par vingt-quatre heures, ou trois muids par heure, ou environ quatorze pintes par minute.

M. de Parcieux, dit M. Perronet, dans son *Mémoire sur les moyens de conduire à Paris une partie de l'eau de la rivière de l'Yvette*, ayant considéré « que les machines établies sur la Seine « et les sources qui donnent de l'eau aux habitans « de Paris, n'en pouvaient fournir qu'une quan- « tité très-insuffisante pour leurs besoins, exa- « mina avec la plus grande attention les rivières « et les sources les plus élevées qui sont aux en- « virons de Paris, dans l'intention d'en trouver « d'assez abondantes, que l'on pût faire arriver à « la même hauteur où s'élève le bouillon d'eau « d'Arcueil dans le château d'eau situé près « l'Osbervatoire. »

Le résultat de ses recherches fut que la rivière d'Yvette, en la prenant un peu au-dessus de Vaugien, a 14,800 toises (28845,737) du carre- four de la rue neuve Notre-Dame et du marché Palu, d'où part la mesure des bornes milliaires, était la seule rivière qui fût assez élevée pour remplir cet objet. Il a trouvé qu'avec les ruis- seaux et les sources que l'on pouvait y réunir, et au moyen de plusieurs réservoirs et retenues d'eau qu'il proposait de former en divers endroits de son cours, cette rivière fournirait au moins mille pouces lors des basses eaux, et jusqu'à deux mille dans les autres temps de l'année.

M. Perronet, chargé de vérifier l'exactitude du projet de M. de Parcieux, se trouva parfaitement d'accord avec lui; mais il pensa qu'il serait pos- sible de réunir aux eaux de l'Yvette quatre cent cinquante pouces de celles de la rivière de Bièvre, en y ajoutant les ruisseaux des Mathurins et de Vauhalan, et cela, au moyen d'une branche d'aqueduc de 2,009 toises (3915,614), qui partirait de Bièvre et arriverait dans l'Yvette, un peu au-delà de Massy. Le tout fournirait environ mille cinq cents pouces en temps de sécheresse.

« L'aqueduc de l'Yvette, dit M. Perronet, doit « avoir 17,352 toises (33819,683) de longueur, « dont 15,141 toises (29510,359) seront faites à « découvert, et 2,211 toises (4309,319), en quinze « parties, passeront sous terre. »

Nous proposons, ajoute-t-il, de donner à l'aqueduc de la partie supérieure de l'Yvette quatre pieds de largeur dans le fond et 5 pieds (1,624) dans le haut, le tout mesuré dans œuvre, sur 5 pieds (1,624) de hauteur, et de donner un pied de plus de largeur pour la partie dans laquelle les eaux de la Bièvre se trouveront réunies à celles de l'Yvette.

La pente de l'aqueduc de l'Yvette doit en général être réglée à raison de 15 pouces (0,406) par mille toises (1949,036); mais dans les parties élevées au-dessus de terre, où il conviendra, pour faire moins de dépense, de réduire la largeur de ces aqueducs, nous avons eu l'attention d'en augmenter la pente, pour que la même quantité d'eau puisse également y passer.

Les autres principaux ouvrages qui devaient être

faits, étaient un aqueduc de 318 toises (609,794) de longueur, près de Tourvoye, traversant la vallée de Rungis : il devait être composé d'arcades en plein cintre, de 60 pieds (19,49) de diamètre, et d'autres en forme de segmens des mêmes arcades, le tout au nombre de vingt-cinq; il devait avoir 64 pieds (20,790) de hauteur dans le milieu de sa longueur.

Ce projet était vraiment digne de l'attention du gouvernement. Après la mort de M. de Parcieux, qui seule put mettre un terme à son zèle pour le bien public, M. Perronet ne fut point secondé dans les efforts qu'il fit pour l'exécution de ce projet utile ; et je ne sais par quelle fatalité il a été commencé, abandonné, repris ensuite, et jamais achevé. Il faut tout espérer du héros qui gouverne aujourd'hui la France : Paris doit s'attendre à voir bientôt l'eau couler abondamment dans son enceinte ; ses habitans respireront un air plus salubre ; on n'entendra plus les sons aigus d'une petite cloche qu'en été on promène dans les rues deux ou trois fois par jour, et au bruit de laquelle tous les portiers et les domestiques sortent des maisons munis d'un seau et jettent avec la main une légère quantité d'eau qui s'évapore dans le même instant. C'est ainsi qu'on arrose aujourd'hui la plus florissante ville de la terre, la capitale du plus grand empire du monde.

Je n'ai point parlé de l'aqueduc de Maintenon,

dont je donne cependant le dessin (pl. xxiii), et cette omission serait impardonnable, si le projet d'amener les eaux de la rivière d'Eure avait eu un motif plus noble ; mais enfin ce projet était digne d'un grand potentat. On voit encore avec étonnement dans un vallon près de Maintenon cet immense aqueduc destiné à amener dans le parc de Versailles les eaux de l'Eure. Il a environ 450 toises (877,067) de long et 45 pieds (14,618) de large ; le premier étage a quarante-deux arches et 60 pieds (19,490) de hauteur ; il devait être surmonté de deux autres, et le dernier étage aurait soutenu la rivière à 200 pieds (64,968) de hauteur sur 2500 (831,589) de longueur, pour joindre les deux collines. Il eût été à souhaiter pour Versailles que ce beau projet eût reçu son exécution, car cette ville manque totalement d'eau.

Arbre. s. m. Un arbre est un corps organisé, dont la structure n'est pas encore bien connue. Les expériences de Gréa, de Malpighi, et sur-tout celles de Hales, ont à la vérité donné de grandes lumières sur l'économie végétale ; et il faut avouer qu'on leur doit presque tout ce qu'on sait en ce genre ; mais dans ce genre, comme dans beaucoup d'autres, on ignore beaucoup plus de choses qu'on n'en sait. Je ne ferai point ici la description anatomique des différentes parties d'un arbre, cela serait inutile pour mon dessein : il me suffira

.de donner une idée de la manière dont les arbres croissent, et de la façon dont le bois se forme : cette idée se lie à celle de leur figure et de leur usage.

Je sais que bien des gens blâmeront l'étendue que je donne à certains articles, à celui-ci, par exemple. A quoi bon, diront-ils, nous détailler la manière dont se forme un arbre ? quel rapport cette formation a-t-elle avec les connaissances nécessaires à un ingénieur? Cet homme veut faire le savant ou grossir ses volumes. Je ne veux faire ni l'un, ni l'autre ; la science n'est pas de moi : je n'ai aucun intérêt à grossir des volumes ; mais je soutiens qu'un ingénieur doit remonter aux principes de toutes les connaissances qui doivent lui être les plus familières.

Je reviens à la manière dont les bois se forment, cette idée se liant, ainsi que je viens de le dire, avec celle de leur forme et de leur usage.

Une semence d'arbre, un gland qu'on jette en terre au printemps, produit, au bout de quelques semaines, un petit jet tendre et herbacé (Buffon), qui augmente, s'étend, grossit, durcit, et contient déjà, dès la première année, un filet de substance ligneuse ; à l'extrémité de ce petit arbre est un bouton qui s'épanouit l'année suivante, et dont il sort un second jet semblable à celui de la première année, mais plus vigoureux, qui grossit et s'étend davantage, durcit dans le même temps,'

et produit aussi à son extrémité supérieure un
autre bouton qui contient le jet de la troisième
année, et ainsi des autres, jusqu'à ce que l'arbre
soit parvenu à toute sa hauteur.

L'accroissement des arbres en hauteur se fait
donc par plusieurs productions semblables et annuelles : de sorte qu'un arbre de 100 pieds (32,484)
de hauteur est composé, dans sa longueur, de plusieurs petits arbres mis bout à bout ; le plus grand
n'a pas souvent deux pieds de hauteur. Tous ces
petits arbres de chaque année ne changent jamais de hauteur ; ils existent dans un arbre de
cent ans, sans avoir grossi ni grandi : ils sont
seulement devenus plus solides. Voilà comme se
fait l'accroissement en hauteur : l'accroissement
en grosseur en dépend. Ce bouton qui fait le sommet du petit arbre de la première année, tire sa
nourriture à travers la substance et le corps
même de ce petit arbre : mais les principaux canaux qui servent à conduire la sève, se trouvent
entre l'écorce et le filet ligneux ; l'action de cette
sève en mouvement dilate ces canaux et les fait
grossir, tandis que le bouton en s'élevant les tire
et les alonge ; de plus, la sève, en y coulant continuellement, y dépose des parties fixes qui en
augmentent la solidité. Ainsi, dès la seconde année, un petit arbre contient déjà dans son milieu
un filet ligneux en forme de cône fort alongé ;
c'est la production en bois de la première année :

I.   5

il contient aussi une couche ligneuse aussi côni-
que, qui enveloppe ce premier filet et le surmonte ; c'est la production de la seconde année.
La troisième couche se forme comme la seconde ;
il en est de même de toutes les autres, qui s'enveloppent successivement et continuement, de
sorte qu'un gros arbre est un composé d'un grand
nombre de cônes ligneux qui s'enveloppent et se
recouvrent tant que l'arbre grossit. Lorsqu'on
vient à l'abattre, on compte aisément sur la
coupe transversale du tronc le nombre de ces
cônes, dont les sections forment des cercles concentriques ; et on reconnaît l'âge de l'arbre par le
nombre de ces cercles, car ils sont distinctement
séparés les uns des autres. Dans un chêne vigoureux, l'épaisseur de chaque couche est de deux
ou trois lignes : cette épaisseur est d'un bois dur
et solide ; mais la substance qui unit ensemble les
cônes ligneux, n'est pas à beaucoup près aussi
ferme ; c'est la partie la plus faible du bois : donc
l'organisation est différente de celle des cônes
ligneux, et dépend de la manière dont ces cônes
s'attachent et s'unissent les uns aux autres ; manière que nous allons expliquer en deux mots.
Les canaux longitudinaux qui portent la nourriture au bouton, non seulement prennent de l'é-
tendue et acquièrent de la solidité par l'action et
le dépôt de la sève, mais ils cherchent encore à
s'étendre d'une autre façon ; ils se ramifient dans

toute leur longueur, et poussent de petits filets comme de petites branches, qui, d'un côté vont produire l'écorce, et de l'autre vont s'attacher au bois de l'année précédente, et forment, entre les deux couches de bois, un tissu spongieux qui, coupé transversalement, même à une assez grande épaisseur, laisse voir plusieurs petits trous à peu près comme on en voit dans la dentelle. Les couches du bois sont donc unies les unes aux autres par un réseau. Ce réseau n'occupe pas autant d'espace que la couche ligneuse ; il n'a qu'une demi-ligne ou environ d'épaisseur : cette épaisseur est à peu près la même dans tous les arbres de même espèce, au lieu que les couches ligneuses sont plus ou moins épaisses, et varient si considérablement dans la même espèce d'arbres, comme dans le chêne, que j'en ai mesuré qui avaient trois lignes et demie, et d'autres qui n'avaient qu'une demi-ligne d'épaisseur. Par une simple exposition de la contexture du bois, on voit que la cohérence longitudinale doit être bien plus considérable que l'union transversale.

Je ne suivrai point Buffon dans ses nombreuses observations, dont le principal résultat est, que la force du bois est proportionnelle à sa pesanteur : de sorte qu'une pièce de même longueur et de même grosseur, mais plus pesante qu'une autre pièce, est aussi plus forte à peu près en même raison. Ce résultat donne les moyens de com-

parer la force des bois qui viennent de différens
pays et de différens terrains.

Les bois de même espèce, venant de différens
pays, donnent des bois qui diffèrent considérablement en dureté, en densité et en fermeté. On
remarque encore beaucoup de différence entre les
arbres qui croissent dans un terrain plus sec, ou
plus humide, plus élevé ou plus bas, sur des côtes
exposées au nord ou au midi. Le bois que fournissent la plupart des arbres qui ont pris naissance dans un terrain sablonneux, est fragile ; au
contraire, le bois de ceux qui ont été plantés
dans un terrain argileux, est souple, pliant, et
ses parties sont fortement unies ensemble.

On connaît le but et l'utilité des expériences
de Buffon ; car lorsqu'il s'agira d'un ouvrage important, on pourra aisément, au moyen de sa
table (*voyez* article *Bois*), et en pesant les pièces
ou seulement des échantillons de ces pièces, s'assurer de la force du bois qu'on emploie, et on
évitera le double inconvénient d'employer trop
ou trop peu de cette matière, que souvent on
prodigue mal à propos, et que quelquefois on
ménage avec encore moins de raison.

Il est bon de savoir que le bois du pied d'un
arbre pèse plus que le bois du tronc au milieu
de sa hauteur, et que celui de ce milieu pèse plus
que le bois du sommet, et cela à peu près en
progression arithmétique, tant que l'arbre prend

de l'accroissement ; mais il vient un temps où le bois du centre et celui de la circonférence du cœur pèsent à peu près également , et c'est le temps auquel le bois est dans sa perfection ; enfin, sur son déclin, le centre de l'arbre venant à s'obs₁ truer, le bois du cœur se sèche, faute de nourriture suffisante ; il devient plus léger que le bois de la circonférence , et cette décadence arrive plus ou moins promptement , à raison de la profondeur et de la qualité du terrain , et suivant une foule de circonstances qui peuvent prolonger ou raccourcir le temps de l'accroissement des arbres.

Arc. s. m. Portion d'un cercle, d'une ellipse, ou de toute autre courbe. L'arc de cercle est une portion de circonférence, moindre que la circonférence entière du cercle.

La droite qui joint les deux extrémités d'un arc s'appelle *corde,* et la perpendiculaire , tirée sur le milieu de la corde , s'appelle *flèche.*

Tous les angles sont mesurés par des arcs.

Un arc est plus ou moins grand, selon qu'il contient un plus ou moins grand nombre de degrés. On dit un arc de 20 , 30 , 100 degrés.

La courbure du cercle peut seule mesurer les angles , parce que c'est la seule qui soit uniforme.

La doctrine et l'usage des arcs ont été fort bien développés par M. Henri Wolton dans les théo-

rèmes suivans. 1° Supposons différentes matières
solides, telles que les briques, pierres, qui aient
une forme rectangulaire : si l'on en dispose plusieurs les unes à côté des autres, dans un même
rang et de niveau, et que celles qui sont aux
extrémités soient soutenues entre deux supports,
il arrivera nécessairement que celles du milieu
s'affaisseront, même par leur propre pesanteur,
mais beaucoup plus si quelque poids pèse dessus:
c'est pourquoi, afin de leur donner plus de solidité, il faut changer leur figure ou leur position.

2° Si l'on donne une forme de coin aux pierres
ou autres matériaux, qu'ils soient plus larges au-
dessus qu'en dessous, et disposés dans un même
rang de niveau avec leurs extrémités, soutenus
comme dans l'article précédent, il n'y en a aucune
qui puisse s'abaisser, à moins que les supports ne
s'écartent ou s'inclinent, parce que dans cette
situation il n'y a pas lieu à une descente perpendiculaire ; mais ce n'est qu'une construction faible, attendu que les supports sont sujets à une
trop grande impulsion, particulièrement quand
la ligne est longue : ainsi, l'on fait rarement
usage des arcs droits, excepté pour des espaces
resserrées.

3° Si les matériaux sont taillés en forme de
coin disposé en arc circulaire, et dirigés au
même centre, en ce cas aucune des pièces de
l'arc ne pourra s'affaiser, puisqu'elles n'ont aucun

moyen de descendre perpendiculairement, et que les supports n'ont pas à soutenir un aussi grand effort que dans le cas de la forme précédente ; car la convexité fera toujours que le poids qui pèse dessus, portera plutôt sur les supports qu'il ne les poussera en dehors : ainsi l'on peut déduire de là que le plus avantageux de tous les arcs dont on vient de parler, est l'arc demi-circulaire, et que de toutes les voûtes, l'hémisphérique est préférable.

4° Comme les voûtes faites d'un demi-cercle entier sont les plus fortes et les plus solides, de même celles-là sont les plus agréables, qui, s'élevant à la même hauteur, sont néanmoins alongées d'une quatorzième partie du diamètre : cette augmentation de largeur contribuera beaucoup à leur beauté sans aucune diminution considérable de leur force.

On doit néanmoins observer que, suivant la rigueur géométrique, les arcs qui sont des portions de cercle ne sont pas absolument les plus forts ; les arcs qui ont cette propriété appartiennent à une autre courbe appelée *chaînette*, dont la nature est telle, qu'un nombre de sphères dont les centres sont disposés suivant cette courbe, se soutiennent les uns aux autres, et formeront un arc. (*Voyez* les *Transactions Philosophiques*, n° 231.)

L'arc reçoit différens noms suivant sa figure.

L'arc *droit* forme une voûte ou arcade perpendiculaire à son axe et à ses côtés, ou aux tangentes de ses côtés.

— *rampant* ou *alongé* forme une voûte ou arcade, dont le diamètre est incliné à l'horizon, et dont la clef est oblique sur ce diamètre : tels sont ceux qu'on pratique sous les rampes des escaliers et dans les arcs-boutans des églises. Les arcs ne peuvent être d'une portion de cercle, mais de plusieurs, ou plutôt ils sont une portion d'ellipse ou de parabole.

— *biais* forme une voûte, dont la tête n'est pas d'équerre sur son axe, et qui par conséquent a un pied droit en angle aigu et l'autre en angle obtus.

— *angulaire* est formé par une voûte, dont les pieds-droits forment un angle : tels sont les têtes des voûtes sur le coin ou dans l'angle : ces arcs sont ordinairement de deux portions de cercle ou même de trois, qui ont chacun leur centre différent.

— *diminué* n'est formé que d'une portion de cercle ; quelquefois son centre est le sommet d'un triangle équilatéral, et quelquefois d'un triangle isocèle.

— *en plein cintre* est formé d'un demi-cercle.

— *surbaissé,* ou *anse de panier.* Voyez *Anse de panier.*

— *en chaînette*, encore plus élevé que l'arc

surbaissé ; il a la figure d'une chaîne qui serait suspendue par ses extrémités. Voyez *Chaînette*.

L'arc *gothique*, ou en tiers point, est formé de deux portions de cercle, formées elles-mêmes des extrémités de son diamètre pris pour centre.

— *en talus*, c'est celui dont la tête est dans un mur en talus.

— *en décharge*, est pratiqué ordinairement dans l'épaisseur de la maçonnerie pour soulager une plate-bande ou un autre arc, du poids de la maçonnerie supérieure.

— *à l'envers* est bandé en contre-bas, et, par cette position à l'arc en décharge, sert dans les fondemens à entretenir les piliers de maçonnerie et à empêcher qu'ils ne s'affaissent dans les terrains mous.

Arc-boutant. s. m. Arc rampant ou portion d'arc, qui est appuyé contre les reins d'une voûte pour en retenir la poussée et empêcher l'écartement.

Arcs de triomphe. Monumens qui étaient élevés à la gloire des Consuls ou des Empereurs romains, en l'honneur des victoires qu'ils avaient remportées : on leur en élevait même pour avoir fait réparer les grands chemins. Je ne vois dans l'histoire que ces deux motifs qui aient déterminé le sénat et le peuple romain à décerner cet honneur aux dépositaires de l'autorité.

Le plus bel arc de triomphe qui subsiste encore

est celui d'Orange · il a 66 pieds (21,439) de long
sur 60 pieds de hauteur; les colonnes sont d'ordre
corinthien.

L'arc de Titus, à Rome, celui de Constantin
plus considérable encore, et ceux élevés à César-
Auguste, comme réparateur de la Voie Flaminienne, l'un à Rome et l'autre à Rimini, sont des
chefs-d'œuvre dans ce genre. On peut mettre au
même rang l'arc de triomphe élevé à la gloire de
Louis XIV, à la porte Saint-Denis : c'est le seul
monument de ce genre qui puisse être comparé à
ceux des Romains, et qui soit digne de servir de
modèle à la postérité.

Arche. s. f. Voûte construite sur les piles ou
culées d'un pont en pierre, pour laisser un libre
cours à la navigation, et donner en même temps
un passage au-dessus des eaux.

L'arche du milieu d'un pont se nomme *maîtresse arche;* elle est ordinairement plus grande
que les autres.

Les arches d'un pont ont différentes dénomi-
nations, selon leur forme. *Voyez* l'article *Pont.*

Argile. s. f. Terre grasse et visqueuse dont on
se sert pour faire la brique, la tuile, etc. Le pied
cube d'argile pèse ordinairement 135 livres.

L'argile est dense, compacte, serrée; et comme
ses molécules sont très-fines, très-rapprochées
et très-mobiles, on la polit avec les doigts en
l'humectant. Elle se délaie facilement dans l'eau

et y reste flottante, ce qui la fait distinguer des autres terres, qui se précipitent. On ne trouve presque jamais d'argile pure ; elle est ordinairement altérée par le sable, les quartz, la terre calcaire et les terres métalliques, auxquelles elle doit ses couleurs.

L'argile ne se vitrifie pas par l'action du feu ; elle y acquiert de la solidité sans entrer en fusion, à moins qu'elle ne contienne beaucoup de fer.

L'argile dont on se sert pour faire des briques, des tuiles, des fourneaux, etc., est connue sous le nom de *terre glaise;* elle est ordinairement grise. Il s'en trouve, aux environs de Paris, des bancs qui ont jusqu'à 40 pieds (12,994) d'épaisseur.

Lorsqu'on veut pratiquer une chaussée, il faut éviter, autant qu'il est possible, de l'établir sur un fond argileux ; car elle sera continuellement tourmentée, renversée par le gonflement que la terre argileuse éprouve lorsqu'elle se pénètre d'eau.

Valérius parle d'une espèce d'argile rougeâtre, qui se trouve mêlée avec une terre ayant la propriété d'absorber beaucoup d'eau et d'augmenter beaucoup de volume en se gonflant. Lorsque cette terre, délayée par les pluies, se dessèche, elle s'affaisse et revient à son premier volume ; elle se durcit très-aisément, et forme une croûte à la surface: en sorte que des voyageurs qui croient

marcher sur une terre solide, sont quelquefois
engloutis sous ce sol pernicieux. Voilà la cause
des fondrières et de certains chemins si mauvais.
Valérius ajoute qu'il y a beaucoup de terres de
cette nature dans la Dalécarlie et le Northland,
et que les exemples de personnes qui s'y sont enfoncées et perdues ne sont point rares.

Linné regarde les argiles comme le sédiment
terreux de la mer, et Lesage dit que la place
qu'occupent dans le globe les grandes argilières,
prouvent d'une manière incontestable qu'elles
ont une origine sous-marine : l'argile est, selon
lui, produite par les chairs, les excrémens des
poissons et les débris des plantes marines.

L'argile se coupe en parallélipipèdes de vingt
pouces de largeur, sur huit d'épaisseur, avec des
lames de fer de même longueur, qu'on trempe de
temps en temps dans l'eau.

Arithmétique. s. f. Science des nombres, qui
sert aux calculs des toisés, des opérations géométriques, etc. Il serait inutile de m'étendre ici
sur la science de l'arithmétique, seulement je
donne des tables de comparaison pour réduire
les anciennes mesures françaises en nouvelles.
Voyez article *Mesure.*

Arpent. s. m. Mesure ancienne, qui varie selon
les pays. L'arpent de Paris est de 100 perches carrées, la perche étant supposée de 18 pieds (5,847):
ainsi, l'arpent de Paris contient 30 toises en tous

sens ou en carré , et il a 900 toises (1754,133) de superficie.

L'arpent des eaux et forêts est aussi de 100 perches, mais la perche a 22 pieds (7,146) : ainsi cet arpent a 1,344 $\frac{4}{9}$ toises (2620,480) de superficie.

L'arpent, ou acre d'Angleterre , a 1210 toises mesure de Paris , ou (2358,333).

Le *jugerum* des anciens Romains avait de longueur 240 pieds (77,962) romains , ou environ 36 toises (70,165) de Paris , et de largeur 181 seulement : ainsi il devait avoir 648 toises (1262,975) de surface. A Rome, le rubio est de 4866 toises (9484,010) carrées. (*Voyez* l'article *Mesure,* où je donne une table générale de toutes les mesures connues , avec leur rapport aux nouvelles mesures.)

Arpentage. s. m. L'art de mesurer la superficie des terres et d'en calculer le contenu.

La connaissance de l'arpentage est utile à tous les états. On trouvera dans ce Dictionnaire toutes les connaissances qui y ont rapport, de manière qu'un propriétaire , si peu instruit qu'il soit , pourra par lui-même arpenter ses domaines.

L'arpentage peut être divisé en trois parties : la première consiste à prendre les mesures sur le terrain : c'est ce qu'on appelle *arpenter.* Voyez *Levée des Plans.*

La seconde, à mettre sur le papier les mesures et les observations : cette seconde partie s'exécute

par le moyen du rapporteur, d'une échelle, etc.
Voyez *Carte, Rapporteur*.

La troisième, à réduire les différentes divisions, les différens enclos, etc., en triangles, en carrés, en parallélogrammes, pour calculer leur contenu et leur surface. Voyez *Géodésie*.

On trouvera aussi, à l'article *Hypothénuse*, une table des hypothénuses pour le calcul des triangles ; elles est réduite en mesures nouvelles.

Il s'est élevé une question relative à l'arpentage, qui peut ne paraître que curieuse, mais dont la solution peut être très-utile dans certains cas.

Il s'agit de savoir si, dans la mesure d'un terrain incliné, on doit prendre sa superficie réelle, ou celle de sa base horizontale.

Il est, ce me semble, aisé de juger que c'est la base horizontale que l'arpenteur doit préférer ; ce n'est cependant pas la méthode suivie ordinairement, parce qu'on trouve communément plus aisé de mesurer la superficie que la base horizontale.

L'arpenteur doit prendre la méthode qui donne un produit de culture proportionnel à la mesure : par conséquent, si le produit d'un plan incliné était à celui de sa base horizontale comme la superficie du premier est à celle du second, ce serait la superficie du terrain incliné qu'il faudrait mesurer ; mais c'est ce qu'on ne peut assurer : car la difficulté de la culture sur un plan incliné, et les dégradations qu'éprouvent souvent ces sortes de terrains, diminuent fortement l'avantage d'y pouvoir planter à des distances horizontales moins grandes; et cet avantage, s'il existe, n'est pas à beaucoup près dans la proportion dont je viens de parler; en effet, il faudrait qu'une superficie inclinée à 60 degrés, par exemple, produisît autant que la même superficie horizontale, ce qui n'est pas : ainsi, en général, il vaut mieux mesurer seulement la base horizontale.

La mesure de la base horizontale est aussi plus exacte pour le but civil, qui doit chercher le rapport des produits plutôt que celui des surfaces. L'autre mesure ne peut être pratiquée avec exactitude, sur-tout sur des terrains tortueux, sans une attention particulière et des soins minutieux, dont la plupart des arpenteurs ne sont pas susceptibles.

Je finirai cet article par l'extrait d'un *Mémoire sur l'arpentage des terrains inclinés*, par M. Lenormant.

« Les terrains inclinés présentent plus de difficultés que les terrains horizontaux. Beaucoup d'arpenteurs ne les soupçonnent même pas, et arpentent les terrains inclinés comme s'ils étaient horizontaux, s'imaginant que l'arpentage ne consiste qu'à connaître la surface d'un terrain, quelle que soit d'ailleurs sa position par rapport au plan horizontal : de là naissent plusieurs incorvéniens, qui sont l'origine de beaucoup de procès. Les végétaux croissent tous verticalement, et il est prouvé qu'il ne peut pas croître un plus grand nombre de plantes sur un terrain incliné que sur sa projection dans le plan horizontal : d'un autre côté, si l'on arpente un terrain incliné de manière à en connaître la contenance exacte sur ce plan, et qu'ensuite, soit subitement, par quelque accident extraordinaire, soit à la longue, par l'écoulement des eaux, le terrain devienne horizontal ou moins incliné, le propriétaire ne pourra retrouver la contenance qu'en empiétant sur le terrain d'autrui ; ce qui est contre la justice, et ouvre la porte aux discussions. Ces raisons et une foule d'autres, qu'il serait aisé de déduire, ont fait sentir la nécessité de déterminer la contenance d'un terrain incliné, non par sa surface réelle, mais par sa projection sur le plan horizontal.

« La trigonométrie enseigne les moyens d'établir la projection du terrain ; mais parler de cette science à nos arpenteurs, c'est leur parler un langage inconnu : aussi, nous garderons-nous bien de traiter cette partie trigonométriquement; nous sortirions de notre plan, en exposant d'autres méthodes que celles des moyens mécaniques.

« L'échelle de pente est un moyen mécanique, mais dont on ne peut faire usage que lorsqu'on

mesure la surface d'un terrain sur le plan qu'on
en a déjà levé. Très-peu d'arpenteurs savent lever
les plans ; et les propriétaires, nous le craignons
bien, n'adhéreront pas de long-temps à l'invita-
tion que nous leur avons faite. Il faut donc indiquer aux arpenteurs un moyen facile de connaître la projection, afin que le propriétaire qui
a recours à eux ne soit pas trompé.

« La grande difficulté pour déterminer la projection d'un terrain, consiste à connaître l'angle
d'inclinaison que la totalité des lignes que l'on
mesure, ou chacune de leurs parties, forment
avec l'horizon. En effet, supposons que la ligne
brisée ABCD (planche VIII, fig. 4) représente la
coupe du terrain dont je veux avoir la projection
ED, il est évident que si du point A je puis apercevoir le point D, je connaîtrai avec le graphomètre l'angle ADE, par conséquent son *sinus*
AE et son *cosinus* DE ; mais si, au lieu d'une
seule station, je suis obligé d'en faire plusieurs,
l'une en C, l'autre en B, et la troisième en A, je
déterminerai d'abord de la même manière le *co-*
sinus GD de l'angle CDG, ensuite le *cosinus* HC
de l'angle BCH, et enfin le *cosinus* IB de l'angle
ABI : or, IB égale EF comme parallèles entre
parallèles, HC égale FG par la même raison ;
donc IB, plus HC, plus GD, égalent ED, et par
conséquent je connaîtrai la ligne de projection
par plusieurs opérations ou par une seule. La

I. 6

marche que nous venons d'indiquer est fondée sur la trigonométrie, et nous avons avancé que nous ne l'emploierons pas : nous allons faire connaître les moyens que nous lui substituons.

« Pour déterminer l'angle d'inclinaison, je me sers d'un compas des champs, qui est entre les mains de tous les arpenteurs ; mais comme ces sortes de compas sont ordinairement mal construits, je vais décrire celui que j'ai fait faire, en y apportant une légère addition.

« Ce compas, que la figure 6 représente, a ses deux branches AB, BC, en bois très-sec, unies par des charnières au point B, à la manière des compas ordinaires ; il est ouvert à angle droit ; l'extrémité AC de ses pointes est armée de deux bouts en fer, qui font avec les branches un angle de 135 degrés (ancienne division), afin que les pointes soient toujours perpendiculaires au terrain ; chacune des deux branches a de longueur (mètre 1,414) : alors l'ouverture du compas est d'un double mètre ; la verge de cuivre ou de fer EF qui le fixe à l'ouverture prescrite, est divisée en 45 degrés de part et d'autre de son milieu par des rayons qui partent du point D, qui est le centre de l'arc de cercle EGF ; la petite plaque de fer D est solidement fixée à la tête du compas et à une des branches, de manière que lorsque le compas est ouvert à angle droit, et qu'il est posé sur un plan horizontal, le prolongement de la verticale DG passe par le point B, centre de la tête du compas, et partage l'angle ABC en deux parties égales : cette plaque D porte une verge DG, à l'extrémité de laquelle est un plomb G qui maintient la verge dans une position toujours verticale ; la verge DG est fendue pour laisser passer la traverse EF, afin qu'elle puisse marquer les degrés sur ces deux faces qui sont graduées : le tout se loge dans des rainures pratiquées dans les jambes du compas.

« Si je pose mon compas ABC (fig. 5) sur un plan AC horizontal, la verticale BD, dirigée selon le fil à plomb, marquera o sur le limbe de cuivre ou sur la traverse, et réciproquement lorsque le fil à plomb marquera o, j'en conclurai que le plan sur lequel le compas repose est horizontal. Si je place le même compas sur un plan incliné PC, la verticale QC, dirigée selon le fil à plomb, marquera sur le limbe ou sur la traverse 35 degrés ; car les deux angles LQK, PCA sont égaux, comme ayant leurs côtés perpendiculaires : donc le fil à plomb indiquera toujours sur le limbe l'angle d'inclinaison du plan.

« L'angle d'inclinaison étant connu, il reste à déterminer la longueur de la ligne PC. La table qui suit donne ces longueurs toutes calculées relativement à l'ouverture de l'angle d'inclinaison. A la seule inspection de la figure, on s'aperçoit que les lignes de projection sont d'autant plus longues, que l'angle d'inclinaison est plus petit, et au contraire d'autant plus courtes, que l'angle d'inclinaison est plus grand ; car les trois lignes GC, PC, IC sont égales, et leurs projections sont les lignes HC, EC, FC. L'ouverture du compas étant toujours la même, et égale à deux mètres, et la table indiquant quelle est la longueur qu'on doit prendre au lieu d'un mètre, en multipliant par deux le nombre donné par la table, on aura la longueur réduite pour chaque ouverture de compas. Cette table ne s'étend que depuis un jusqu'à 45 degrés, parce que l'angle ayant plus de 45 degrés, il n'est plus possible de se soutenir sur le terrain, et par conséquent de l'arpenter avec l'équerre.

Table des longueurs auxquelles se réduit un mètre dans la projection sous les divers angles d'inclinaison, depuis 1 degré jusqu'à 45 inclusivement (1).

Degrés.	1 mètre se réduit à	Degrés.	1 mètre se réduit à	Degrés.	1 mètre se réduit à
1	0′9998477	16	0′9612661	31	0′8571673
2	0′9993908	17	0′9563048	32	0′8480431
3	0′9986295	18	0′9510565	33	0′8336706
4	0′9975640	19	0′9455185	34	0′8290376
5	0′9961947	20	0′9396926	35	0′8191521
6	0′9945218	21	0′9335804	36	0′8090170
7	0′9925462	22	0′9271839	37	0′7986355
8	0′9902680	23	0′9205049	38	0′7880107
9	0′9876883	24	0′9135454	39	0′7771460
10	0′9848077	25	0′9083078	40	0′7660444
11	0′9816271	26	0′8967940	41	0′7547096
12	0′9781476	27	0′8910065	42	0′7431448
13	0′9743701	28	0′8829476	43	0′7313537
14	0′9702957	29	0′8746197	44	0′7193398
15	0′9659258	30	0′8660254	45	0′7071068

(1) Le lecteur instruit s'apercevra aisément que cette table est une table des cosinus dont le rayon est un mètre

« Appliquons ce principe à un exemple. Supposons qu'une des lignes que nous avons mesurées soit représentée en profil par la ligne brisée ABCD (fig. 4) : je place une des pointes de mon compas sur le point D, j'observe l'angle d'inclinaison, et je tourne mon compas jusqu'à ce que cet angle change : je suppose qu'il change en C, je fais mesurer CD avec la chaîne, ce qui est plus juste qu'avec le compas ; je connais le nombre de mètres et de fractions qu'il contient, et je multiplie cette longueur par le nombre que me donne la table vis-à-vis l'angle d'inclinaison. Je continue la même opération sur BC et sur AB ; j'ajoute tous ces divers produits, et leur somme me donne la longueur entière de la ligne de projection.

« Il n'est pas nécessaire de calculer toutes ces longueurs sur le terrain : il suffit d'en tracer grossièrement la figure sur du papier, de marquer les lignes sur lesquelles on marche et les stations, d'indiquer l'angle d'inclinaison après chaque station, et la mesure de la ligne d'une station à l'autre, pour calculer ensuite le tout d'après la table, lorsque l'opération est finie.

« Le compas des champs est un mauvais instrument pour mesurer les distances, parce que ses jambes sont sujettes à s'écarter plus qu'il ne faut lorsqu'on pèse un peu sur sa tête : mais lorsqu'un arpenteur est bien exercé, il n'a pas à craindre

de grandes erreurs ; néanmoins , quoique l'opération soit plus tôt faite au compas qu'à la chaîne ,
nous conseillons toujours d'employer cette dernière méthode comme la plus sûre.

« On voit que lorsqu'un terrain est incliné, il
faut tracer la diagonale , abaisser les perpendiculaires avec l'équerre , comme nous l'avons fait
pour les terrains horizontaux , mais mesurer
toutes ces lignes comme nous l'avons indiqué
par la table ci-dessus : alors quelle que soit la
pente ou contre-pente , on obtiendra toujours la
ligne de projection , et l'on aura la contenance
exacte projetée , pourvu toutefois que les lignes
que l'on mesure soient celles qui , avec les lignes
de projection dans le plan horizontal , forment
les angles d'inclinaison : dans tout autre cas , on
n'aurait pas la véritable projection. Nous pensons
que cette observation suffit à tout homme sensé ,
et nous dispensera d'entrer dans de plus grands
détails. »

Arrachement. s. m. Pierres saillantes qui servent à former la liaison d'une maçonnerie nouvelle avec l'ancienne. On les appelle aussi pierres
d'attente ; mais on dit plus particulièrement former des arrachemens , quand on démolit la partie
mauvaise , et même quelques bonnes parties d'un
mur pour former des liaisons avec une nouvelle
maçonnerie.

Arrasement. s. m. Surface supérieure d'un cours

d'assises de pierres, ou d'un mur de maçonnerie mis de niveau.

Arraser. v. a. Mettre à même hauteur et de niveau un cours d'assises de pierres, ou un mur de maçonnerie, soit pour poser une plinte ou un entablement, soit pour couvrir les travaux et les garantir de la gelée.

Arrases. s. f. Matériaux plus ou moins épais qu'on place dans les inégalités d'un cours d'assises ou d'un mur de maçonnerie, pour rendre la surface de dessus unie et de niveau.

Arrière-bec. s. m. Partie triangulaire de la pile d'un pont, qui est du côte d'aval. Quelquefois l'arrière-bec a la forme d'un rhombe, quelquefois aussi son extrémité est circulaire. **Voyez** *Pont.*

Assemblage. s. m. Est en général l'union et la jonction de plusieurs pièces de bois taillées de différentes manières pour former un tout.

— *carré* se fait en coupant la moitié de l'épaisseur du bout de deux pièces de bois carrément, et les appliquant l'une sur l'autre.

L'assemblage carré se fait aussi à tenon et mortaise.

— *à anglet* ou *onglet,* se fait à tenon et mortaise, mais en diagonale.

— *à queue percée* se pratique lorsque l'on veut assembler deux pièces en équerre sur-le-champ; l'extrémité de chaque pièce est taillée en queue d'aronde PF, et lorsqu'elles sont assemblées, on perce des trous en A, dans lesquels on chasse des chevilles et des clous.

L'assemblage *à queue d'aronde* se fait à bois de fil par des tenons dont l'extrémité est plus large que le collet.

— *à queue perdue* se fait à deux pièces sur-le-champ, et en équerre ; mais la queue des tenons est cachée par un recouvrement en onglet ou carré.

— *en grain d'orge* se fait pour joindre deux pièces l'une à côté de l'autre par leur épaisseur, au moyen d'une languette à queue d'aronde qu'on fait entrer dans une rainure en onglet.

— *à clef* se fait pour joindre deux pièces l'une à côté de l'autre, par des tenons ou clefs perdues de bois de fil, placées dans des mortaises et collées, ou sur des clefs apparentes.

— *à rainure et languette* se fait le plus ordinairement pour joindre les planches l'une à côté de l'autre.

— *à tenon et mortaise* se fait en pratiquant à l'extrémité d'une pièce un tenon du tiers de son épaisseur, et dans l'autre pièce une mortaise dans laquelle on fait entrer le tenon, qu'on y arrête par le moyen d'une ou deux chevilles.

— *à tenon passant* se fait en pratiquant à l'extrémité d'une pièce un tenon beaucoup plus long que l'épaisseur de la pièce où doit être faite la mortaise, et qui y est retenue par une double clef.

Assemblage par entailles se fait en joignant bout à bout ou en équerre deux pièces de bois, par des entailles à mi-bois, carrées ou à queue d'aronde, et arrêtées avec chevilles, clous ou boutons.

— *boulonné et fretté*, en assemblant plusieurs pièces l'une auprès de l'autre, suivant leur épaisseur, en passant des boulons à écrou à travers, et y mettant des frettes de fer ou armatures.

— *en épi* se fait à tenon et à mortaise de plusieurs pièces, comme de contre-fiche autour d'un arbre ou poinçon.

Assembler. v. a. Joindre ensemble les différentes pièces de bois de charpente préparées, et taillées pour la construction d'un pont de bois, d'un cintre, des portes d'écluses, et de différentes machines.

Assises. s. f. Rangs de pierres d'une même hauteur, posées de niveau dans la construction d'un mur : on dit première, seconde, troisième assise, etc., pour signifier premier, second, troisième rang de pierres, etc.

Attachemens. s. m. Notes des ouvrages de différentes espèces que prend l'ingénieur, et presque toujours en présence des entrepreneurs, pour servir de base aux devis et fixer la nature des différens travaux.

Atterrissement. s. m. Synonyme d'alluvion. *Voyez* ce dernier mot.

Aval. adj. On se sert de ce terme pour exprimer le côté de l'embouchure des rivières ; il est opposé au côté d'amont : on dit le parapet d'aval, la face d'aval d'un pont.

Avant-bec. s. m. C'est la partie saillante et triangulaire d'une pile de pont qui est opposée au fil de l'eau et la coupe. On le couvre ordinairement de dalles à joints recouverts. Voyez *Pont.*

Avant-pièce. s. m. Bout de poutre ou de pieu, qu'on entretient à plomb sur la tête d'un pilotis pour le ralonger, afin que le mouton puisse l'enfoncer.

Aube. s. f. Planches fixées à la circonférence de la roue d'un moulin, et sur lesquelles s'exerce immédiatement l'impulsion du fluide, qui, en les chassant les unes après les autres, fait tourner la roue.

Le nombre des aubes n'est pas arbitraire. Quand une aube est entièrement plongée dans l'eau, et qu'elle a la position la plus avantageuse pour être bien frappée (c'est naturellement la position perpendiculaire au fil de l'eau), il faut que l'aube qui la suit et qui vient prendre sa place, ne fasse qu'arriver alors à la surface de l'eau et la toucher ; car, pour peu qu'elle y plongeât, elle déroberait à la première aube une quantité d'eau proportionnée : cette eau ne ferait plus d'impression sur cette première aube ; à la vérité, elle ferait impression sur la seconde, mais l'effet qui serait perdu pour la première, ne serait pas remplacé par l'impression que recevrait la seconde; car l'impression sur la première eût été faite sous l'angle le plus favorable, et l'autre ne peut plus avoir lieu que sous un angle qui le soit beaucoup moins : on doit donc faire en sorte qu'une aube étant entièrement plongée dans l'eau, ne soit nullement couverte par la suivante. Il est visible que cela exige entre elles un certain intervalle : comme cet intervalle sera le même pour les autres aubes, il en déterminera le nombre total.

Les aubes attachées, chacune par son milieu, à un rayon d'une roue qui tourne, ont deux dimensions, l'une parallèle, qu'on appelle leur *hauteur*, est la seule dont on doive s'occuper dans ce moment. Si la hauteur est égale au rayon de la roue, une aube ne peut plonger entièrement que le centre de la roue ou de l'arbre qui la porte, ne soit à la surface de l'eau ; il est nécessaire qu'une aube étant plongée perpendiculairement au courant, la suivante, qui ne doit nullement la couvrir, soit entièrement couchée sur la surface de l'eau, et par conséquent fasse avec la première un angle de 90 degrés : d'où il faut conclure qu'il ne peut y avoir que quatre aubes. Ainsi, l'on voit que le nombre des aubes sera d'autant plus grand que leur largeur sera moindre.

Une roue chargée d'aubes doit toujours

tourner uniformément, et pour cela il faut qu'elle soit telle que, dans quelque situation qu'elle se trouve, l'effort du fluide contre toutes les aubes ou partie d'aube actuellement enfoncée, soit nul; c'est-à-dire que la somme des efforts positifs pour accélérer la roue soit égale à la somme des efforts négatifs pour la retarder. Ainsi, le problème qu'il faudrait résoudre d'abord, ce serait de savoir quel nombre d'aubes il faut donner pour que, quelle que soit la situation de la roue, l'effort du fluide soit nul. M. de Parcieux préfère les roues à auges à celles à aubes, parce qu'il a été convaincu par des expériences que la pesanteur du fluide agit plus que son choc : de là il conclut que les aubes des roues qui tournent dans des coursières doivent être inclinées aux rayons, comme elles le sont partout plus ou moins, pour mieux recevoir l'effet de la pesanteur de l'eau. La même raison subsiste pour les aubes des roues qui sont dans les grandes rivières.

On dit que la plus grande vîtesse que puisse prendre une aube, est le tiers de la vîtesse du fluide qui la met en mouvement. M. Parent a trouvé (*Mémoires de l'Académie*, 1074) qu'en substituant à toutes les ailes qui reçoivent le choc d'un fluide, une surface plane de même étendue, frappée perpendiculairement par le fluide, le centre d'impression de cette surface doit prendre le tiers de la vîtesse du courant, pour que l'effet de la machine soit au *maximum.*

Cette théorie, selon M. l'abbé Bossut, èst défectueuse : il en donne une solution générale (*Mémoires de l'Académie ,* 1769). Mais cela n'empêche pas les mécaniciens de suivre la théorie de M. Parent, et les machines n'en vont pas moins bien.

Aubier. s. m. Ceinture plus ou moins épaisse de bois imparfaite, qui est entre l'écorce et le cœur dans tous les arbres. On le distingue aisément du bois parfait, par la différence de sa couleur et de sa dureté. On doit retrancher l'aubier dans les bois qu'on emploie. Voyez *Arbre , Bois.*

Aubours. s. m. Blanc du bois de chêne qu'on ne doit employer que sous l'eau et en pieux. Il est sujet à être percé par les vers lorsqu'on l'emploie aux ouvrages du dehors.

B

Bac. s. m. Grand bateau plat, ouvert par le devant et le derrière, auquel est ajouté un tablier que l'on abaisse sur le rivage pour en faciliter l'entrée aux voitures et aux animaux. Au milieu de ce bateau, dans sa longueur, doit être un rouleau vertical, sur lequel passe un câble attaché solidement sur les deux rives, et qui sert à le mouvoir d'une rive à l'autre. Il y a différentes manières de construire un bac, ainsi que différens

usages pour le conduire. Il y a des bacs qui ont
la poupe ouverte, et dont la proue est attachée
par un long câble à un pieu placé au milieu de
la rivière : leur mouvement se fait par une portion de cercle d'une rive à l'autre.

Badigeon. s. m. Espèce de peinture en détrempe dont se servent les maçons pour donner
aux enduits de plâtre la couleur de la pierre : elle
se fait avec des recoupes de pierre écrasées,
passées au tamis et délayées dans l'eau ; on figure ensuite sur cet enduit des joints montans
et de niveau, pour faire paraître des chaînes, des
pieds-droits, des arcs, des voussoirs, etc.

Bahut. s. m. La figure du coffre appelé *bahut*,
dont le dessus est bombé ou à deux pentes, a
donné l'idée de se servir de ce nom, dans la
maçonnerie, pour les pierres de recouvrement
des parapets des ponts ou des murs des quais.

Bajoyers. s. m. Murs de côté ou de revêtis-
sement d'une chambre d'écluse, dont les extrémités sont fermées par des portes ouvrantes ou
des vannes qui se lèvent.

Les bajoyers d'une écluse ne peuvent être
construits avec trop de précaution : il faut, par
leur bonne construction, éviter toute espèce de
dégradation causée par le choc des eaux, parce
que ces dégradations ne peuvent être réparées
qu'avec la plus grande difficulté et avec d'énormes
dépenses.

Je vais, d'après Bélidor, indiquer les précautions à prendre pour ces sortes de constructions.
« En supposant le radier bien conditionné, à son
recouvrement près, qu'il ne faut appliquer (le
radier), s'il est de charpente, que lorsque le reste
de la maçonnerie sera achevé, pour ne pas le
gâter : en supposant, d'autre part, que la fondation des bajoyers soit arrasée au niveau de la
surface du radier, il faut tout de nouveau vérifier
le tracé de l'écluse dans toutes ses parties, pour
régler les retraites ; il faut reconnaître si, avant
que de poser la première assise des paremens,
les pierres ont été taillées de manière à répondre
exactement à la figure du plan, ce qu'on ne peut
guère juger avant qu'elles ne soient mises en
place ; mais comme alors ce n'est plus le temps
de rectifier, il faudrait, pour plus de précision,
que l'ingénieur fît un plancher exprès, sur lequel
il traçât une épure de grandeur naturelle de la
base d'un bajoyer, sur l'étendue seulement que
doivent comprendre les portes quand elles seront
ouvertes : de cette manière, il ne pourrait y avoir
pour les ouvriers aucune équivoque pour le logement des poteaux, tourillons, la position de leur
crapaudine, et les enclaves destinées à loger les
portes. Il faut faire ces portes assez profondes
pour qu'elles ne débordent point le nu du mur,
afin de ne pas rétrécir le passage de l'écluse, sur-
tout si ces portes sont tournantes, parce qu'alors

elles ont plus de relief que les autres : c'est à quoi il faut bien prendre garde , en examinant si les pierres posées sur l'épure remplissent parfaitement leur objet.

«Tout le parement des bajoyers doit se faire de pierres de taille , la plus dure que l'on pourra trouver dans le pays. On fera attention que souvent telle espèce de pierre qui réussit à l'air, peut devenir très-mauvaise quand elle est employée dans l'eau.

« Quand on aura pris toutes les précautions convenables pour le choix de la pierre, on en fera tailler de deux échantillons différens , l'un pour les boutisses, qui ne doivent pas avoir moins de trois pieds de queue , et l'autre pour les panneresses , auxquelles on donnera depuis 20 (0,542) jusqu'à 24 pouces (0,650) de lit ; les boutisses et les panneresses ayant 12 (0,325), 15 (0,406) et 18 pouces (0,487) de hauteur, doivent être posées alternativement : on observera que les boutisses n'aient pas plus de 5 pieds (1,624) d'intervalle lorsqu'on sera obligé d'employer deux panneresses de suite. Au surplus, il faut avoir grand soin de choisir les pierres les plus grosses et les plus dures pour les chardonnettes, les encoignures et les angles, sur-tout aux endroits des jambages et battées des portes.

« Les assises les plus épaisses doivent être posées les premières, et les autres par gradation d'épaisseur ; toutes les pierres doivent être taillées de façon qu'elles puissent être posées sur leur lit de carrière, parce qu'autrement il serait à craindre qu'elles ne se fendissent sous le poids de la charge qu'elles auraient à soutenir : on fait en sorte que les joints des paremens n'aient que 2 lignes (0,005) de largeur ; ce qui revient à 4 ou 5 lignes (0,009 ou 0,011) vers la queue, à cause des démaigrissemens.

« Lorsqu'on veut pratiquer des pertuis ou petits aqueducs dans l'épaisseur des bajoyers, pour faire passer l'eau d'un côté de l'écluse à l'autre sans ouvrir les portes, ni même les guichets, il faut avoir grande attention d'en faire la maçonnerie le plus solidement possible, pour prévenir les dégradations que la rapidité de l'eau pourrait occasioner par la suite. C'est pourquoi il faut que le radier de ces aqueducs soit fait avec autant et même plus de soin encore que celui de l'écluse : l'un et l'autre doivent se trouver dans le même plan, afin que l'eau puisse couler partout sans obstacle.

« Les pierres étant bien piquées et dégauchies, selon l'aplomb qu'on a coutume de suivre pour le parement des bajoyers, qui n'ont jamais de talus, on donnera aux lits et joints montants, 12 à 15 pouces (0,325 à 0,406) de plein à l'equerre, ne démaigrissant les mêmes lits que de 2 ou 3 lignes (0,005 ou 0,007) seulement, pour que les pierres aient un plus de jeu lorsqu'on les assied ; enfin, il faut n'oublier aucune des précautions que demande ce travail.

« A mesure que l'on élève chaque assise de parement, il faut bien garnir le derrière en maçonnerie de brique, toujours avec mortier de ciment sur l'épaisseur d'environ 3 pieds (0,975) ; le reste peut se faire de moellons, de même que le massif des contreforts. Cette maçonnerie sera bien liée avec celle de brique, dont on pourra encore, pour plus de solidité, faire des chaînes par intervalle sur toute l'étendue de l'ouvrage ; mais il en faut nécessairement derrière le parement, pour empêcher que par la suite l'eau de la retenue ne pénètre dans l'épaisseur du mur quand les joints viendront à se dégrader.

« Lorsque ces murs seront terminés, on regrattera sur-le-champ tous les joints de paremens d'un pouce de profondeur, pour rejointoyer avec un bon ciment. Si ce sont des bajoyers exposés à la mer, il faut faire un ciment gras avec parties égales de ciment et de chaux vive réduite en poudre, en la faisant tremper promptement dans l'eau ; ces matières seront arrosées d'huile de lin bouillie, et elles seront battues jusqu'à la consistance du ciment ordinaire, pendant une heure au moins.

« Lorsque les paremens des bajoyers sont élevés jusqu'à la hauteur des colliers de fonte qui doivent soutenir les portes, l'on prend toutes les mesures nécessaires pour enclaver dans la maçonnerie, le plus solidement qu'il est possible, les tirans et clefs de fer qui les retiennent ». Voyez *Ecluse*.

Bander. v. a. Arranger les voussoirs en clavecin sur les cintres de charpente, les fermer et les serrer avec des coins.

Banquette. s. f. Petit chemin élevé à côté du chemin des voitures, le long des parapets d'un pont ou du parapet d'un quai : il est ordinairement bordé d'une assise de pierre de taille, pavé en mortier de ciment ; on lui donne le plus souvent depuis 4 (1,299) jusqu'à 9 pieds (2,924) de largeur à proportion de la largeur du pont ; c'est aussi un petit sentier de dix-huit pouces ou deux pieds de large, élevé le long d'un des côtés de la rigole ou du canal d'un aqueduc, pour en faciliter la visite et les réparations.

Barbacane. s. m. Ouverture dans un mur de soutenement de chaussée ou dans tout autre : elle sert à l'écoulement des eaux qui se filtrent au travers des terres dont on a remblayé une chaussée.

Barbelé. adj. Qui a des dents ou pointes à rebours : telles sont les chevilles de fer, ou grands clous, qu'on emploie dans la construction des plates-formes sur pilotis, pour les fondemens dans l'eau. Ces chevilles ainsi barbelées, étant enfoncées dans le bois, ne peuvent en sortir, parce que les dents qu'on y a faites ont leur pointe du côté de la tête de la cheville.

Baromètre. s. m. L'invention du baromètre est trop importante pour ne pas lui donner ici un article particulier, en le considérant seulement sous le rapport de l'usage qu'on en peut faire pour déterminer la hauteur des montagnes.

On donna d'abord le nom de tube de *Toricelli* à un tube rempli en grande partie de mercure, contenu par la pression de l'atmosphère. Toricelli avait imaginé cette expérience en 1643. Ce tube a pris depuis le nom de *baromètre,* parce qu'il sert, pour ainsi dire, à mesurer la pesanteur de l'air dans un endroit donné.

On ne doit attribuer la suspension du mercure dans le baromètre au poids de l'air, qu'autant que ce poids est la cause principale de la pression de l'air. En effet, le mercure du baromètre se soutient aussi bien dans une chambre exactement fermée qu'en plein air, parce que l'air de cette chambre, quoiqu'il ne porte pas le poids de l'atmosphère, est comprimé de la même manière que s'il le portait.

Comme je ne dois considérer le baromètre que dans son usage pour mesurer la hauteur des montagnes, je me renfermerai dans la citation des expériences faites pour y parvenir.

Le docteur Halley et Derhaut ont fait des expériences, d'après lesquelles ils ont cru trouver une méthode pour connaître la hauteur de l'atmosphère et mesurer celle des montagnes.

Sur le haut de la montagne de Snouden, en Angleterre, montagne qui a 1240 toises (2416,804) de hauteur, Halley trouva le mercure de trois pouces huit dixièmes plus bas qu'au pied : d'où il conclut que le mercure baisse d'un dixième de pouce par 30 toises (58,471). Derhaut fit la même expérience, et pensa qu'il fallait 32 toises (62,369) pour que le mercure baissât d'un dixième de pouce. Suivant cet auteur, si le mercure ici-bas est à 30 pouces (0,812), il sera, à mille pieds de hauteur, à $28\frac{7}{10}$ pouces ; à 2000 pieds (649,679), à $27\frac{86}{100}$ (9,096) ; à 3000 pieds (974,518), à $26\frac{85}{100}$; à 4000, à $25\frac{80}{100}$; à 5000, à $24\frac{93}{100}$. Mais, dans tous ces calculs, on suppose que l'atmosphère est partout d'une densité à peu près égale, et que si on la divise d'égale hauteur, le poids de chaque portion d'air ainsi divisé est presque le même ; ce qui est bien éloigné d'être vrai : car l'atmosphère devient continuellement moins dense, à mesure qu'on s'éloigne de la terre. Ainsi, une même quantité d'air occupe toujours un volume de plus en plus grand : c'est pourquoi si on divise l'atmosphère en différentes couches, toutes d'une hauteur égale, ces couches peseront d'autant moins, qu'elles seront plus éloignées du centre de la terre.

M. Mariotte , dans son *Essai sur la nature de l'air*, a donné un calcul de la hauteur de l'atmosphère, fondé sur les observations du baromètre faites au sommet des montagnes. Ce calcul a pour base ce principe : l'air se condense en raison des poids dont il est chargé , mais cette loi n'est vraie que quand la température de l'air reste constante. L'auteur trouve quinze lieues ou environ pour la hauteur de l'atmosphère. A l'Observatoire de Paris, la plus grande élévation du mercure est de $28\frac{4}{10}$ pouces (0,812), et sa moindre $26\frac{4}{10}$ (0,758). Comme la colonne de mercure comprise dans un tube de baromètre est soumise à la pression de l'atmosphère, et qu'en vertu de cette pression elle s'élève à la hauteur de 28 pouces (0,758), si quelqu'un transporte un baromètre sur le haut d'une tour, ou sur une montagne , il est constant que la quantité d'air qui pressera le mercure au haut d'une montagne, ne sera pas aussi grande que celle qui le presserait au pied de cette même montagne , et par conséquent la colonne de mercure, étant moins pressée, sera moins élevée sur le sommet de la montagne qu'au pied. Pareillement si l'on transporte cet instrument au fond d'une mine profonde , le mercure étant pressé plus fortement par une plus longue colonne d'air, s'y élevera davantage. Le célèbre Stromer a répété ces expériences sur plusieurs montagnes de différentes régions, dans les mines de Norwège, dans celles de Claustalie, dans la mine d'argent de Saal; et les résultats de ces expériences ont toujours confirmé cette vérité.

Il fut donc reconnu, d'après toutes les expériences, que la hauteur ordinaire et moyenne du baromètre placé au bord de la mer est de 28 pouces (0,758), qui égalent le poids de tout l'air supérieur. Si on porte le baromètre plus haut, il baisse, parce que le mercure est soutenu par une moindre hauteur d'air; il baisse d'une ligne (0,001) quand on le porte à 60 pieds (19,490) ou environ au-dessus du niveau de la mer.

Il faut observer cependant que le baromètre varie selon les différens changemens de l'air, et que ces variations sont dues principalement au temps serein, au vent et à la pluie. Il est dès lors visible que les observations par lesquelles on veut trouver la quantité dont il descend pour une certaine hauteur, doivent être faites dans le même temps, afin que les changemens de l'air n'entrent pour rien dans son élévation et dans son abaissement.

On peut être étonné de ce que les premiers savans qui s'occupèrent de cette théorie, surtout Halley et Newton, ne prirent point en considération l'effet des variations de la température dans les différentes couches d'air. Ce fut vers la moitié du dix-septième siècle que Bradley et La Caille s'aperçurent de cette influence : et se dernier construisit une table de réfraction différente pour l'hiver et pour l'été. Mais M. Deluc qui vint ensuite, chercha dans les observations mêmes la correspondance qui pouvait exister entre la température de l'air et la pression de l'atmosphère. Des expériences nombreuses sur les dilatations comparées de l'air et du mercure lui apprirent à démêler, à reconnaître les lois que ces corrections devaient suivre, et l'intensité qu'il fallait leur attribuer.

Abstraction faite de cette influence de la température, on conçoit aisément que si la *hauteur* de 60 pieds (19,490) ou environ faisait toujours baisser le mercure d'une ligne dans le baromètre, il serait bien aisé de trouver la hauteur d'une montagne au-dessus du niveau de la mer, quand on saurait à quelle hauteur était le baromètre au bord de la mer, et de combien il descendrait dans le même temps, étant transporté au haut de la montagne. Mais l'air est toujours moins condensé, à mesure qu'il s'éloigne davantage de la surface de la terre : ainsi, la colonne d'air qui, prise depuis le niveau de la mer, peut soutenir une ligne (0,002) de mercure, est plus condensée et par conséquent moins haute que la colonne supérieure qui peut soutenir une autre ligne ; ainsi de suite, selon une certaine progression que l'on ne connaît point encore.

Pour connaître cette progression, MM. Cassini et Maraldi, chargés du prolongement de la méridienne, firent différentes observations sur les hauteurs des montagnes. Ils jugèrent que cette progression, suivant laquelle les colonnes d'air qui répondent à une ligne (0,002) de mercure vont en augmentant de hauteur, pouvait être telle que la première colonne ayant 61 pieds (19,815), la seconde en ait 62 (20,140), la troisième 63 (20,465) et ainsi de suite, du moins jusqu'à la hauteur d'une demi-lieue; car ils n'avaient pas observé sur des montagnes plus élevées. En cette progression, ils retrouvaient toujours, à quelques toises près, par l'abaissement du mercure sur une montagne, la hauteur de cette montagne qui leur avait été immédiatement donnée par l'opération géométrique.

On peut donc, en admettant cette progression, mesurer, par un baromètre qu'on portera sur une montagne, l'élévation de cette montagne au-dessus du niveau de la mer, pourvu que l'on puisse savoir à quelle hauteur était en même temps le baromètre sur le bord de la mer, ou dans un lieu dont l'élévation au-dessus de la mer soit connue: tel serait, par exemple, l'Observatoire de Paris, que l'on sait être plus haut de 46 toises (89,656) que l'Océan.

J'ai dit que la hauteur de la montagne qu'on veut mesurer ne doit point passer une demi-lieue, parce que la justesse de la progression

supposée n'a été éprouvée que jusque-là. Si cette
progresion régnait dans toute l'atmosphère, il
serait bien facile de résoudre le problème de sa
hauteur ; car les 28 pouces (0,758) de mercure
qui égalent le poids de toute l'atmosphère étant
la même chose que 336 lignes (0,758), on aurait
une progression arithmétique ayant trois cent
trente-six termes, dont la différence serait un, et
le premier terme soixante-un ; ce qui donnerait six
lieues et demie pour la hauteur de toute l'atmosphère, et l'air de la trois cent trente-sixième colonne serait plus de six fois moins condensé que
celui de la première. Mais l'incertitude du principe se répand sur toutes ses conséquences, ainsi
qu'on le voit par la différence des résultats, et on
n'a encore rien déterminé de précis sur la hauteur
de l'atmosphère et sur ses différens degrés de
densité. C'est déjà beaucoup d'avoir trouvé une
manière commode de mesurer, par deux observations correspondantes du baromètre, l'élévation de la plupart des montagnes au-dessus du
niveau de la mer. L'opération serait presque impraticable par d'autres méthodes lorsque la mer
est un peu éloignée.

Je joins ici une table où l'on voit le changement de hauteur indiqué par chaque pouce du
baromètre jusqu'à trois mille six cent soixante-
dix-neuf toises, qui est la plus grande élévation
où les hommes puissent respirer.

Pouces.	Millim.	Toises.	Mètres.	Pouces.	Millim.	Toises.	Mètres.
27	0,731	184	358,623	19	0,515	1710	3332,851
26	0,704	348	678,265	18	0,488	1945	3790,876
25	0,677	518	1019,601	17	0,461	2193	4274,237
24	0,650	695	1354,580	16	0,434	2456	4786,834
23	0,623	880	1715,152	15	0,407	2736	5332,563
22	0,596	1073	2091,316	14	0,380	3036	5917,274
21	0,569	1275	2485,021	13	0,355	3332	6494,189
20	0,542	1487	2728,651	12	0,326	3679	7170,505

Ceux qui veulent une plus grande instruction
sur l'application du baromètre à la mesure des
montagnes, doivent consulter l'excellent ouvrage
de M. Biot : on y trouve et le principe de la formule barométrique dont plusieurs savans se sont
plus ou moins avantageusement occupés, et son
perfectionnement que l'on doit à M. de Laplace.
A l'aide de cette formule, on peut apporter dans
les observations du baromètre un degré de précision presqu'incroyable. Les expériences qu'on
a faites pour obtenir tant de precision, ont dû,
tout en se régularisant, se multiplier à l'infini.
Cette ingénieuse découverte pourra donner, dans
l'espace de quelques années, le nivellement général
de l'Europe ; et, d'après l'idée de M. de Laplace, il

sera facile d'ajouter à la longitude et à la latitude
des villes leur hauteur au-dessus du niveau de la
mer, comme une troisième coordonnée qui achèvera de déterminer leur position.

Barillet. s. m. Partie d'un tuyau de fer ou de
cuivre, dans laquelle monte ou descend le piston
d'une pompe. Voyez *Pompe.*

Base. s. f. C'est en général le terrain ou la
maçonnerie sur laquelle on élève quelque construction.

Dans l'art de lever les plans ou la carte d'un
pays, une base est une ligne tracée de cinq cents.
mille, ou deux mille toises, s'il est possible, à laquelle on rapporte toutes les opérations que l'on
fait pour lever le plan ou la carte. Voyez *Levée des
Plans.*

Lorsqu'on a à tracer et à s'assurer des bases
d'une grande étendue pour des opérations ma-
jeures, il faut y apporter de grands soins, et une
précision rigoureuse est alors plus nécessaire que
dans les petites opérations. Par exemple, lorsque
Picard, en 1669, voulut mesurer, d'après les ordres
du Roi, un degré du méridien, il choisit une base
entre Villejuif et Juvisi, sur la route de Fontaine-
bleau. Cette base fut mesurée avec des soins et
des précautions qu'on n'avait pas encore apportés
à des opérations pareilles. Cependant cette base,
vérifiée en 1739 par M. Cassini, fut trouvée trop
longue d'environ un pied sur mille. Cette erreur

peut provenir d'un raccourcissement de la mesure de la toise dont il se servit, et à laquelle l'humidité ou la sécheresse dûrent faire éprouver des variations.

L'influence certaine de la température sur les mesures en bois ou en fer dont on se sert ordinairement, a fait chercher une manière de les construire qui pût parer à ces inconvéniens. L'ouvrage de M. William Roi est digne d'être cité dans ce genre de recherches : je vais donner une idée de l'opération qui fait le sujet de cet ouvrage. On voulait établir une suite de triangles de Londres jusqu'à Douvres, pour les lier avec ceux exécutés en France, et déterminer ainsi plus exactement la situation respective des deux plus fameux observatoires de l'Europe.

L'exécution de ce projet fut commencée en 1784 par le choix, le tracé et le nettoiement d'une base dans la province de Middlesex, au sud-ouest de Londres.

Le major-général Roi, dans son ouvrage, entreprend de donner la description des instrumens dont on s'est d'abord servi pour la mesure de la base : ces instrumens rentrent dans la classe de ceux qui étaient déjà connus pour de pareils usages.

Le premier de ces instrumens est une chaîne d'acier de 100 pieds (32,484) de longueur, construite sur les principes de celle d'une montre. Il

est constant, par les expériences auxquelles on l'a
soumise, qu'on peut, en s'en servant convenablement, mesurer toutes sortes de distances avec la
plus grande précision. William Roi en donne la
description à l'article *chaîne*, parce que, selon
son traducteur, homme du métier, elle est utile,
indispensable même dans les opérations délicates,
et, dans l'usage journalier, très-supérieure à celles
dont on se sert ordinairement.

Le major Roi, qui, d'abord ne soupçonnait
pas toute l'exactitude que la chaîne pouvait donner, fit faire en même temps trois perches en
bois, chacune de 20 pieds (6,477) trois pouces
de longueur, et une perche-étalon avec laquelle
on pût la comparer au besoin. L'exemple de tous
ceux qui ont mesuré des bases semblait lui imposer la loi d'employer la même méthode ; mais il
s'attacha à donner à ses perches plus de perfection
qu'on n'avait encore fait ; il prit sur-tout des précautions pour les rendre inflexibles en tous sens,
circonstance à laquelle ses prédécesseurs n'a-
vaient pas eu égard.

L'auteur fait connaître complétement les instrumens destinés d'abord à la mesure, et passe
ensuite au journal historique des opérations. On
commença par faire une première mesure avec la
chaîne sur la surface même du terrain ; on nivela
la base, dont le sol était assez uni pour n'avoir
qu'environ 31 pieds (10,070) de pente, sur

plus de 27,400 pieds de longueur (8900,600).

Ce premier essai commença à faire connaître l'excellence de la chaîne, qui, ainsi qu'on l'a reconnu depuis, aurait donné la vraie longueur de la base, si cet essai eût eu lieu sur une surface parfaitement dressée et avec les précautions nécessaires.

La chaîne n'était destinée qu'à préparer les opérations avec les perches, qui devaient seules donner la vraie longueur de la base. Aussi, lorsqu'on s'en servit, les coopérateurs de William Roi redoublèrent de soin et d'attention pour ne rien négliger de ce qui pourrait contribuer à la certitude du résultat qu'on attendait.

La méthode des coïncidences fut d'abord employée : mais elle fut trouvée d'une longueur impraticable, et on se borna à mesurer par contact en plaçant les perches bout à bout sur leur support.

La principale source d'erreur dans l'usage des mesures en bois vient, comme je l'ai déjà dit, de l'altération de leur longueur, causée par l'humidité et la sécheresse alternative : c'est à quoi le major s'attacha à remédier, en comparant souvent les perches à mesurer avec la perche-étalon. On lit à ce sujet, sur la dilatation longitudinale du sapin, des expériences particulières qui firent reconnaître que la perche-étalon elle-même, quoique renfermée soigneusement, était sujette à de

petites variations périodiques et journalières auxquelles on eut égard. Cependant, malgré ces précautions, M. Roi était encore incertain de l'exactitude de son opération : il ne put se résoudre à
s'en tenir au résultat trouvé, et il prit le parti
de recommencer tout l'ouvrage, en employant
des moyens qui ne fussent sujets à aucun inconvénient.

Il fit usage de tubes de verre de vingt pieds de
longueur, renfermés dans des caisses et accom-
pagnés de tout l'appareil nécessaire pour s'en
servir. C'est dans le mémoire même qu'il faut en
lire la description, qu'on ne croit pas nécessaire
de rapporter ici. Il suffira de dire que chacun de
ces tubes ayant une extrémité fixe et l'autre mobile, on a évité par là l'erreur du recul occa-
sioné par le choc des perches bout à bout, circonstance très-importante.

On débuta, dans ce nouveau travail, par faire
une double mesure de la chaîne et des tubes de
verre ; et c'est alors qu'on reconnut l'excellence
de la chaîne, qui était telle, qu'en s'en servant convenablement, elle aurait pu donner la longueur
de toute la base, sans une erreur d'un pouce.

Les doutes sur la fausse évaluation de la dilatation des perches en bois se trouvèrent alors
confirmés, et l'on reconnut que l'erreur totale
de cette évaluation était d'environ 21 pouces
(0,^{8}13) en plus.

I. 8

Je joins ici une table qui marque la quantité dont s'allonge une toise de longueur de différens métaux, pour un degré de variation dans la température, observée sur le thermomètre de Réaumur.

NOMS DES MÉTAUX.	Alongement d'une toise pour un degré d'augmentation de température.
Cuivre.	0,02003914
Verge d'acier.	0,0123606
Pressure de fer fondu.	0,0119880
Tube de verre.	0,0083754
Verge solide de verre.	0,0087318

Batardeau. s. m. Dans une rivière, ou autre lieu aquatique, on fonde une double enceinte avec pieux, palplanches, traverses, moises, etc.; on la remplit de terre glaise pour empêcher l'eau d'y entrer, et on épuise celle qui y était, afin de découvrir le bon fond, et de mettre les maçons en état d'établir les fondations solidement : c'est ce qu'on appelle un batardeau.

On fait de deux espèces de batardeaux : les uns en terre simplement, les autres en encaissement. Les batardeaux faits en terre doivent être plus élevés que la superficie des eaux qu'ils retiennent, d'environ un pied (0,325) et demi, et avoir une toise de couronne : ou plutôt voici la règle générale qu'il faut suivre. L'épaisseur du batardeau au sommet doit être égale à la profondeur même de l'eau, laissant le talus des terres se former naturellement de part et d'autre d'après leur pesanteur. Ce talus suit ordinairement la diagonale du carré, et par conséquent cette base aura pour largeur le triple de l'épaisseur du batardeau, prise au sommet.

La construction des batardeaux diffère selon la nature des ouvrages pour lesquels ils sont faits. En général, ils doivent être attachés à un terrain ferme, et on doit y employer le moins possible des pierres et des fascines, parce qu'elles facilitent l'infiltration des eaux. On ne doit pas non plus attacher les batardeaux en terre à des murs, parce que la terre ne s'alliant jamais avec la pierre, moins encore avec la taille, les eaux filtrent sans cesse par les interstices. Quand les batardeaux ne peuvent pas se faire avec de bonnes terres franches, il faut pratiquer dans le milieu un conroi de glaise.

On aura soin que ces terres fortes et grasses, à mesure qu'elles seront étendues sur la base du batardeau, soient battues par la demoiselle, lit par lit d'un pied (0,325) d'épaisseur, que l'on réduit à 8 pouces (0,217). On veillera à ce que la terre ne renferme ni cailloux, ni gravier, cause ordinaire des transpirations, qui donnent lieu à des renards. Les progrès de ces renards peuvent devenir si rapides, qu'en très-peu de temps il se forme une brèche qui mette dans la fâcheuse nécessité de recommencer un autre batardeau. Le conroi doit régner dans le milieu du batardeau sur toute sa longueur ; il doit être d'une épaisseur proportionnée à la hauteur de l'eau , c'est-à-dire d'environ le tiers de cette hauteur. Si l'eau a 6 pieds (1,949) de profondeur , on ne devra jamais donner au conroi moins de 2 pieds (0,650) d'épaisseur ; mais ces espèces de batardeaux ne peuvent guère se pratiquer que dans les eaux dormantes.

Quant aux batardeaux en encaissement, je vais rapporter ce que Bélidor et d'autres ingénieurs ont écrit là-dessus. Je pense que cet objet important, auquel on doit souvent faire l'application des principes de l'art, soit pour la fondation des ponts, soit pour les réparations en sous-œuvre des piles et culées , etc., ne saurait avoir trop de développemens : je me permettrai donc d'y joindre quelques observations.

Pour l'exécution du batardeau en encaissement, il faut calculer avec précision la pesanteur des eaux qu'il doit supporter.

Les pieux doivent être plantés à 3 pieds (0,975) de distance sur la longueur des deux côtés du batardeau.

Les pieux seront fixés sur le devant par des longueraines ou des liernes , arrêtées par des entre-toises et mortoisées à moitié : le tout chevillé et boulonné suivant les règles de l'art.

L'entre-deux des pieux sera garni de palplan-

ches armées de lardoires ou affutées en pointe de
même que les pieux, suivant le plus ou le moins
de consistance du terrain dans lequel on les plantera, à l'aide d'une masse ou d'un mouton : toute
la charpente entrera ainsi dans terre au moins à
un quart de la hauteur de l'eau qu'elle doit soutenir.

Le batardeau une fois établi par une double file
de pieux et palplanches, arrêtés par des entre-
toises, sera déblayé à trois pieds (0,975), tout
au moins au-dessus des plus basses eaux et jusqu'au fond de consistance, s'il est possible.

La largeur des batardeaux doit être en raison
de la hauteur de l'eau qu'ils ont à supporter. Un
batardeau aura trois pieds de largeur dedans
œuvre, s'il a 3 pieds (0,975) d'eau à supporter, et
deux toises de large, s'il a deux toises d'eau à supporter. C'est ainsi que le pratiquaient les anciens
ingénieurs, en établissant leur opération sur la pesanteur des corps, qui n'ont de retenue que par
rapport à la diagonale de leurs carrés. Ainsi un
pouce d'eau avec sa base de retenue, qui formera
un triangle rectangle, ne donnera par les deux
côtés que deux pouces, qui seront en équilibre
avec l'hypothénuse de ce même triangle rectangle
dont les côtés sont égaux, et qui ne vaut et ne
pèse pas plus que deux pouces : par là tous les
deux étant contrebalancés, ils ne feront aucun
effort l'un contre l'autre. Cette largeur déterminée
est bonne dans les eaux tranquilles ; mais si les

eaux sont courantes, on fait les batardeaux plus larges à raison de leur plus ou moins de rapidité. C'est à l'ingénieur à calculer la rapidité et le choc des eaux, et à y opposer une résistance relative. Bélidor prétend qu'aux batardeaux qui se font par encaissement et avec de bonne terre, il n'est pas nécessaire de donner autant d'épaisseur qu'aux batardeaux de la première espèce, qu'il suffit que cette épaisseur soit égale aux deux tiers de la hauteur de l'eau qu'ils doivent supporter.

L'entre-deux de ces batardeaux doit être rempli d'un bon conroiement de terre glaise.

La terre glaise doit être battue sur un plancher préparé proche de l'ouvrage, reduite en morceaux de la grosseur d'une noix, et dégagée du plus léger grain de sable : on la prépare en l'arrosant vingt-quatre heures avant de l'employer. Le jour où on l'emploie on la foule aux pieds, on en fait des masses qu'on porte et coule à fond du batardeau, et que les ouvriers conroient avec un fouloir jusqu'à la superficie de l'eau qu'il faut retenir.

Après quoi, on place les machines à épuiser les eaux, sur les bords et le plus près du batardeau qu'il est possible.

Il se fait quelquefois des batardeaux par gradins ou cascades, ainsi qu'ils sont indiqués dans Bélidor et tels que celui que je présente(pl. XXXVII fig. 3).

Ce batardeau est composé de plusieurs files de petits pieux plantés environ à trois ou quatre pieds l'un de l'autre, et attachés les uns aux autres par des liernes. Les deux premières rangées AH et BI, qui renferment les corps des batardeaux, se soutiennent quelquefois par des clefs ECD, liées à d'autres pilots FG plantés exprès pour cela et arc-boutés par des contre-fiches XY : ce qui se pratique lorsque le batardeau a une grande poussée à soutenir, et qu'étant obligé de remplir l'encaissement de terre, on ne peut lui donner qu'une médiocre épaisseur. On suppose ici qu'on soit forcé d'établir une fondation beaucoup au-dessus du lit d'une rivière; on fait les gradins KL, MN, OP, chacun de 3 pieds (0,975) de hauteur sur autant de largeur, afin que les ouvriers puissent passer l'eau de l'un à l'autre. Sur chacun de ces gradins, on établit un lit de glaise et un rebord pour faire des rigoles servant à recevoir les eaux que fournissent les filtrations et les sources qui se trouvent ainsi rassemblées.

Des manœuvres les épuisent avec des pelles creuses, depuis le fond QR, en les faisant passer de gradin en gradin, pour les vider de l'autre côté du batardeau.

Pour établir solidement un batardeau, il faut avoir égard, 1° à la qualité du terrain sur lequel on veut l'asseoir, afin de le préserver de tout accident ; 2° garantir si bien les fondations des effets des eaux de la retenue, qu'elles ne puissent jamais se frayer un passage par-dessous ; 3° régler leur épaisseur de manière que, sans y employer une trop grande quantité de matériaux, on puisse être assuré qu'ils résisteront inébranlablement à la poussée des plus hautes eaux.

De ces trois maximes, les deux premières sont de pure pratique, et ne peuvent être bien remplies que par les sages précautions de celui qui fera le projet et en suivra l'exécution ; la troisième a pour objet d'estimer la force de la puissance qui agira contre ce batardeau, afin de lui opposer une résistance assez grande pour qu'il ne fléchisse jamais sous l'effort qu'il aura à soutenir : cette maxime ne peut être bien remplie que par la réunion d'une excellente théorie et d'une bonne pratique. *Voyez* les articles *Fluide, Pression, Pesanteur.*

Je finirai cet article par l'extrait du récit de M. Perronet sur la construction du batardeau établi pour fonder une des culées du pont d'Orléans.

Le tableau succinct des opérations de cet habile ingénieur et des obstacles qu'il eut à surmonter, peut mettre un homme intelligent en état de faire exécuter de pareils travaux.

On commença à battre le 2 juin 1751 les pilotis du batardeau, à l'aide de trois sonnettes montées chacune sur un bateau et servies par seize ouvriers et un charpentier. Les sonnettes battaient chacune communément depuis douze jusqu'à seize pieux dans un jour de douze heures de travail : ces pieux avaient 18 (5,847) à 20 pieds (6,497) de longueur, 9 (0,244) à 10 pouces (0,271) de grosseur ; ils étaient espacés à 3 pieds $\frac{1}{2}$ (1,137) de milieu en milieu, et prenaient 4 (1,299) à 5 pieds (1,624) de fiche : leur pointe était armée d'un sabot pesant vingt livres, et on les enfonçait de telle sorte, que leur tête excédait d'environ six pieds le dessus des basses eaux ; on les liernait à mesure en dehors près de leurs têtes ; on battait aussi les châssis de palplanches au côté intérieur des files de pieux : elles avaient 18 (5,847) à 20 pieds (6,497) de longueur, 9 (0,244) à 10 pouces (0,271) de largeur, et 4 pouces (0,108) d'épaisseur. Chaque châssis avait 15 (4,873) à 18 pieds (5,847) de largeur : on y employait le même équipage qui servait à battre les pieux, et chaque équipage en battait communément trois par jour.

On a aussi battu des pieux parallèlement au côté intérieur des batardeaux, pour y établir des échafauds sur lesquels on a posé des sonnettes pour battre la file intérieure des palplanches.

Comme on craignait les sources et les transpirations d'eau qui pouvaient venir du terrain situé du côté de la ville, on fit battre une file de palplanches joignant les deux ailes du batardeau.

soutenue seulement par de petits pieux sans être liernés.

Les pieux et les palplanches ont été battus en cinq semaines. A mesure qu'on battait les palplanches, on draguait l'intérieur du batardeau ; on employait à cette opération un grand rateau manœuvré par onze hommes, à l'aide d'un cabestan : il enlevait environ une toise cube de sable par jour, et même d'assez grosses pierres, lorsqu'il s'en trouvait. On a reconnu, par la suite, que les chapelets à hotte étaient encore préférables au rateau. Voyez *Dégravoiment.*

On avait essayé de faire passer un courant d'eau dans la partie de ce batardeau qui se trouvait parallèle au cours de la rivière ; mais le peu de succès qu'on en retirait fit encore préférer l'usage du rateau : l'avantage qu'on peut retirer de ce moyen dépend de la nature du terrain qui se trouve renfermé dans le batardeau.

A mesure que le draguage avançait, on faisait arriver des terres franches avec trois bateaux, conduits en descendant, chacun par deux mariniers, faisant ensemble douze voyages par jour à la distance de 800 toises ; on en faisait aussi transporter avec des tombereaux sur le quai, d'où on les jetait à la pelle dans l'enceinte du batardeau : là elles étaient reprises pour être menées à la brouette dans l'intérieur du coffre. A mesure qu'on remplissait de terre le coffre du batardeau, on plaçait et on équipait les machines devant servir à l'épuisement, et bientôt tout fut en mouvement.

Au bout de trois jours d'épuisement, l'eau de l'enceinte inférieure du batardeau, n'ayant baissé que de deux pieds et demi à trois pieds au-dessous de la surface de l'eau de rivière, on eut lieu de penser qu'il s'y trouvait de fortes sources venant du fond du terrain, ou des renards dans le bâtardeau qui renouvelaient l'eau qu'on pouvait enlever. On fit équiper et manœuvrer six chapelets, qui firent baisser l'eau de six pouces de plus. On aperçut alors une source considérable située à trois pieds du flanc du batardeau ; on la prit d'abord pour un renard qui traversait le batardeau, et on se décida à faire cesser les épuisemens et à vider la partie intérieure correspondante de ce batardeau : on bâtit deux châssis de palplanches sur sa largeur, et le vide fut de nouveau rempli de terre franche. On équipa deux pompes de plus, ce qui faisait en tout trente-deux, indépendamment du chapelet incliné, et les épuisemens furent recommencés cinq jours après avoir été interrompus, en employant aux chapelets trois cent-soixante ouvriers : en deux heures de temps on fit descendre l'eau à la même profondeur à laquelle on l'avait laissée lors de la suspension de l'épuisement ; on revida encore la même source qui empêchait toujours de porter plus bas les épuisemens.

On observe, à l'occasion des palplanches ainsi battues sur la largeur du batardeau, que ce moyen, loin de remédier aux filtrations, n'est propre qu'à produire un effet contraire et à occasioner une plus grande abondance d'eau dans l'enceinte. Il est plus prudent, en pareil cas, d'enlever et de draguer les terres sur une certaine longueur dans la partie où l'on soupçonne que l'eau a formé ce qu'on nomme un renard, et de remplir ensuite la tranchée en terre franche. Pour étancher la source qu'on avait reconnue, on fit draguer le sable autour de cette source jusqu'au tuf, on l'enferma dans une cuve; on fit battre de petits pieux et des palplanches jointivement à 2 pieds $\frac{1}{2}$ (0,812) dans tout le pourtour de cette cuve, et cet intervalle fut rempli de terre grasse pilonnée. L'eau monta d'abord sur cette première cuve, ce qui obligea d'en placer au-dessus une seconde semblable, bien jointe avec la première : alors l'eau de cette source monta, à quelque chose près, jusqu'à la surface de la rivière, s'élevant et s'abaissant comme dans un siphon, suivant ses différentes crues.

Cette source étant ainsi en quelque sorte fixée, on fit descendre les épuisemens à 6 pouces (0,62) plus bas qu'on ne l'avait encore pu faire; on découvrit une seconde source aussi considérable que la première, située sur l'aile droite du batardeau, à huit pieds de sa face intérieure; on l'enferma aussi de plusieurs cuves mises les unes sur les autres, et de palplanches avec conrois de glaise au pourtour : cependant on ne put descendre les épuisemens que de quelques pouces plus bas : ce qui fit présumer qu'il pouvait s'être établi beaucoup de transpirations au pied de l'aile du batardeau qui était opposée au courant. Pour les arrêter on fit dans l'intérieur un contre-batardeau : il avait 5 pieds (1,624) de large et deux pieds (0,650) de hauteur, au-dessus de celle à laquelle on était parvenu avec les épuisemens.

On commença aussitôt à enlever les terres pour les fondations, etc. Voyez *Fondations.*

Bateau. s. m. Vaisseau à fond plat, dont on se sert pour naviguer sur les rivières et les canaux ; ils sont construits de différentes manières, et ils ont différentes grandeurs suivant la nature des rivières auxquelles ils sont destinés.

Les bateaux qui naviguent sur la Seine sont forts et très-longs ; ils portent le nom de *foncets.* Ceux qui viennent de Rouen ont 28 toises de long, et portent sept cent milliers, traînés par douze chevaux : ils emploient dix-huit à vingt jours pour venir à Paris. La rivière n'est bien navigable dans toute son étendue de Rouen à Paris que pendant quatre à cinq mois de l'année.

Les bateaux de la Loire se nomment *chalands.* Ces bateaux portent trente à quarante milliers, et prennent quatorze pouces d'eau ; souvent il ne s'en trouve que dix pouces ; les mariniers se servent alors de chevalets et de pelles, avec lesquels ils rangent le sable. Dans le temps des hautes eaux, ces bateaux peuvent porter jusqu'à quatre-vingt milliers.

Dans la ci-devant Flandre, les grands bateaux de quatre-vingts tonneaux ayant mâts et voiles, et dont le tillac, de la proue à la poupe, est élevé d'un demi-pied plus que le plat-bord, s'appellent *bélandres*.

Les bateaux qui sont en usage sur le canal de Briare, portent jusqu'à deux cents pièces de vin, et arrivent à Paris avec la même charge.

Les bateaux de Liége ont 108 pieds (35,083) de long, quatorze de large, quatre de hauteur, y compris l'épaisseur du fond ; ils portent cent soixante-dix milliers.

Les baroises ont 80 pieds (25,987) de longueur, 11 pieds (3,573) de largeur, $3\frac{1}{4}$ pieds de hauteur, et portent quatre-vingt-dix milliers : trois chevaux tirent deux de ces bateaux le long de la Meuse. Il y a sur cette rivière des bateaux de cent pieds (32,484) de long sur 13 (4,223) de large, et ils ne portent que vingt milliers dans les grandes eaux, et de quatre à cinq dans les eaux basses.

Les bateaux en usage sur la petite rivière d'Ourcq ne portent que demi-charge des marnois, à peu près soixante-dix voies de bois, ou trois cent-soixante setiers de Paris : c'est leur charge ordinaire. Lorsqu'ils sont arrivés à Lisy sur Marne, on reverse leur charge sur les bateaux marnois.

Je ne m'étendrai pas davantage sur cette espèce de nomenclature des bateaux, qui pourrait cependant présenter quelque intérêt, si elle était complète, soit aux commerçans, soit aux personnes qui s'occupent particulièrement de la navigation intérieure.

L'histoire des progrès de la navigation et des moyens successifs dont on s'est servi pour passer de la construction d'un simple bateau de jonc à celle d'un vaisseau de ligne, serait très-intéressante.

Les premiers navigateurs dûrent se servir de radeaux, qu'on s'avisa ensuite de border de claies faites d'osier : telle était, selon Homère, la barque qui portait Ulysse. Les peuples de la Grande-Bretagne, au rapport de César, s'en servaient aussi, et Pline nous dit que l'on faisait dans l'Océan britannique des vaisseaux tout entourés de cuir, fort propres à la navigation.

Les Égyptiens et les Phéniciens, premiers peuples connus qui firent le commerce par eau, se servaient de petits bateaux, les uns d'une seule pièce de bois, les autres de joncs tissus et joints ensemble sans fer ni goudron. Ces bateaux étaient plians et changeaient de forme. Lorsque ces bateaux étaient remontés jusqu'aux cataractes du

Nil, il était facile aux Ethiopiens de les transporter par terre. Les Egyptiens leurs voisins étaient trop industrieux pour négliger l'usage de cette sorte de bateaux si commodes et si peu dispendieux. On dit qu'on en fabrique encore tous les ans au Caire, et qu'on les porte sur des chameaux jusqu'à la mer Rouge. Strabon dit que ces mêmes Egyptiens faisaient des bateaux de terre cuite : cette assertion paraîtrait incroyable, si cet auteur, dont la bonne-foi est reconnue, ne parlait pas d'une chose qui se passait de son temps.

Ce fait est encore appuyé de l'autorité de Juvénal, qui dit que les Agathipes, peuple d'Egypte, font des bateaux de terre cuite, qu'ils font mouvoir avec des rames peintes.

Les Egyptiens faisaient encore des bateaux de la plante appelée *papyrus*. Comme ses feuilles sont fort larges et pleines de longs filamens, il est aisé de comprendre qu'en en cousant un grand nombre, on pouvait faire un bateau, qu'on poissait ensuite pour que l'eau n'y pénétrât pas.

Diodore rapporte que, de son temps, on faisait dans les Indes des bateaux d'un seul roseau ou d'une canne. On assure, dit-il, que ces vaisseaux sont d'un très-bon usage, parce que les vers ne s'y mettent pas.

L'usage des petits bateaux appelés chez les Grecs *monoxylous*, remonte aux temps les plus reculés, et touche sans doute au berceau du

monde : ils étaient taillés dans un tronc d'arbre,
long ordinairement de 15 à 20 pieds, sur $\frac{1}{2}$ pied
de largeur et sur autant de hauteur. On passait
souvent deux claveaux sur ce frêle bateau, qui
pouvait contenir trois hommes.

Les Germains exerçaient la piraterie sur ces
mêmes bateaux, faits d'un seul tronc d'arbre, mais
qui, selon Pline, étaient assez grands pour porter
trente hommes.

Les habitans de la mer du Sud n'ont pas d'autre
moyen de navigation : ils ornent ces bateaux de
beaucoup de sculptures.

Les sauvages du Canada font leurs bateaux avec
l'écorce de bouleau qu'ils cousent : ils portent ces
bateaux, les renversent, couchent dessous pendant la nuit ; ils creusent aussi des arbres d'une
grandeur prodigieuse, sur lesquels ils s'embar-
quent au nombre de trente ou quarante, et s'en
servent pour faire par mer des voyages de quatre-
vingts à cent lieues. Les Groënlandais se servent
de bateaux qu'ils construisent avec des peaux de
poissons tendues sur une petite charpente : au
lieu de bois, ils emploient souvent des os de poissons. Ces barques sont couvertes de peau ; le
conducteur est au centre, il attache les peaux autour de lui pour empêcher les vagues d'entrer dans
sa barque.

Les mêmes moyens se retrouvent chez toutes
les nations primitives, parmi tous les peuples

sauvages chez lesquels les arts n ont pas encore fait de grands progrès; car les progrès de la navigation se lient nécessairement aux progrès de tous les arts et de toutes les sciences. Et combien n'y a-t-il pas de connaissances intermédiaires entre la théorie des forces nécessaires pour faire marcher un bateau et celle qu'il faut pour diriger un vaisseau!

Je vais m'occuper de la première théorie, qui a pour objet la force nécessaire pour faire remonter les bateaux : cette théorie est indispensable pour les ingénieurs.

L'eau est un corps pesant qui suit les mêmes lois que tous les autres. Lorsqu'elle tombe, sa vîtesse augmente suivant les mêmes proportions, et par conséquent si elle est tombée d'une certaine hauteur, en un certain temps, et qu'elle conserve ensuite sans nulle augmentation la vîtesse acquise par cette chute, elle parcourra dans le même temps, avec un mouvement égal et uniforme, un espace double de celui qu'elle a parcouru en tombant avec un mouvement accéléré. De là, M. de la Hire conclut dans un Mémoire qu'il a lu, à l'Académie des Sciences, sur les forces à employer pour remonter les bateaux, que quelle que soit la vîtesse égale et uniforme d'une eau courante, elle aurait pu être acquise par une chute d'eau d'une certaine hauteur, et qu'en prenant un pied-de-roi on trouve les hauteurs par les vîtesses.

On sait que les vitesses acquises par les chutes de différentes hauteurs, sont entre elles comme les racines carrées de ces hauteurs. On sait d'ailleurs qu'un corps pesant comme l'eau tombe de la hauteur de 14 pieds (4,548) en une seconde : d'où il suit qu'une eau qui serait tombée d'un réservoir de 14 pieds (4,548) de haut, serait en état de parcourir ensuite d'un mouvement uniforme 28 pieds dans une seconde. Voilà tout ce qui est nécessaire pour avoir toutes les hauteurs possibles des réservoirs, quand les vitesses seront données. Car, par exemple, que l'on sache que l'eau de la Seine parcourt 3 pieds $\frac{1}{4}$ (1,056) en une seconde, on trouvera que, comme 28 pieds (9,096) de chemin en une seconde sont à 3 pieds $\frac{1}{4}$, ainsi la racine carrée des réservoirs de 14 pieds est à la racine carrée du réservoir cherché, qui aura deux pouces et quelques lignes de haut.

Après qu'on a trouvé cette hauteur de réservoir qui, par une espèce de fiction géométrique, aurait pu produire la vitesse d'une eau courante, il n'y a plus qu'à déterminer quelle surface on veut opposer au cours de cette eau. L'étendue de cette surface, multipliée par la hauteur d'eau qu'on a trouvée, donne un solide composé de pieds, ou de pouces, ou de lignes cubiques d'eau, et l'on trouve facilement quel est le poids de ce solide. En supposant qu'un pied cubique d'eau pèse soixante-douze livres, c'est le poids de ce solide qu'il faut soutenir avec une force égale, si l'on veut opposer au courant de l'eau une surface qui ne soit point emportée par elle. Si l'on veut même que cette surface se meuve contre le courant à une certaine vitesse, ce sera la même chose que si la surface était toujours immobile, et que la vitesse naturelle de l'eau eût été augmentée de celle dont on veut que la surface remonte contre le courant : il n'y aura donc qu'à faire le calcul sur le pied de la vitesse de l'eau augmentée ; on trouvera une plus grande hauteur de réservoir, et un solide d'un plus grand poids.

En renversant tout ce raisonnement, il est visible que si la force que l'on emploie pour mouvoir une certaine surface dans une eau calme, ou même contre le courant de l'eau, est donnée, on trouvera avec quelle vitesse la surface sera mue, soit dans l'un, soit dans l'autre cas. La force mouvante étant exprimée en livres, on verra quelle hauteur d'eau il faudra sur la surface donnée, pour faire un solide d'eau d'un poids égal : cette hauteur d'eau trouvée donnera la vitesse qui lui répond, et qui sera ou celle que la surface aura dans une eau calme, ou la somme des vitesses de l'eau et de la surface, si l'eau est courante ; de sorte que pour avoir la vitesse dont la surface remontera, il ne faudra que retrancher de cette somme la vitesse du courant de l'eau.

Par ce moyen, M. de la Hire calcule ou la vitesse

que toute force connue pourra donner à un bateau, ou la force nécessaire pour mouvoir un
bateau avec une certaine vîtesse déterminée,
pourvu que l'on ait toujours égard aux différentes
manières d'appliquer les forces ; et c'est sur quoi
il fait plusieurs réflexions, en prenant pour
exemple de son calcul des applications différentes : elles se réduisent à des chevaux qui tirent
un bateau, à quelques machines qui font le même
effet, et à des rames.

Tout effort demande un point fixe qui lui résiste, et contre lequel il s'exerce ; on ne peut rien
tirer qu'en s'appuyant contre quelque chose d'immobile, et le point d'appui est poussé avec la
même force employée à mettre en mouvement
l'objet que l'on tire. On fait nécessairement ces
deux actions dans le même temps, quoique l'on
n'en ait qu'une pour objet, et on les fait toutes
deux avec le même effort.

L'action de pousser l'appui que l'on suppose
immobile, est à la vérité nécessaire pour tirer le
fardeau ; mais elle est perdue et sans effet quant
au mouvement de ce fardeau, puisqu'effectivement ce n'est pas par cette action qu'il est tiré.
Ainsi, si l'on tire un fardeau en s'appuyant contre
la terre, on pousse la terre avec les pieds, et on
tire le fardeau avec les bras, qui font un effort
égal à celui des pieds ; mais il est visible que l'action des pieds, quoique nécessaire pour tirer le

fardeau, n'est pas celle qui le tire. Si l'on pouvait faire en sorte que cette action des pieds tirât aussi le fardeau, et la mettre à profit pour cet effet que l'on a uniquement en vue, il est clair qu'on tirerait le fardeau avec une fois plus de facilité, puisque la nouvelle action qui y contribuerait serait égale à la première : or, c'est ce qui en certaines occasions est possible et même facile à l'art mécanique.

Entre plusieurs expériences que M. de la Hire fit à ce sujet, en voici une assez simple et assez claire. Il se mit dans un traîneau : en tenant le bout d'une corde horizontale attachée assez loin de lui à un anneau fixe, il fit tout l'effort dont il était capable pour faire avancer vers ce point fixe son traîneau chargé du poids de son corps, et il n'en put venir à bout. Après cela il mit à la place de l'anneau une poulie fixe, par-dessus laquelle passait la corde pour aller s'attacher par un de ses bouts au traîneau ; et alors tenant la corde par l'autre bout, et faisant le même effort qu'auparavant, il vit qu'il avançait assez facilement.

Dans la première disposition, les mains de l'homme assis dans le traîneau ayant saisi la partie de la corde la plus avancée vers le point fixe qu'elles ont pu saisir, elles font la double action, et de s'appuyer par le moyen de la corde sur le point fixe qu'elles tireraient à elles, s'il n'était immobile, et de tirer à elles et vers le point fixe l'homme et le traîneau par le moyen des muscles des bras. Or, il est manifeste que l'action par laquelle les mains tirent à elles le point fixe, est inutile à cet egard. Dans la seconde disposition, cette action inutile de tirer à soi le point fixe se change en celle de faire avancer le traîneau vers ce même point, parce qu'un des bouts de la corde est alors attaché au traîneau : par conséquent elle devient utile par rapport au mouvement qu'on veut exécuter, et elle s'accorde avec l'autre action qui subsiste toujours également dans les deux dispositions. Des chevaux qui tirent un bateau et le font remonter, ont une puissance pareille, placée dans le bateau même ; cette puissance ayant un point fixe, comme un pieu immobile planté dans la rivière, ferait remonter le bateau en dévidant une corde attachée à ce point fixe : c'est donc précisément la même chose que le premier cas du traîneau de M. de la Hire. Mais si à ce pieu immobile il y avait une poulie de renvoi, par-dessus laquelle passât une corde attachée au bateau par un de ses bouts, alors on aurait le second cas du traîneau, et une même force ferait deux fois plus d'effet.

Il reste à appliquer aux rames le calcul de M. de la Hire.

Qoique les corps fluides cèdent plus facilement que les solides au choc et à l'impulsion, ils y résistent cependant jusqu'à un certain point, et ils peuvent dès lors être pris pour point fixe, ou pour point d'appui ; ce point d'appui est moins avantageux à la vérité que s'il était parfaitement inébranlable , mais enfin il est utile. C'est ainsi que l'air frappé par l'aile de l'oiseau, ne lui cédant pas avec autant de vitesse qu'il en a été frappé , devient à son égard un appui , et forme , pour ainsi dire , le fondement solide de toute l'action du vol : il en est de même des rames et de l'eau.

Un bateau doit aller de l'arrière à l'avant : l'action du rameur sur les rivières est de pousser le bateau avec les pieds de l'avant à l'arrière , et en même temps de le tirer avec les bras de l'arrière à l'avant par le moyen de sa rame appuyée contre l'eau. Il emploie dans le même instant la même force à ces deux actions, et comme elles sont directement contraires , l'effet de l'une détruirait exactement celui de l'autre , et le bateau n'avancerait jamais s'il n'y avait rien de plus ; mais le rameur tire un avantage de la situation de sa rame.

L'eau est un point d'appui , et la rame est un levier ; le bateau est un fardeau qu'il faut faire mouvoir, et la main du rameur est la puissance motrice. Voyez *Levier*. Le fardeau doit être considéré comme appliqué au point du levier où la rame s'appuie sur le bateau ; et parce que la main du rameur est toujours placée à une plus grande distance par rapport au point d'appui du levier,

qui est l'eau, il est clair qu'elle est appliquée plus
avantageusement, et que par là elle doit vaincre
un fardeau égal à la force du rameur.

L'effort que fait le rameur pour tirer le bateau
de l'arrière à l'avant étant perdu, parce qu'il est
détruit par un effort contraire et égal, il ne lui
reste, pour toute la force avec laquelle il fera
avancer le bateau, que celle qu'il tire de la situation de sa main sur le levier de la rame; il emploie donc deux grandes forces, dont il n'y a qu'une
petite partie qui soit utile, ou, pour parler plus
exactement, toute la force qu'il emploie est perdue en tant qu'elle ne fait précisément que tirer le
bateau, et elle n'est utile que parce qu'elle le tire
par un bras de levier plus long. On peut appeler
cette force, dans le premier sens, *absolue*, et dans
le second, *relative*.

Pour trouver le rapport de la force absolue et
de la force relative, il faut considérer que la force
n'est pas la même, appliquée au point d'appui
de la rame sur le bateau, et détruite en cet endroit par un effort contraire, ou appliquée au
point où la main tient la rame. Deux forces égales,
appliquées à différentes distances du point fixe
d'un levier, font des efforts qui sont entr'eux
comme ces distances, parce que les distances sont
la mesure du chemin, ou de la vitesse des forces.
Donc l'effort de la puissance absolue serait mesuré par la distance de l'endroit du bateau où la

rame s'appuie, jusqu'à l'eau qui est le point fixe du levier, et l'effort de la puissance relative se mesurerait par la distance de la main du rameur à l'eau, c'est-à-dire, par la distance de la main du rameur au point d'appui de la rame sur le bateau, plus la distance de ce point d'appui à l'eau. Mais le point où s'applique la puissance absolue est dans le même cas que s'il était tiré en même temps par deux forces égales et contraires, ce qui le rend immobile ; par conséquent, la puissance absolue n'a point de vîtesse, et cette vîtesse ne peut faire partie de celle de la puissance relative, ou de sa distance au point fixe du levier. Ainsi, l'effort de la puissance relative n'est mesuré que par sa distance jusqu'au point d'appui de la rame sur le bateau, et l'effort de la puissance absolue, qui est détruit, comparé à celui de la puissance relative, est mesuré par la distance du point d'appui de la rame sur le bateau jusqu'à l'eau, parce qu'en effet, s'il subsistait, cette distance serait sa mesure.

De là on peut conclure sans peine que plus les vaisseaux sont de haut bord, et par conséquent plus la partie de la rame qui est hors le vaisseau est longue, par rapport à celle qui est au-dedans, plus l'effet de la rame est petit, parce que la puissance absolue, ou la force que le rameur emploie inutilement est plus grande, et sa puissance relative qu'il emploie utilement est moindre ; que par conséquent dans les anciennes galères à plusieurs rangs de rames, les rangs les plus élevés étaient toujours les moins utiles, et que l'effet de la rame n'est jamais plus grand que dans un petit bateau, où la partie de la rame qui est au-dedans est égale à celle qui est au-dehors ; car il ne peut guère arriver que la partie du dedans soit de beaucoup la plus grande.

La même puisssance relative meut la rame et le bateau, et surmonte la résistance que l'eau apporte au mouvement de l'un et de l'autre. Cette résistance étant plus grande d'un côté ou de l'autre, selon que la surface que le bateau présente à l'eau est plus grande ou plus petite que celle que lui présentent toutes les parties de rames plongées, il faut avoir égard à cette différence pour avoir la vitesse des rames et du vaisseau. Il est clair que comme le seul objet de toute cette mécanique est le mouvement du vaisseau, il faut que la surface qu'il présente à l'eau soit la plus petite possible, par rapport à celle de toutes les parties des rames plongées qui, en éprouvant une plus grande résistance de l'eau, auront un plus ferme appui, et par conséquent qu'il est avantageux de multiplier les rames : en cela les galères des anciens à plusieurs rangs de rames l'emportaient sur les nôtres, mais elles leur étaient bien inférieures par le grand nombre d'hommes employés aux rangs supérieurs avec très-peu d'utilité.

Tous les rapports qui entrent dans l'action de ramer étant ainsi connus, il sera aisé, selon la règle de M. de la Hire, de faire le calcul de toute machine où l'on emploiera des rames. Par exemple, si l'on sait quelle est la force absolue de tous les hommes qui rameront, il la faudra changer en force relative, selon la proportion des deux parties de la rame; c'est-à-dire que si la partie qui est hors du vaisseau était double de l'autre, et que tous les hommes ensemble pussent agir avec une force de neuf cent livres, il faudrait d'abord compter qu'ils n'emploieraient que trois cents liv. Les trois cents livres multipliées par la surface que le vaisseau présenterait à l'eau, donneraient un solide d'eau d'un certain poids : on en trouverait la hauteur, et par conséquent la vîtesse du vaisseau imprimée par les rames ; ou bien on trouverait de même la vîtesse des rames, en multipliant les trois cents livres par la surface de toutes les parties des rames plongées dans l'eau. Il n'y aurait pas plus de difficulté à trouver d'abord les forces relatives, et ensuite les forces absolues, quand on aurait les vîtesses, soit des rames, soit du vaisseau, et la proportion des deux parties de la rame.

Il me reste à parler des bateaux à roulettes, invention moderne dont le duc de Bridgwater (je crois), s'est le premier servi en Angleterre pour son canal souterrain (voyez *Canal*) qu'on

emploie utilement aujourd'hui pour la petite navigation intérieure dans quelques parties de l'Angleterre, et qu'on pourrait adopter en France.

Ces petits bateaux à roulettes donnent le moyen
de traverser des gués où l'on ne peut établir des
ponts, à cause de la dépense qu'ils entraîneraient.
En pavant le fond de ces gués avec de gros quartiers de pierres, on passe facilement à l'aide de
quelques chevaux de plus employés seulement
pendant l'instant du trajet. Dans le cas où l'on
aurait réuni plusieurs bateaux, il erait peut-être
prudent de les séparer à l'instant de ce trajet
pour les réunir ensuite dès que le train serait
passé.

Chapman propose pour réunir ces petits bateaux, de changer la forme de l'avant-bec de
celui qu'on met en tête du train, et de lui donner
la figure de l'étrave ou proue de navire, afin de
faciliter le passage du train à travers le fluide;
il raccourcit en même temps la longueur qu'on
donne en général à ces bateaux, afin d'éviter
l'inconvénient d'une trop grande charge entre les
roues, qui ne manqueraient pas de faire ouvrir ou
au moins de fatiguer les membrures du bateau,
si la distance entre ces deux points était trop
considérable.

Les roues qu'on propose d'adopter pour ces
petits bateaux doivent être en fonte de 12
(3,898) à 14 pieds (4,548) de diamètre, la pro-

jection au-dessous du fond ne sera que de deux pouces (0,054) seulement ; ces roues montées sur leurs axes de fer seront tellement assemblées sur les fonds des bateaux, que le restant de leur hauteur sera recouvert par le bordage ; elles ne doivent pas dépasser les côtés, tant pour éviter que les bateaux ne s'accrochent en passant les uns à côté des autres, que pour prévenir la destruction des talus des rives qui seraient labourées par cette projection.

La largeur de ces bateaux est de quatre pieds six pouces ; d'après le calcul de Chapman, chaque cinq pieds de longueur portent le poids de près d'un tonneau, et la proportion qu'il leur donne pour leur longueur est le quadruple de leur largeur. Dans cette position, le poids du bateau à vide l'enfoncera de huit pouces ; la projection des roues au-dessous du fond sera de deux pouces, et un chargement pareil à celui que nous venons de citer n'exigera que 18 pouces (0,487) d'eau de plus : ainsi la totalité du tirage ne sera que de deux pieds quatre pouces ; un petit canal de 3 pieds (0.975) de profondeur sur 10 pieds (3,248) de large, sera donc plus que suffisant pour la navigation de pareils bateaux.

Le génie des arts marche toujours en avant, il ne s'arrête jamais, et une invention importante conduit presque toujours à une découverte plus importante encore. Si les arts ne profitent pas toujours de ces découvertes, il faut moins en attribuer la faute à l'inventeur, qu'au caractère indolent de l'homme, qui craint toujours d'être trompé dans l'usage des moyens qui lui sont étrangers. C'est cette crainte qui fait rejeter du service journalier bien des inventions utiles, c'est elle qui a fait rejeter l'usage des bateaux à remonter les rivières, dont je vais parler. Ce procédé n'est peut-être pas applicable au transport des voyageurs, mais il est propre à celui des marchandises.

Plusieurs mécaniciens ont travaillé à établir un mécanisme propre à faire remonter les bateaux contre le courant de l'eau.

On a trois choses à vaincre pour y parvenir, le le courant de la rivière, le poids du bateau chargé du mécanisme, et enfin le bateau qui suit, chargé de marchandises.

Le moyen le plus simple qu'on a publié est celui proposé en 1802 par M. Walter, dans ses *Leçons de physique*. Il consiste à adapter deux moulinets à manivelle à la tête d'un bateau, et d'attacher à ces manivelles de très-longues perches, lesquelles, en s'appuyant contre le fond, font avancer le bateau à mesure que le courant de la rivière fait tourner la roue à aube. Une pareille idée a frappé M. Huguet, de Màcon; mais il a cru devoir placer les roues à aube sur les côtés du bateau, au lieu de les placer à la tête.

Il y a très-peu de rivières navigables où avec une perche de 20 (6,497) à 25 pieds (8,121) on ne puisse trouver un fond près des bords. Ce mécanisme ne pourrait être applicable dans les rivières très-profondes , dans celles dont le fond est rempli de vase ; les perches pourraient s'y enfoncer , et la marche des bateaux serait ralentie : mais dans la plus grande partie de nos rivières le fond est assez ferme et la profondeur assez petite pour permettre l'usage d'un pareil bateau, qui rendrait des services incalculables au commerce. D'ailleurs, une fois ces bateaux adoptés, on pourrait établir dans les endroits très-profonds et dans les fonds vaseux , des relais de chevaux pour haler les bateaux à travers ces profondeurs , et les conduire jusqu'au fond solide. Ce que j'avance, ici est d'autant plus digne de confiance , que c'est l'avis d'un savant et d'un bon administrateur.

Le bateau à l'usage de cette espèce de navigation doit être long et étroit, la proue très-aiguë, afin d'opposer moins de résistance au courant; au milieu de sa longueur doit etre placé en travers et horizontalement, un arbre portant à ses extrémités des roues à aube AB (pl. xxxiii, fig. 3.) ; la largeur des deux roues , c'est-à-dire , l'étendue des aubes de chaque roue , doit être un peu moindre que la largeur du bateau , mais plus grande que sa moitié ; le diamètre des roues doit être proportionné à la charge du bateau, en observant que cette charge doit être en raison directe du diamètre des roues, et en raison inverse de la vitesse que l'on veut avoir ; toutefois cette vitesse dépend de celle du courant : un bateau chargé n'obtiendra jamais plus du tiers de la vitesse du courant, souvent même il n'en aura que le cinquième et le sixième.

Sur le Rhône, par exemple, un bateau fait à peine et à force de chevaux une ou deux lieues par jour ; il en fera six ou huit par ce moyen, dont la dépense est nulle, si on la compare à celle des chevaux.

Soit donné deux mètres pour diamètre de la roue ; sur un des rayons et à demi-mètre du centre sera assujéti un tourillon en fer B, sur lequel tournera librement un anneau portant une douille arrêtée par de longs empatemens sur un bâton de huit à dix mètres de long : ce bâton sera ferré à son autre extrémité E, à peu près comme les crocs ou rames à main des bateliers. Cette ferrure doit être assez pesante non seulement pour entraîner au fond de la rivière l'extrémité E du bâton, mais encore pour empêcher le courant de le soulever : à la poupe seront placés deux autres bâtons qui, traînant sur le fond, empêcheront le reculement pendant la demi-révolution du point B par les points 3, 4, 1, qui retire le bâton BE, et l'avance de la longueur d'un mètre. En faisant

l'arbre coudé entre la roue et le bâton , on sup-
primera les bâtons DE, on les remplacera par les
bâtons HL , et l'on obtiendra à chaque tour de
roue une vîtesse égale à son diamètre ; mais alors
il faudra faire un bâti LL , pour porter l'extrémité B de l'arbre (fig. 2), qui ne résisterait pas à
l'action du courant sans cette précaution. J'ai dit
que l'on obtiendra , à chaque tour de roue , une
vîtesse égale à son diamètre , et il est démontré
que la vîtesse la plus avantageuse pour une roue
à aube, est égale au tiers de celle du courant :
ainsi , on remontera en trois heures l'espace parcouru dans une heure en descendant ; mais pour
cela il faut encore que la surface des aubes qui
reçoit le choc de l'eau , soit à la surface de la base
du triangle qui coupe l'eau , comme 2 est à 1 : car
si dans l'état de repos la pression de l'eau est
égale à 3 , cette pression sera augmentée en raison
du mouvement du bateau, et si le bateau remonte
avec une vîtesse égale au tiers du courant , la
pression sera égale à 4 ; il faut donc augmenter
la pression contre les vannes , ce qui ne peut
se faire qu'en augmentant leur surface. Voyez
Aube.

Je finirai cet article , peut-être déjà bien long ,
par la description d'un bateau de secours pour
sauver les naufragés, invention qui intéresse l'humanité, et qui ne peut être trop publiée. Les Anglais, à qui on la doit , se servent journellement

de ce bateau, et l'usage qu'on en a fait a déjà sauvé la vie à beaucoup de gens de mer.

Je vais rapporter le mémoire que M. Chaptal a fait insérer dans les journaux des Arts et du Commerce, et donner la description de la planche qui accompagne ce mémoire, afin de faciliter l'intelligence des détails du bateau.

Explication de la planche 5, *fig.* 3, 4, 5.

Figure 3. Coupe sur la longueur du bateau de secours.

EEE. Préceintes de vibord.

II. Etraves ou bout du bateau.

K. La quille.

LL. Contre-étraves destinées à renforcer les étraves II.

MM. Ecoutes ou places pour les naufragés ou passagers.

NN. Couples dévoyées, ou alonges de revers.

OOOOO. Toulets sur lesquels on place les estropes des avirons.

T. Plafond au-dessous des pieds des rameurs.

Fig. 5. Section transversale du bateau de secours.

FF. Couches de liége formant le revêtement extérieur du bateau.

GG. Remplissage de l'espace intérieur, également de liége.

HH. Bordage de l'extérieur du bateau.

I. Une de ses étraves.

K. La quille.

NN. Les couples dévoyées.

PP. Les bancs des rameurs.

R. Une des épontilles placées au-dessous des bancs, et qui les soutiennent solidement.

S. Coupe du passe-avant, ou madrier qui traverse les bancs des rameurs, afin de former un passage d'un bout du bateau à l'autre.

T. Les têtes des varangues ou fleurs au-dessous des pieds des rameurs.

VV. Les deux soles du petit fond, à peu près de niveau avec la quille.

X. Plate-forme pour le timonnier.

Fig. 4. Chariot à quatre roues basses sur lequel on transporte très-promptement le bateau de secours de la remise ou cabane où on le conserve sur la plage.

a. Châssis carré long, sur lequel on pose le bateau; les deux pièces formant les côtés sont creusées un peu vers le milieu pour recevoir le fond du bateau, et pour l'empêcher de branler.

bb. Traverse de bois pour l'assemblage du châssis.

cccc. Quatre roulettes creusées dans le milieu, pour qu'elles puissent glisser facilement sur des tringles de bois formant un chemin, et fixées sur le sable.

dd. Entailles dans les côtés du châssis déjà cité pour recevoir le fond.

ee. Deux petites roulettes placées dans les traverses, sur lesquelles se glisse la quille du bateau, lorsqu'on le lance en mer.

ff. Deux longs rouleaux pour aider à charger et à décharger le bateau sur le châssis.

La longueur du bateau est de 30 pieds (9,745) anglais, la largeur 10 pieds (3,248), la profondeur, depuis le dessus du plat-bord jusqu'à la partie inférieure de la quille, prise au milieu du vaisseau, est de 3 pieds (1,056) 3 pouces; depuis les plats-bords jusqu'au plafond (en dedans) deux pieds quatre pouces; depuis le dessus des étraves jusqu'à la ligne horizontale du fond de la quille, cinq pieds neuf pouces; les deux bouts sont exactement semblables.

La quille est un madrier de trois pouces d'épaisseur, d'une largeur proportionnée au milieu du bateau, se rétrécissant graduellement vers les bouts jusqu'à la largeur des étraves, au fond, et formant une grande convexité en dessous; les étraves forment des segmens d'un cercle avec un élancement considérable. La coupe du fond vers les têtes des varangues est une courbe d'avant en arrière avec le trait arrondi de la quille; les varangues sont aculées, en se courbant depuis la quille jusqu'aux têtes des varangues; un bordage du petit fond est emmanché à chaque côté près des têtes des varangues avec une double fêlure; son épaisseur est pareille à celle de la quille; sur les dehors de ce bordage sont fixées deux soles ou lisses de petit fond, correspondant à peu près avec le niveau de la quille; les bouts du fond du bateau forment en coupe ce trait ou profil si admiré dans la partie inférieure de la poupe des bateaux pêcheurs que l'on emploie dans le nord, et que l'on nomme *cobles:* depuis cette partie jusqu'au dessus de l'étrave, le profil est plus elliptique, et forme une projection considérable.

Les côtés, depuis les têtes des varangues jusqu'au dessus du plat-bord, s'effilent de chaque côté , dans la proportion d'environ moitié de la largeur du plafond. Cette largeur est continuée fort avant et en arrière vers les bouts, laissant une longueur suffisante de côté, parfaitement droit vers le dessus. Le préceinte de vibord est très-régulier le long du côté droit, et un peu plus élevé vers le bout. Le plat-bord fixé par le dehors a trois pouces d'épaisseur. Les côtés, depuis le dessous des plats-bords, et pendant toute la longueur du préceinte de vibord (ce qui s'étend pendant 21 pieds (6,984) 6 pouces), sont entièrement doublés avec des couches de bois de liége, jusqu'à la profondeur de 16 pouces (0,433); l'épaisseur de cette doublure de liége est de quatre pouces, ce qui fait qu'elle projette un peu en dehors des plats-bords. La doublure de liége est affermie sur le dehors avec des feuilles minces de cuivre laminé, et le bateau est assemblé avec des clous et des chevilles de cuivre rouge. Les bancs des rameurs sont au nombre de cinq, afin de ramer à avirons à couple; par conséquent on peut manœuvrer le bateau avec dix avirons : c'est la quantité qu'on emploie en général.

Les bancs des rameurs sont fortement épontillés ; les avirons qu'on emploie sont courts, l'expérience ayant prouvé que les avirons courts sont plus faciles à manœuvrer dans une grosse mer, et que leur coup est plus certain que celui des avirons longs : on les manœuvre avec des estropes de cordes attachées à des toulets de fer, afin que le rameur puisse nager avec ses avirons à l'un ou à l'autre côté.

Le bateau de secours est gouverné par un aviron à chaque bout, lequel a un tiers de plus de longueur que les avirons des rameurs. Le plafond est horizontal dans tout le milieu ; il s'élève vers les deux bouts pour former une plate-forme pour le timonnier, afin de lui donner le plus de prise avec son aviron lorsqu'il gouverne.

La partie intérieure du bateau proche les côtés, depuis la partie inférieure des bancs des rameurs jusqu'aux plates-formes, est doublée de liége ; la totalité du liége employé dans ce bateau de secours doit être au moins de sept quintaux. Le bois de liége rend le bateau insubmersible ; il le défend également d'être endommagé en allant bord à bord des vaisseaux, et sa grande utilité est sur-tout de tenir le bateau dans une position *droite* sur la mer, ou plutôt de lui donner une disposition prompte et vive de reprendre sa place lorsque le bateau aura reçu un embardé ou un coup oblique d'une forte lame. Il est aussi très-certain que la construction admirable de ce bateau lui donne une grande prééminence sur toutes les constructions semblables. Les bouts étant pareils, le bateau peut être ramé à volonté d'avant ou d'arrière ; et cette singularité de sa forme l'aide sur-tout à s'élever par-dessus les vagues

La courbure de la quille et du fond facilite son mouvement en tournant, et donne une grande aisance pour le gouverner, puisqu'un seul coup de l'aviron du timonnier produit un effet instantané, le bateau tournant comme si c'était sur un centre. Le trait du milieu sert à fendre les vagues lorsqu'on rame ou qu'on se dirige contre les flots ; et cela, combiné avec la convexité du fond et la forme elliptique de l'étrave, lui permet de s'élever sur une grosse mer, de s'élancer avec rapidité sans recevoir de grosses lames à bord, tandis que, dans un pareil cas, une chaloupe ordinaire serait remplie sur-le-champ. Le profil du bateau, depuis les têtes de varangues jusqu'aux plats-bords, lui donne un relèvement considérable, et la continuation de cette largeur, en avant de la sentine, le soutient beaucoup dans la mer ; car l'expérience a prouvé que les bateaux de cette construction sont les meilleurs qu'on puisse faire pour nager contre des brisans ou des vagues en fureur. Le peu de profondeur de ce bateau, depuis le plat-bord jusqu'au plafond, la convexité de sa forme et le volume de liége qui se trouve en dedans, laissent très-peu d'espace pour l'eau qui pourrait le remplir par hasard : de manière que le bateau de secours rempli d'eau en contient à peine la moitié d'un bateau ordinaire, et par conséquent ne court aucun risque de chavirer, lors même qu'il est entièrement rempli.

Les Anglais conservent les bateaux de secours
dans des remises placées près des bords de la
mer. Le chariot que nous avons déjà décrit sert à
les faire rouler avec facilité, jusqu'à ce qu'on les
lance à la mer. Ceci n'est bon que pour lancer le
bateau en face de sa remise; mais lorsqu'un navire est naufragé un peu plus loin sur la côte, on
le transporte au moyen d'un chariot ou triquebale, dont les roues ont 9 pieds (2,924) de diamètre, avec un axe mobile courbé et une perche
qui lui est attachée et qui lui sert de levier; le bateau est suspendu près de son centre au dessous
de l'axe et entre les deux roues; il y a un petit
berceau attaché à des chaînes, pour empêcher
que le fond ne soit endommagé; à une des extrémités du bateau, on accroche une chaîne dans la
boucle à cheville; l'autre extrémité est attachée
sur l'axe : la flèche étant élevée en l'air, on abaisse
actuellement la flèche, on soulève l'extrémité opposée du bateau, on accroche une autre chaîne
dans la boucle à cheville de l'extrémité opposée,
et le bateau se trouve ainsi suspendu à un pied
(0,975) ou 14 (1,029) pouces de terre. Ainsi, il
n'est pas difficile de concevoir qu'en attelant des
chevaux à cette triquebale, on transportera le
bateau sans être endommagé, avec la plus grande
rapidité, sur tous les points de la côte.

Il est très-important que celui qui commande
les manœuvres du bateau soit un pilote habile

et courageux, qui connaisse parfaitement la direction de la marée et des courans aux environs du port.

Ces bateaux doivent toujours être peints en blanc, parce que cette couleur se distingue facilement de loin, en s'élevant sur la lame; et c'est une consolation qui encourage les malheureux près de périr.

Parmi les nombreux exemples d'équipages sauvés par ces bateaux, j'en ai choisi un que je vais citer.

Dans l'année 1802, le vaisseau *le Thomas* se perdit sur les sables de Herd ; le bateau de secours construit aux frais du duc de Northumberland alla enlever l'équipage : lorsqu'il se fut éloigné, un malheureux qui était resté en bas, vint sur le pont, un mouchoir à la main, implorer du secours ; malgré le danger imminent, on se décida à retourner le chercher. Un instant après l'avoir enlevé, on rencontra une bouffée de vent violent sous l'arrière du vaisseau : aussitôt le vaisseau se dériva par le travers parmi les brisans, et engageant le bateau avec lui il brisa tous les avirons d'un côté. Par ce choc la plupart des avirons furent chassés des mains des rameurs et même du timonnier : le patron ne perdit point la tête; il s'empara aussitôt d'un des avirons restans, gouverna avec, laissa aller le bateau devant la mer quoiqu'il fût à moitié rempli d'eau, et il débarqua vingt-une personnes, y compris l'équipage, sans accident ni blessure.

M. Guéathead, à qui est due l'invention de ces bateaux, a reçu des marques de la plus grande reconnaissance de la part du parlement d'Angleterre, ainsi que des sociétés et des commerçans des villes maritimes.

Bâtonnée. s. f. C'est la quantité d'eau qu'élève une pompe à chaque coup de piston. Voyez *Pompe.*

Bayart. s. m. Instrument qui sert à deux hommes pour porter différens fardeaux. Voyez *Fardeau*, *Transport.*

Berge. s. f. Bord escarpé d'une rivière, qui ne peut pas en être baigné.

C'est aussi le talus en contre-haut ou en contre-bas d'un chemin fait à mi-côte, ou d'une levée.

Besaiguë. s. f. Outil de charpentier, dont un bout est plat et taillant en ciseau, et l'autre bout carré en biseau ; il y a dans le milieu une douille qui sert à l'ouvrir pour la tenir.

Les charpentiers s'en servent du côté plat et taillant pour dresser et aviver le bois, et recaler les tenons et mortaises ; et de l'autre côté pour faire les mortaises, après les avoir ébauchées avec les tarières et l'ébauchoir.

Beton. s. m. Espèce de mortier de ciment dont on se sert pour les fondemens des ouvrags dans

l'eau, où il acquiert une très - grande dureté.
Voyez *Ciment.*

Binard. s. m. Gros chariot à quatre roues
d'égale hauteur, portant un plancher de bois
de charpente assemblé, sur lequel on transporte des blocs de pierre d'une grosseur considérable.

Bistre. s. m. Couleur brune et un peu jaunâtre,
dont les ingénieurs se servent pour le lavis. Pour
faire le bistre, on prend de la suie de cheminée,
on la broie avec de l'urine d'enfant, jusqu'à ce
qu'elle soit parfaitement affinée : on l'ôte de dessus la pierre pour la mettre dans un vaisseau de
verre de large encolure, et on remue la matière
avec une spatule de bois, après avoir rempli le
vaisseau d'eau claire ; on le laisse ensuite reposer
pendant un quart-d'heure, le plus gros tombe au
fond du vaisseau ; l'on verse doucement par inclinaison dans un autre vaisseau ; ce qui reste au
fond est le bistre grossier que l'on rejette : on fait
de même de ce qui est dans le second vaisseau ;
on remue la liqueur dans un troisième, et on retire le bistre le plus fin, après l'avoir laissé reposer pendant trois ou quatre jours.

Biveau. s. m. Instrument composé de deux règles de bois jointes ensemble par une rivière et
formant une équerre dont les branches sont mobiles. Les appareilleurs s'en servent pour prendre
sur une épure le modèle de l'ouverture d'un angle

quelconque, et le rapporter sur les pierres qu'ils veulent faire tailler.

Bleu (de Prusse). s. m. Couleur très-nécessaire aux ingénieurs pour le lavis des plans.

La plupart des découvertes sont dues au hasard : celle du bleu de Prusse, dont les arts ont tiré un si grand avantage, en est un exemple.

Le chimiste Dippel céda à Diesback, fabricant de lacque, une quantité de potasse sur laquelle il avait distillé de l'huile animale. Diesback, qui était dans l'usage de précipiter le lacque d'une dissolution de cochenille, d'alun et d'un peu de sulfate de fer à l'aide d'un alkali, ayant employé celui que le chimiste de Berlin lui avait donné, fut très-surpris d'obtenir un précipité bleu ; il fit part de ce résultat à Dippel, qui en rechercha la cause, et trouva le moyen de composer à peu de frais cette belle couleur qui a porté, depuis son origine, le nom de bleu de Prusse.

C'est de ce bleu qu'on se sert le plus communément pour le lavis des plans. L'usage n'en est pas facile, parce qu'il se précipite : la meilleure manière de le dissoudre est de verser dessus de l'eau-forte ; il se fait une ébullition très-vive : lorsqu'elle est apaisée et refroidie, on verse dessus de l'eau gommée : on la laisse reposer pendant trois ou quatre heures ; on verse ensuite l'eau gommée, qui se trouve mélangée avec l'eau-forte, et il ne reste au fond du vase qu'un précipité bleu qui s'étend et lave très - facilement.

On peut faire encore un bleu céleste très-propre pour le lavis. On recueille en été une grande quantité de fleurs de bluets qui viennent dans les blés ; on épluche bien les feuilles, en ôtant ce qui n'est pas bleu, puis on met dans l'eau tiède de la poudre d'alun : on verse de cette eau imprégnée d'alun dans un mortier de marbre ; on y jette les fleurs, et avec un pilon de bois ou de marbre on pile jusqu'à ce que le tout soit réduit de manière qu'on puisse aisément en exprimer tout le suc ; on passe ce suc au travers d'une toile neuve, en faisant couler la liqueur dans un vase de verre, où on a mis auparavant de l'eau gommée, faite avec de la gomme arabique bien blanche. Remarquez qu'il ne faut guère mettre d'alun pour conserver l'éclat, parce qu'en en mettant trop, on doit obscurcir le coloris. On peut faire de même des couleurs de toutes les fleurs qui ont un grand éclat ; il faut avoir soin de les piler avec de l'eau d'alun. Pour rendre ces couleurs portatives, on les fait sécher à l'ombre dans des vaisseaux de verre ou de fayance, bien couverts.

Bloc. s. m. Grosse pièce de pierre ou de marbre, telle qu'elle a été tirée de la carrière.

Blocage. s. m. On nomme ainsi toutes petites pierres ou même moellons qui servent à garnir et remplir l'intérieur des murs entre les parcmens de pierre de taille ou de moellon piqué : on dit aussi *Blocaille*.

Bloquer. v. a. C'est remplir une fondation de moellons sans ordre. On en use ainsi quand on rétablit dans l'eau le dégravoiment d'une pile, qu'on a entourée auparavant d'un pilotage et de palplanches.

Bois. s. m. Je vais d'abord considérer le bois selon ses espèces, ses façons et ses défauts.

On appelle *bois dur* celui qui a le fil gros, qui vient dans les terres fortes et au bord des forêts : on l'emploie pour la charpente,

— *tendre* ou *doux*; le bois qui a peu de fil, est moins poreux, et a moins de nœuds; il est employé pour les assemblages qui ne fatiguent point.

— *léger*, tous les bois blancs.

—*affaibli*, celui dont on a considérablement diminué l'équarrissage, pour lui donner une forme quelconque; on le toise par sa partie la plus grosse.

—*apparent*, celui qu'on met en œuvre dans les ponts de bois ou autres ouvrages en charpente, et qu'on ne couvre d'aucune matière, soit plâtre ou mortier.

—*bouge*, celui qui est courbé ou bombé en quelque endroit.

— *carié* ou *vicié*, celui qui a des nœuds pourris ou malandres.

Bois de brin ou *de tige*, celui qu'on a équarri, en ôtant seulement les quatre dosses flaches, et dont on se sert pour les poutres, tirans, arbalétriers, etc.

— *d'échantillon*, tous les bois qui ont les grosseurs et longueurs ordinaires, tels qu'ils ont été faits dans les forêts.

— *déversé* ou *gauche*, tout bois qui, après avoir été équarri et travaillé, se déjette, se courbe et perd la forme qu'on lui avait donnée.

— *d'équarrissage*, celui qui est propre à recevoir la forme d'un parallélipipède de plus de six pouces de gros.

— *de refend*, celui qui ayant le fil droit est propre à être refendu.

— *flache*, celui dont les arêtes ne sont pas bien vives, celui qui ne pourrait être équarri sans beaucoup de déchet.

— *en grume*, celui qui n'est point équarri, dont on a seulement coupé les branches, et que l'on emploie de toute sa grosseur en pilotis.

— *de sciage*, celui qui est débité et refendu avec la scie.

— *refait*, celui qui, étant gauche et flache, est redressé au cordeau et équarri sur ses faces.

— *gélif*, celui qui a des gersures et des fentes causées par la gelée.

— *roulé*, celui dont les crues de chaque année sont séparées et ne font pas corps.

Bois sain et net, celui qui n'a ni gale, ni fistule , ni malandres , ni nœuds vicieux.

— *vif*, celui dont les arêtes sont bien vives et sans flaches, et où il ne reste ni aubier, ni écorce.

Les bois de bonne qualité sont sains, à droit fil , non roulés, et n'ont ni fentes ni gerçures.

Le bois de sapin peut servir pour le cintrage des arches , pour échafauder ; il ne ploie jamais sous le faix , il casse plutôt ; au lieu que le chêne plie et charge beaucoup les ouvrages : cependant il n'y a pas de meilleur bois que le chêne pour la charpente des ponts, des pilotis, etc. Il dure très-long-temps exposé à l'air, et il ne pourrit jamais dans l'eau.

M. Rondelet, dans son *Traité de Charpente* , dit que la pesanteur spécifique moyenne du bois de chêne nouvellement abattu est de mille à mille cinquante-quatre ; c'est-à-dire que le pied cube pèse de soixante-dix liv. à soixante-quatorze liv. : il diminue de poids en séchant. Il n'est assez sec pour être employé à la charpente, que quand son poids est réduit à soixante ou soixante-trois liv. On a trouvé que le plus grand degré de dessé-chement qu'il puisse acquérir, est d'environ le tiers de son poids ; ce qui réduit sa pesanteur pour un pied cube à cinquante ou cinquante-trois liv.

L'ingénieur doit étudier les proportions à don-ner aux pièces en grosseur et en longueur pour résister à tel effort, dans les ponts, comme dans

I. 11

tout autre ouvrage. Il peut résulter de très-grands inconvéniens, si on les emploie trop gros, trop faibles, ou trop courts.

M. de la Hire, dans son *Art de la Charpente*, donne une table des grosseurs que doivent avoir les bois par rapport à leur portée. Sa progression est de 3 pieds (0,975) en 3 pieds (0,975) ; je la rapporte ici telle qu'il la donne.

MESURES ANCIENNES.			MESURES NOUVELLES.		
Longueur.	Largeur.	Hauteur.	Longueur.	Largeur.	Hauteur.
pieds.	pouces.	pouces.	m. milli.	m. milli.	m. milli.
12	10	12	3,573	0,271	0,325
15	11	13	4,873	0,298	0,352
18	12	15	5,847	0,325	0,406
21	13	16	6,822	0,352	0,433
24	13½	18	7,796	0,339	0,487
27	15	19	8,771	0,406	0,514
30	16	21	9,745	0,433	0,569
33	17	22	10,720	0,460	0,596
36	18	23	11,694	0,487	0,623
39	19	24	12,669	0,514	0,650
42	20	25	13,643	0,542	0,677

La force du bois n'est pas proportionnelle à son volume : une pièce double ou quadruple d'une autre pièce de même longueur est beaucoup plus du double ou du quadruple plus forte que la première. Par exemple, il ne faut pas, suivant les expériences faites par Buffon, quatre milliers pour rompre une pièce de dix pieds de longueur et de quatre pouces d'équarrissage, et il en faut six pour rompre une pièce double ; il faut vingt-six milliers pour rompre une pièce quadruple, c'est-à-dire, une pièce de dix pieds de longueur sur huit pouces d'équarrissage. Il en est de même pour la longueur ; il semble qu'une pièce de huit pieds et de même grosseur qu'une pièce de seize pieds, doit, par les règles de la mécanique, porter juste le double ; et cependant elle porte beaucoup plus du double.

M. de Buffon a trouvé que la force du bois est proportionnelle à sa pesanteur : de sorte qu'une pièce de même longueur et de même grosseur, mais plus pesante qu'une autre pièce, sera aussi plus forte à peu près en même raison.

Il a trouvé aussi une augmentation et une diminution de poids et de résistance en progression arithmétique entre les parties de bois avoisinant le centre, celles avoisinant la circonférence, et celles entre le centre et la circonférence.

Il a trouvé encore que dans les pièces de même grosseur, la règle de la résistance n'est pas tout-à-fait en raison inverse des longueurs, et que cette résistance n'est pas non plus exactement en raison directe de la largeur et du carré de la hauteur. Bernouilli, dans un Mémoire lu à l'Académie en 1705, établit ce principe.

Il suit encore des expériences de M. de Buffon que la résistance du bois décroît considérablement à mesure que la longueur des pièces augmente, et que cette résistance augmente aussi considérablement à mesure que la longueur des pièces diminue.

Une pièce peut rompre par son propre poids; car, si vous augmentez sa longueur sans augmenter son équarrissage, alors elle rompra sous le plus léger fardeau. On se tromperait lourdement, dit M. de Buffon, si, admettant que la charge d'une pièce de 7 pieds (2,274) de longueur et de 5 pouces (0,135) d'équarrissage, est de 11,525, on concluait que celle d'une pièce de 28 devrait être de 2,881, et celle d'une pièce de 56 pieds (18,191) de 1,440. Il résulte, au contraire, des expériences que la résistance d'une pièce de 14 pieds (4,548) n'est que de 5,300, celle d'une pièce de 28 (9,096) 1,775; et M. de Buffon présume que la pièce de 56 (18,191) romprait sous ce fardeau de 1,775.

Tous les auteurs qui ont écrit sur la résistance des solides en général et du bois en particulier, ont donné comme fondamentale la règle suivante.

La résistance est en raison inverse de la lon-

gueur, en raison directe de la largeur, et en raison doublée de la hauteur. Mais cette règle, établie par Galilée et applicable à la rigueur à tous
les solides inflexibles et qui rompraient tout-à-
coup, ne peut l'être aux solides élastiques, tels
que le bois ; elle doit être modifiée. Bernouilli a
fort bien observé que, dans la rupture des corps
élastiques, une partie des fibres s'alonge, tandis
que l'autre partie se raccourcit, pour ainsi dire,
en refoulant sur elle-même.

Nous avons dit que la force du bois est proportionnelle à sa pesanteur : cette remarque donne
les moyens de comparer la force du bois qui vient
de différens pays et de différens terrains.

Lorsqu'il s'agira d'une construction importante, on pourra aisément, au moyen de la table
ci-après et en pesant les pièces, ou seulement les
échantillons de ces pièces, s'assurer de la force
du bois qu'on emploie ; et on évitera le double
inconvénient d'employer trop ou trop peu de
cette matière, ainsi que je l'ai déjà dit à l'article
Arbre.

Pour essayer de comparer les effets du temps
sur la résistance des bois et pour reconnaître
combien il diminue de sa force, M. de Buffon a
chosi 4 pièces de 18 pieds de longueur sur 7
pouces de grosseur ; il en a fait rompre deux,
qui, en nombre rond, ont porté 9 milliers chacune pendant une heure ; il a fait charger les deux.

autres de 6 milliers seulement, c'est-à-dire, des deux tiers, et il les a laissées ainsi chargées, résolu d'attendre l'événement : l'une de ces pièces a cassé au bout de trois mois et vingt-six jours ; l'autre, au bout de six mois et dix-sept jours. Après cette expérience, il a fait travailler deux autres pièces toutes pareilles, et il ne les a fait charger que de la moitié, c'est-à-dire, de 4,500 : M. de Buffon les a tenues plus de deux ans ainsi chargées ; elles n'ont pas rompu, mais elles ont plié assez considérablement. Ainsi, dans tous les bâtimens qui doivent durer long-temps, il ne faut donner au bois tout au plus que la moitié de la charge qui peut le faire rompre ; et il n'y a que dans les cas pressans et dans les constructions qui ne doivent pas durer long-temps, comme pour des ponts provisoires, des échafauds, etc. qu'on peut hasarder de donner au bois les deux tiers de sa charge.

Je viens de dire que le bois de chêne était le meilleur qu'on pût employer dans les constructions des charpentes exposées à l'air : il ne doit être abattu que depuis l'âge de soixante ans jusqu'à cent. Voyez *Chêne*.

Le bois de châtaigner est aussi très-bon pour la charpente, mais il faut le réserver pour l'intérieur des bâtimens ; il a besoin, pour se conserver, d'être à couvert. Voyez *Châtaigner*.

Le sapin peut, pour l'utilité, tenir le premier

rang après le chêne et le châtaigner. D'après des
expériences faites par M. Parent pour connaître
la résistance des bois de chêne et de sapin, expériences que l'on trouve consignées dans les
Mémoires de l'Académie des Sciences, année 1707,
il résulte que la force moyenne du sapin est à celle
du chêne, comme 358 est à 300, ou comme 119
à 100. Voyez *Sapin.*

Le bois d'aulne ne pourrit point dans l'eau;
on en fait des tuyaux de pompe, des conduits
d'eau, etc.

Je vais, avant de finir cet article, rappeler un
conseil donné par Mussenbrœck, relativement à
la conservation du bois. « On peut, dit-il, con-
« server le bois des siècles entiers dans toute sa
« dureté et comme s'il était neuf, pourvu qu'on
« l'enduise d'huile de lin, qui en bouchera les
« pores ; cette huile colle, pour ainsi dire, les
« parties du bois ensemble : l'expérience nous a
« appris qu'il faut peindre le bois, si on veut le
« conserver long-temps. Plus les parties inter-
« médiaires s'ajustent exactement avec la figure
« des cavités qu'elles remplissent, plus elles atti-
« rent les deux corps et augmentent en même
« temps leur adhérence. » Cela n'est pas entièrement exact : cette huile n'attire point les deux
corps; mais seulement elle en remplit, comme
le dit Mussenbrœck, toutes les cavités, ou les
tapisse, et empêche l'effet de l'air qui, s'insinuant

dans tous les corps et principalement dans les bois et les pierres, aide à les détacher de leurs masses, et fait en quelque façon l'office de dissolvant. Ainsi, tous les corps qui présenteront plus de surface seront les premiers détruits. Le chêne, dont les pores sont plus serrés, dont le bois est plus compact, offre moins de surface à l'air que le sapin, et doit par conséquent durer plus long-temps.

*Table des expériences sur la force du bois,
par M. de Buffon.*

PREMIÈRE TABLE.

Quatre pouces d'équarrissage.

Longueur des pièces.		Poids des pièces.	Charges.	Temps employé à charger les pièces.	Flèches de la courbure des pièces dans l'instant où elles commencent à rompre.	
pieds	mèt. milli.	livres.	livres	heur. min.	pouc. lig.	m. milli.
7	2,274	60	5350	0 29	3 6	0,095
		56	5275	0 22	4 6	0,122
8	2,599	68	4600	0 15	3 9	0,101
		63	4500	0 13	4 8	0,126
9	2,924	77	4100	0 14	4 10	0,131
		71	3950	0 12	5 6	0,149
10	3,248	84	3625	0 15	5 10	0,158
		82	3600	0 15	6 6	0,176
12	3,898	100	3050	0 »	7 »	0,189
		90	2925	0 »	8 »	0,217

DEUXIÈME TABLE.

Cinq pouces d'équarrissage.

Longueur des pièces.	Poids des pièces.	Charges.	Temps depuis le premier éclat jusqu'à l'instant de la rupture.		Flèche de la courbure avant d'éclater.	
pieds.	livres.	livres.	heur.	min.	pouc. lig.	mèt. mill.
7	94¼	11775	0	58	2 6	0,068
	88½	11275	0	59	2 6	0,063
8	104	9900	0	40	2 8	0,072
	102	9675	0	39	2 11	0,079
	118	8400	0	28	3 »	0,081
9	116	8325	0	28	3 3	0,083
	115	8200	0	26	3 6	0,095
	132	7225	0	21	3 2	0,086
10	130	7050	0	20	3 6	0,068
	128½	7100	0	18	4 »	0,108
12	156	6050	0	30	5 6	0,149
	154	6100	0	»	5 9	0,155
14	178	5400	0	21	8 »	0,217
	176	5200	0	18	8 3	0,224
16	209	4425	0	17	8 1	0,219
	205	4275	0	15	8 2	0,222
18	232	3750	0	11	8 »	0,217
	431	3650	0	10	8 2	0,222
20	263	3275	0	10	8 10	0,240
	259	3175	0	8	10 »	0,271
22	281	2975	0	18	11 3	0,305
24	310	2200	0	16	11 »	0,298
	307	2125	0	15	13 6	0,352
26	»	»	»	»	» »	»
28	364	1800	0	17	18 »	0,487
	360	1750	0	17	22 »	0,596

TROISIÈME TABLE.

Six pouces d'équarrissage.

Longueur des pièces.		Poids des pièces.	Charges.	Temps depuis le premier éclat jusqu'à l'instant de la rupture.		Flèche de la courbure avant d'éclater.		
pieds.	m. milli.	livres.	livres.	heur.	min.	pouc.	lig.	m. mi..
7	2,274	228 126½	19250 18650	1 1	49 38	On n'a pas pu observer la quantité dont ces pièces ont plié dans leur milieu, à cause de l'épaisseur de la bouche.		
8	2,599	149 146	15700 15350	1 1	12 10	2 2	4 5	0,063 0,065
		166	13450	0	56	2	6	0,067
9	2,924	164½	12850	0	51	2	10	0,077
		188	11475	0	46	3	»	0,081
10	3,248	186	11025	0	44	3	6	0,095
		224	9200	0	31	4	»	0,108
12	3,898	221	9000	0	32	4	1	0,110
		255	7450	0	25	4	6	0,122
14	4,548	254	7500	0	22	4	2	0,113
		294	6250	0	20	5	6	0,149
16	5,197	293	6475	0	19	5	10	0,158
		334	5625	0	16	7	5	0,200
18	5,847	331	5500	•	14	8	6	0,231
		377	5025	0	21	9	6	0,258
20	6,497	375	4875	0	11	8	10	0,240

QUATRIÈME TABLE.

Sept pouces d'équarrissage.

Longueur des pièces.		Poids des pièces.	Charges.	Temps depuis le premier éclat jusqu'à l'instant de la rupture.		Flèche de la courbure avant d'éclater.		
pieds.	n. milli.	Livres.	Livres.	heur.	min.	pouc.	lig.	m. milli.
7	2,274	204½	26150	2	6	2	9	0,074
8	2,599	201¼	25950	2	13	2	6	0,068
9	2,924	227	22800	1	40	3	1	0,083
		225	21900	1	37	2	11	0,079
10	3,248	254	19650	1	13	2	7	0,070
		252	19300	1	16	3	»	0,081
12	3,898	302	16800	1	3	2	11	0,079
		301	15550	1	»	3	4	0,090
14	4,548	351	13600	0	55	4	2	0,113
		351	12850	0	48	3	9	0,101
16	5,197	406	11100	0	41	4	10	0,131
		403	10900	0	36	5	3	0,142
18	5,847	454	9450	0	27	5	6	0,149
		450	9400	0	22	5	10	0,158
20	6,497	505	8550	0	15	7	10	0,212
		500	8000	0	13	8	6	0,231

CINQUIÈME TABLE.

Huit pouces d'équarrissage.

Longueur des pièces.		Poids des pièces.	Charges.	Temps depuis le premier éclat jusqu'à l'instant de la rupture.		Flèche de la courbure avant d'éclater.		
pieds.	m. mill.	livres.	livres.	heur.	min.	ponc.	lig.	m. milli.
10	3,248	331	27800	2	5o	3	»	0,081
		33o	27700	2	58	2	3	0,061
12	3,898	397	23900	1	3o	3	»	0,081
		395½	23000	1	23	2	11	0,079
14	4,548	461	20050	1	6	3	10	0,104
		459	19500	1	2	3	2	0,086
16	5,197	528	16800	0	47	5	2	0,140
		524	15950	0	5o	3	9	0,101
18	5,847	594	13500	0	32	4	6	0,122
		593	1290	0	3o	4	1	0,110
20	6,497	664	11775	0	24	6	6	0,176
		660½	11200	0	28	6	»	0,162

SIXIÈME TABLE.

Pour les charges moyennes de toutes les expériences précédentes.

Longueur des pièces.		GROSSEUR.				
		4 pouces.	5 pouces.	6 pouces.	7 pouces.	8 pouces.
pieds.	m. mill.	livres.	livres.	livres.	livres.	livres.
7	2,274	5312	11525	18950	»	»
8	2,599	4550	9787½	15525	26050	»
9	2,924	4025	8308¼	13150	22350	»
10	3,248	3612	7125	11250	19475	27750
12	3,898	2987½	6075	9100	16175	23450
14	4,548	»	5300	7475	13225	19775
16	5,197	»	4350	6362½	11000	16375
18	5,847	»	3700	5562½	9425	13200
20	6,497	»	3225	4950	8275	11487½
22	7,146	»	2975	»	»	»
24	7,796	»	2162½	»	»	»
28	9,996	»	1775	»	»	»

SEPTIÈME TABLE.

Comparaison de la resistance du bois trouvée par les expériences précédentes, et de la résistance du bois suivant la règle que cette résistance est connue, la largeur de la pièce multipliée par le carré de sa hauteur, en supposant la même longueur.

Pieds.	Mètres.	GROSSEUR.				
		4 pouces.	5 pouces.	6 pouces.	7 pouces.	8 pouces.
pieds.	m. milli.	livres.	livres.	livres.	livres.	livres.
7	2,274	5312 5901	11525	18950 $19915\frac{2}{5}$	32200 $31624\frac{3}{5}$	48100 $47649\frac{1}{5}$ $47198\frac{1}{5}$
8	2,599	4550 $5011\frac{1}{6}$	$9787\frac{1}{2}$	15525 $16912\frac{4}{5}$	26050 $26856\frac{9}{10}$	39750 $40089\frac{3}{5}$
9	2,924	4025 $4253\frac{13}{15}$	$8308\frac{1}{2}$	13150 $14356\frac{4}{5}$	22350 $22798\frac{1}{5}$	32800 34031
10	3,248	3612 3648	7125	11250 12312	19475 19551	27750 29184
12	3,898	$2987\frac{1}{2}$ $3110\frac{1}{6}$	6075	9100 $10497\frac{3}{5}$	16175 $16669\frac{4}{5}$	23450 $24883\frac{1}{5}$
14	4,548	»	5100	7475 $8812\frac{4}{5}$	13225 $13995\frac{1}{5}$	19775 $20889\frac{3}{5}$
16	5,197	»	4350	6362 $7516\frac{3}{4}$	11000 $11936\frac{2}{5}$	16375 $17817\frac{3}{5}$
18	5,847	»	3700	$5562\frac{1}{2}$ $6393\frac{3}{5}$	9125 $10152\frac{4}{5}$	13200 $15155\frac{1}{5}$
20	6,497	»	3225	4950 $5572\frac{4}{5}$	8275 $8849\frac{3}{5}$	$12487\frac{1}{2}$ $13209\frac{3}{5}$

Dans la charpente on emploie deux sortes de bois, le bois de brin et celui de sciage.

Pour former le bois de brin, on ôte les quatre dosses et la flache d'un arbre en l'équarrissant. Le bois de sciage se tire ordinairement des bois courts et trop gros, ou des pièces moins saines.

On mesure les bois par cent de solives; le cent de solives fait trois cents pieds cubes, et par conséquent trois pieds cubes font une solive.

Si l'on mesure une pièce de bois, on multiplie la longueur par la largeur en pouces, et leur produit par le dernier terme, qui est la hauteur ; et l'on trouve le nombre des solives qu'on demande.

Ainsi, une pièce de bois qui a de long deux toises six pouces sur six pouces de gros ou d'équarrissage, fait une solive ou trois pieds cubes (0,1028) : par cette manière on peut mesurer toute sorte de bois et en faire le compte très-aisément.

Les pilots et les pieux se mesurent autrement que les bois équarris, parce qu'ils ne sont pas également gros aux deux bouts et qu'ils sont ordinairement arrondis ; on les mesure au milieu de la pièce, chacun à part, en passant un cordeau tout autour, qu'on rapporte sur une règle divisée en pieds et pouces, ou métriquement. On voit sur cette règle la circonférence du pilot, que l'on équarrit suivant l'usage ordinaire de la géométrie : on fait un état en colonnes qui porte le nombre des pilots employés dans l'ouvrage que l'on toise, à mesure qu'on les voit mettre en place. On trouvera, à l'article *Pilots*, une table à l'usage du toisé des bois ronds et d'après les nouvelles mesures.

Nous avons vu, par les expériences, que la résistance des pièces de bois posées horizontalement et chargées dans leur milieu, se fait dans la raison composée de la raison directe du carré de leur hauteur par leur largeur, et de la raison inverse de leur longueur ; mais quelques causes physiques peuvent faire varier cette règle : cela dépend souvent de la qualité des bois et de la disposition de leurs fibres.

Il suit de ce principe qu'il est avantageux de placer les plus grandes dimensions de la grosseur des pièces dans le sens vertical. Ainsi, une pièce qui aurait pour hauteur le double de sa longueur, serait plus forte du double étant posée de champ, que si la plus grande face se trouvait placée horizontalement; ce qui, pour une force égale, donnerait, dans la première situation de la solive, une diminution de la moitié sur la quantité du bois : cette diminution serait du triple, du quadruple, etc. pour des pièces dont les hauteurs seraient aussi triples et quadruples de leur largeur. On conçoit dès lors combien il est avantageux de donner de pareilles proportions aux solives, en les plaçant de champ ; mais cet

I. 12

avantage a ses bornes, et cette manière d'opérer a ses inconvéniens, ainsi qu'on va le faire connaître.

Les différentes pièces de bois de brin, de droit fil, et saines, provenant d'une seule pièce qui aurait été refendue, dans le sens de ses fibres, par tranches parallèles d'égale ou d'inégale grosseur, n'auront pas toutes ensemble plus de force que n'en aurait eu la première pièce, en les supposant toutes placées horizontalement et de même sens. Par exemple, trois solives, chacune de six pouces de hauteur et de deux pouces d'épaisseur, mises de champ, n'auraient pas ensemble plus de force pour porter, que la seule solive de six pouces en carré. La force de chacune de ces petites solives sera, en proportion de son épaisseur, le tiers de la force totale.

Les bois sont rarement de droit fil; le sciage en tranche ordinairement les fibres plus ou moins, les affaiblit nécessairement, et cet inconvénient aura lieu sur-tout lorsque les pièces seront sciées de deux sens.

On ne peut donc pas partir d'un calcul certain: c'est pourquoi, malgré l'avantage qu'il y aurait de réformer l'abus d'employer de trop gros bois dans la charpente des ponts, des portes d'écluses, etc., on doit être assez circonspect pour ne pas tomber dans un autre extrême, en employant du bois de sciage réduit à une trop faible épaisseur; il faut toujours avoir égard aux vices qui se rencontrent dans le bois.

Bordure. s. f. Alignement formé de gros quartiers de pierres qui terminent les deux côtés d'une chaussée, et doivent être posées de champ et à pierre fiche pour avoir plus de prise sur le terrain, et mieux assurer la forme de la chaussée. Quand on a quelque latitude pour la dépense, on peut faire construire deux petits murs de soutenement à fleur de terre, d'un pied de profondeur (0,406) sur 15 à 18 pouces (0,487) de large, bâtis à chaux et à sable.

Borne. s. f. Se dit en général de tout signe de limites et séparation naturelle ou artificielle, qui marquent les confins ou la ligne de division de deux héritages contigus. Quand il n'y a pas de séparations naturelles, l'ingénieur ou l'arpenteur en placent d'artificielles, et ils ont soin de faire mettre deux ou trois morceaux de pierre plate des deux côtés des bornes, pour assurer que c'est un bornage : on appelle ces pierres *témoins.*

Il y a peine d'amende contre ceux qui enlèvent ou déplacent ces bornes.

Les chemins des Romains étaient garnis de bornes, tant pour la séparation des propriétés que pour indiquer les noms des chemins dans les endroits où ils se croisaient ; précaution très-nécessaire et trop négligée en France. Il est à désirer que l'administration des ponts et chaussées or-

donne dans chaque département le placement
de ces bornes indicatrices, qui épargneraient
souvent beaucoup de peines et d'incertitudes aux
voyageurs.

Ces bornes, chez les Romains, étaient ordinairement de forme carrée, et portaient des ins-
criptions pour indiquer aux passans les noms des
villes et des autres lieux où chaque chemin conduisait. Ces espèces de pilastres, de 4 à 5 pieds de
hauteur, avaient la forme de gaînes, d'où sortait
une tête de Mercure, dieu tutélaire des grands
chemins.

Toutes les bornes répandues dans les campagnes étaient informes et d'une construction
peu recherchée, souvent faites à coup de hache
par les habitans des campagnes ; ce qui a fait dire
à Juvénal :

> *Nil nisi cecropides truncoque   ,*
> *Simillimus hermæ.*

Les bornes que les Latins appelaient *termini*,
étaient regardées comme sacrées chez les Romains, sur-tout lorsqu'elles servaient à borner
les propriétés. Numa, malgré la sévérité des lois
contre ceux qui ne respectaient pas les bornes
placées pour la séparation des propriétés, imagina de créer un dieu particulier, protecteur des
limites et vengeur des usurpations : il lui fit bâtir
un temple sur le mont Tarpéien ; il institua des

fêtes et des sacrifices en son honneur ; il en régla
les cérémonies avec beaucoup d'art et de circonspection ; il répandit enfin sur tout le culte de cette
nouvelle Divinité un air majestueux et plein de
mystère, propre à inspirer le respect dans les
cœurs naturellement simples et religieux des habitans des campagnes.

Au-dedans de son temple, le Dieu paraiss-
sous la figure d'une pierre ou d'une souche : ce
manière de le représenter, quelque simple, que
que grossière même qu'elle fût, désignait parfai
tement sa nature et sa puissance. Dans la suite, oi
voulut lui donner une forme plus exacte ; on le
représenta avec une tête humaine placée sur une
borne pyramidale : de sorte que c'était une statue
qui n'avait ni bras ni jambes, pour marquer que
la Divinité qu'elle représentait devait toujours
rester immobile dans le lieu qui lui était destiné.
Les fêtes de ce Dieu s'appelaient terminales, et
elles se célébraient à la fin du mois de février. On
lui faisait alors des sacrifices publics et particuliers : ces sacrifices n'étaient que de simples li-
bations d'huile, de vin, ou du lait. Numa l'avait
ainsi ordonné, afin qu'il ne parût rien de cruel
dans le culte d'un Dieu qu'il avait inventé pour
entretenir la paix.

Les sacrifices publics se faisaient dans le temple qui lui était dédié et sur la pierre milliaire
qui marquait le sixième mille de Rome à Lau-

rente; les sacrifices particuliers se faisaient sur les bornes même des champs ; les deux proprié- taires voisins venaient chacun de leur côté orner le Dieu domestique d'une double guirlande, et lui offrir leurs présens.

Numa consacra donc toutes les bornes, tant publiques que particulières, à ce Dieu fantastique, souvent confondu avec Jupiter, sous le double nom de Jupiter terminal, et il ordonna, ainsi que le rapporte expressément Denis d'Halicarnasse, que ceux qui violeraient la loi fussent dévoués : on pouvait les tuer sur-le-champ comme des im- pies et des sacriléges.

On pose aussi des bornes en saillie et de biais, pour empêcher les voitures de sortir des limites des chemins, et pour préserver les garde-foux ou parapets des ponts des dégâts que pourraient leur causer les roues des chariots.

Bornoyer, v. a. C'est regarder avec un œil en fermant l'autre pour mieux juger de l'alignement.

C'est aussi placer des jalons de distance en distance en ligne droite pour tracer des fossés, planter des arbres, etc. : par rapport au nivelle- ment, c'est regarder la surface de l'eau de deux fioles dans une même ligne droite, et examiner à quel point aboutit son prolongement sur quel- que objet plus éloigné.

Boulin. s. m. Pièce de bois qu'on scelle dans un mur pour servir à échafauder. On appelle trous de boulins ceux qui restent dans les ponts après qu'on en a tiré les échafaudages et les cintres.

Boulon. s. m. Cheville de fer de différentes longueurs, qui a une tête ronde ou carrée, et dont l'autre extrémité est percée en mortaise, pour recevoir une clavette, ou bien taraudée en vis, pour recevoir un écrou.

Le boulon a divers usages dans les ponts : on boulonne les liernes, les moises, les têtes de pilots de bordage, pour assurer une fondation.

Boulonner. v. a. Assembler ou retenir quelque chose, en le traversant avec des boulons.

Bout. s. m. Relever à bout une chaussée en pavés, c'est faire la recherche des endroits défectueux et remettre des pavés.

Boussole. s. f. Boîte de bois exactement carrée et dont les côtés sont bien parallèles aux diamètres qui passent par les points cardinaux ; à son centre est un pivot de cuivre sur lequel se meut une aiguille aimantée, qui a la vertu de se diriger suivant le méridien, du nord au sud. Dans le pourtour de la boîte est un cercle divisé en 360 degrés : cette boîte intérieure est circulaire et couverte d'une glace ; dans le fond est collé un cercle de papier sur lequel sont tracés trente-deux ou soixante-quatre rumbs d'aires de vent.

La boussole est très-commode pour trouver la déclinaison d'un mur ou d'un édifice, c'est-à-dire, l'angle qu'ils forment avec le méridien du lieu.

Pour cet effet, on applique à une règle posée horizontalement le long du mur, le côté de la boîte marqué sud , ou nord, suivant que le mur regarde à peu près le midi ou le septentrion ; ensuite on observe quel angle fait la pointe de l'aiguille, ou son pôle boréal avec le méridien qui est tracé sur la boussole, et qui est perpendiculaire à la règle ; cet angle , déduction faite de la déclinaison de l'aimant, exprime en degrés la véritable déclinaison du mur, laquelle est orientale ou occidentale, suivant que l'aiguille s'écarte à l'est ou à l'ouest du méridien de la boussole, dans le cas où ce mur est tourné du côté du midi , et réciproquement lorsqu'il regarde le septentrion.

Ceux qui construisent des cadrans solaires verticaux ont souvent recours à cette méthode pour trouver la déclinaison du plan sur lequel ils veulent tracer et découvrir jusqu'à quelle heure il peut être éclairé.

La géométrie-pratique tire de grands avantages de la boussole pour lever d'une manière expéditive les angles sur le terrain, faire le plan d'une forêt, d'un marais inaccessible , déterminer le cours d'une rivière, et lever même une très-grande étendue de pays.

On sait qu'on adapte à ces sortes de boussoles un parallélipipède creux, qui porte deux pinnules par lesquelles on vise à un objet éloigné ; la ligne de mire des deux pinnules doit être parallèle au diamètre de la boussole, d'où l'on commence à compter les divisions : ce parallélipipède doit être mobile sur un clou ou pivot, en sorte qu'il puisse s'incliner à l'horizon sans sortir du même plan vertical; ce qui est très-commode, ce qui est même nécessaire quand on veut pointer à un objet élevé ou abaissé au-dessous de l'horizon, et reconnaître la direction de son gisement, par rapport aux régions du monde.

On dirige cette pinnule parallèle au côté de la boîte de la boussole, sur l'objet qu'on veut relever, ou dont on veut connaître la situation ou le gisement : et comme ces objets sont généralement éloignés, la distance de la règle à la pinnule du centre de la boussole (3 pouces environ ou 0,081) est presque insensible, et on obtient à peu près autant de précision que si la pinnule était placée au centre même de la boussole. On sait que le diamètre de 6 pouces donné à la boussole a été reconnu comme le plus avantageux; car, dans une plus petite proportion, les aiguilles sont trop faibles et trop vives, et se fixent lentement; et dans une plus grande dimension les aiguilles sont trop fortes et n'ont point assez de facilité pour se mouvoir sur leur pivot.

C'est à la boussole que l'on doit les progrès importans de la géographie et de la navigation. On n'en connaît pas l'auteur; on fait remonter cette découverte au treizième siècle, et on l'attribue à un Napolitain nommé Flavio de Gioia ; mais je crois qu'elle est beaucoup plus reculée. Ce qu'il y a de certain, c'est que les Chinois s'en sont servis avant tous les peuples de l'Europe : il est vrai qu'alors cette invention était très-imparfaite ; car ils ne faisaient et ne font encore que mettre l'aiguille dans un vase plein d'eau, où étant soutenue par un fétu, elle a la liberté de se tourner vers le nord : c'est de cette manière que les Français ont commencé à en faire usage, il y a près de cinq cents ans. Les navigateurs ayant reconnu l'importance de cette découverte, s'assurèrent qu'en effet une aiguille aimantée, mise en équilibre sur un pivot, se tourne d'elle-même vers le pôle, et que l'on peut se servir de cette propriété de l'aiguille pour se diriger sur les mers.

Les Français profitèrent les premiers de cette découverte ; ils parvinrent aux Canaries dont ils s'emparèrent, et pénétrèrent dans la Guinée. Les Portugais prirent les îles de Madère et du cap Vert ; les Flamands passèrent aux Açores, et bientôt le nouveau monde devint la proie des Européens. Ainsi la boussole, qui ne fut peut-être dans son principe que le jouet d'un enfant, devint la source des plus belles découvertes et la cause d'une dépopulation incalculable et de crimes inouis.

Boutisse. s. m. Pierre dont la plus longue dimension est dans l'épaisseur du mur.

Bouzin. s. m. C'est le tendre du lit d'une pierre qu'on ne doit point employer en maçonnerie.

Brique. s. f. Sorte de pierre plate, factice, de couleur rougeâtre, composée d'une terre grasse, pétrie et moulée en carré long, ensuite cuite au four pour lui faire prendre la consistance nécessaire : on lui donne communément huit pouces de long, quatre de large et deux d'épaisseur.

La brique est aussi ancienne que l'art de bâtir ; du moins, elle est entrée dans la construction des premiers monumens d'architecture dont l'histoire fasse mention ; c'est le premier des matériaux solides que l'on y ait employés : son usage a passé dans tous les pays, et une grande partie des ponts, des quais des départemens méridionaux sont construits en brique.

Les premières briques furent séchées au soleil ; elles étaient mêlées de paille et de roseaux hachés et cimentés de bitume. La fameuse Babylone ne fut bâtie que de briques cuites au soleil ou au feu. Voici ce qu'en dit Tavernier : « Quand nous fûmes « arrivés à l'endroit de la séparation du Tigre , « nous vîmes comme l'enceinte d'une grande ville « qui pouvait avoir eu autrefois une grande lieue « de circuit ; il y a des restes de murailles qui sont « si larges, qu'il y pourrait passer six carrosses « de front ; elles sont de briques cuites au feu ; « chaque brique est de dix pouces en carré et de

« trois d'épaisseur : les chroniques du pays disent
« que c'est l'ancienne Babylone. »

Vitruve parle de briques qui étaient si légères,
qu'elles surnageaient sur l'eau lorsqu'elles étaient
sèches : « Cette qualité est, ajoute-t-il, d'une grande
« utilité dans la maçonnerie, parce qu'elle ne charge
« pas trop les murailles, et n'est point sujette à se
« détremper par la violence des grands orages. »
Mais Vitruve ne parle point de la cuisson des briques, qui a été de tout temps en usage, à moins
qu'on n'ait cessé de la cuire de son temps, et il
accorde une qualité excellente aux briques crues
qu'on laissait sécher pendant deux ans au moins,
et quelquefois pendant cinq ou six années. Mais
sans nous arrêter à ce fait peu important, nous
nous contenterons de prouver par les monumens
de la plus haute antiquité, que la bâtisse en briques présente l'avantage d'une très-longue durée.

La brique est de plus à l'épreuve du feu ; elle se
trouve en abondance dans tous les pays, tandis
que la pierre de taille est souvent très-rare.

Il serait donc à désirer que la construction en
brique fut plus commune. A Paris, par exemple,
où l'on va chercher avec tant de peines et de
dépenses les pierres dans les entrailles de la
terre pour agrandir cette ville immense et la suspendre en même temps sur des abîmes, je voudrais que la maçonnerie en brique fût ordonnée,
et que les monumens publics et les palais des

princes fussent à l'avenir les seuls bâtis de pierre.

Le choix d'une bonne terre, sa préparation, sa cuisson parfaite, sont des conditions très-essentielles pour faire des briques dont on puisse tirer toute l'utilité désirable.

La terre à brique est, en général, l'argile. Si cette terre est savonneuse, douce et trop forte, il faut y mêler du sable pour l'amaigrir, autrement les briques que l'on en fabriquerait se tourmenteraient au feu, perdraient leur forme, et ne seraient plus propres aux paremens des maçonneries.

La nature offre partout des veines d'argile très-propres à faire la brique. En quelques endroits, on emploie de purs accolins, ou atterrissemens de rivières qui se sont durcis après un certain nombre d'années. Mais partout, avec du soin et de l'intelligence, on peut faire d'excellentes briques, en écartant soigneusement les parties métalliques et pyriteuses en gros grains : les unes se brûlent, les autres se vitrifient, et il en résulte des vides qui altèrent la brique.

Avant de passer à la cuisson, il faut préparer la terre, la détremper, la battre, et enfin la bien corroyer.

On doit extraire la terre à la fin de l'automne, et la laisser passer l'hiver exposée aux gelées et aux pluies, afin que toutes ses parties s'amalgament et qu'elles acquièrent cette uniformité qui lui est si nécessaire.

Après l'hiver, la terre, déjà humectée et pourrie, comme disent les briquetiers, est devenue plus facile à détremper. On la détrempe en la mouillant avec de l'eau, en la pétrissant avec les pieds, et en revenant à plusieurs reprises à cette opération, jusqu'à ce qu'elle soit en état d'être employée par le mouleur; et cet état a lieu lorsque la terre a acquis beaucoup d'homogénéité, lorsque toutes ses parties sont bien atténuées, et qu'enfin elle est assez ductile pour prendre la forme qu'on veut lui donner. C'est de cette préparation que dépend la bonne qualité de la brique; c'est par la même raison que les mortiers, les plâtres, les cimens doivent être pétris pour insinuer l'eau dans toute leur masse, pour bien amalgamer les différens ingrédiens qui les composent, et pour les rendre propres à devenir d'autant plus solides et plus durs que la matière aura été réduite en parties plus déliées.

Il faut que presque toute l'eau soit évaporée de la brique, avant la cuisson. Il doit donc être inutile, s'il n'est pas nuisible, d'y en faire trop entrer. En général il vaut mieux épargner l'eau que les bras et le temps.

S'il est très-essentiel de bien corroyer la terre dont on va faire la brique, il ne l'est pas moins que cette terre soit bien cuite; le feu est l'agent principal qui en unit les parties.

On reconnaît que les briques sont bonnes à être cuites, quand, en en cassant quelques-unes, on aperçoit à la couleur qu'il n'y a plus d'humidité.

On fait cuire les briques avec du charbon de terre ou avec du bois. La meilleure manière, et la plus économique, est celle du charbon de terre. Il faut vingt à ving-cinq jours pour cuire au four quatre cents milliers de briques.

Le degré de cuisson qui convient à ces matériaux est celui qui résulte de la plus grande chaleur que leur matière puisse soutenir sans se vitrifier.

Le caractère de la meilleure brique est d'être très-sonore sans être brûlée. Les briques brûlées ressemblent plus ou moins à du mâche-fer ou aux scories des métaux ; elles sont luisantes dans toute leur cassure, et donnent du feu sous les coups du briquet : toutefois elles peuvent servir dans les constructions, en évitant de les placer aux paremens des édifices. On juge, au contraire, que celles qui s'écrasent sous le marteau, et qui rendent un bruit sourd quand on les frappe, sont peu cuites.

Il est très-essentiel que la brique soit mouillée en sortant du fourneau. Quand elle ne l'a pas été, elle aspire l'humidité du mortier, qui alors ne prend point corps, et tombe en poussière.

On doit présumer qu'en observant toutes ces

règles, on pourrait parvenir à faire de la brique
aussi bonne que celle des anciens. C'est ici le lieu
de placer un Mémoire sur une nouvelle manière
de faire des briques et des pierres artificielles. Ce
mémoire, qui d'abord ne paraît intéresser que
les départemens du nord, peut cependant, avec
des modifications, devenir propre à tous les départemens, en indiquant des moyens dont l'homme
industrieux peut tirer parti partout où il se
trouve.

Les terrains des environs de Dunkerque ont
pour base l'alumine ; une couche légère de terre
végétale les couvre.

Les terrains trop élevés ne fournissent pas de
gras pâturages, ils sont secs et de peu de valeur ;
mais, au moyen d'un engrais formé de chaux car-
bonatée et de terreau, dont les carrières sont très-
abandantes, on y récolte avec succès le sucrion,
l'avoine, les fèves de marais, le lin, les pois et
le tabac.

Pour former de bons pâturages, il faut abaisser
le terrain de 3 à 4 pieds (0,975 à 1,299) ; et voici
les moyens qui sont en usage.

Dans ce pays, on emploie dans les constructions, la brique ; les grosses pierres silicéo-cal-
caires venant des carrières des environs de Marquise, ne sont employées que pour soutenir les
angles des bâtimens.

Les fabricans de briques n'auraient pas assez

de leur terrain pour fournir à cette fabrication ; ils se chargent donc de briqueter les terrains des particuliers, et passent un bail de trois, six et neuf ans. Le propriétaire, outre le profit constant qu'il retire par la bonification de son terrain, qui par là se trouve plus humide, a encore l'avantage de le louer à un plus haut prix, puisque dix mesures de terre louées par an 425 francs, lui produisent, quand il les donne pour fabriquer des briques, 1,000 fr., et que le locataire est obligé de lui rendre, le bail expiré, le terrain en plein rapport. Le fabricant, vu la facilité qu'il a de faire beaucoup de briques à peu de frais, en raison du peu de cherté du combustible, qui n'est que le charbon fossile, en tire un grand profit.

On enlève d'abord la pelouse de la terre végétale, que l'on met dans un coin ; cette terre végétale se bonifie par le repos, et la pelouse se convertit en terreau. L'argile mis à nu, on s'occupe de suite de la fabrication des briques. La première année on en prend un pied (0,325), et même plus, suivant la fortune de l'entrepreneur et le débit qu'il peut faire.

La brique moulée, on la fait sécher sur le terrain, en ayant soin de la poser en travers pour laisser circuler l'air ; on la recouvre seulement d'une légère couche de paille qui empêche l'action de la pluie.

Une fois séchée, on forme une pyramide qua-

I.   13

drangulaire, tronquée fortement à son sommet ;
la base a au moins 24 pieds (7,796) de diamètre,
et est formée de voûtes où aboutissent des trous
qui pénètrent jusqu'au haut. Tous ces vides sont
remplis de fagots en petite quantité et de beaucoup de charbon fossile ; on fait ensuite un léger
mur extérieur sans ciment, en laissant un intervalle pour y mettre du combustible, et on allume.
Dès qu'on s'est assuré que la combustion est générale, on l'abandonne jusqu'au parfait refroi-
dissement.

Ce moyen est très-économique, et la brique y
revient à moitié moins cher qu'ailleurs, où l'on
opère avec du bois et dans des fourneaux, où la
chaleur se concentre bien mieux : il est vrai que
les briques sont plus cuites, et que les constructions qui en sont faites sont plus durables.

Fabrication artificielle de pierres.

Cette manipulation est très-ingénieuse ; ces
pierres sont employées, comme les pierres de
Marquise, à former les points d'appui et les fondemens des bâtimens ; elles sont quadrangulaires,
et forment un carré long.

Les matériaux employés sont des débris de bâtimens, contenant des briques, de la chaux et
du sable.

On divise cette matière à l'aide d'un moulin

formé de deux rones en pierre, qui se suivent, et qui sont traînées par un cheval : on y ajoute de l'eau ; la matière bien divisée est rougeâtre : on la met dans une auge, où on lui conserve sa mollesse avec de l'eau.

L'auge pleine, on fait calciner de la chaux qu'on laisse éteindre à l'air : on la mêle, à la proportion d'un huitième, avec le ciment.

Alors on a un moule en planches, dans lequel, après avoir mis une légère couche de sable pour empêcher le ciment d'adhérer à la pierre, on verse une couche de ciment et une couche de briques coupées à angles aigus ; on remet de suite deux autres couches successives de briques et de ciment jusqu'à la dernière, qui est de ciment pur : on ôte le moule, et la pierre est mise en tas pour y sécher. La chaux étant très-avide d'eau, ces pierres ne restent pas long-temps à former un corps dur et bon à la bâtisse.

La chaux calcinée avec le charbon fossile ne revient qu'à un prix modéré, et la main-d'œuvre n'en est point chère, puisqu'elle n'exige que le travail d'un homme fort, secondé par deux ou trois enfans de douze ans : les matériaux provenant des décombres sont fourns à bas prix, et un seul cheval se trouve employé dans cette fabrique, qui n'est pas la seule dans ce pays : on croit qu'il en existe aussi une dans la Pologne prussienne, où on fait ces pierres avec beaucoup

plus de succès, parce qu'on y emploie des débris
de basaltes, plus propres à former corps avec la
chaux et l'alumine. Je terminerai cet article par
quelques observations sur les briques flottantes,
dont l'usage était très-connu des anciens.

Pline fait mention de deux villes en Espagne,
Massilua et Calcuto, où l'on fabriquait une espèce
de briques qui surnageaient dans l'eau. Suivant
Posidonius, ces briques étaient faites d'une terre
argileuse, blanche, et dont on se servait communément pour nettoyer l'argenterie.

Fabbroni a tenté d'en fabriquer de semblables, et il a réussi. Il reconnut, dès ses premières
expériences, que la terre qu'employaient les anciens ne pouvait être du tripoli, cette matière
étant trop pesante pour flotter sur l'eau ; il a
pensé avec justesse qu'elle pouvait être composée de quelques-unes de ces substances minérales légères, connues sous le nom d'*agaric mi-
néral* ou *farine fossile*, et *lait de lune*, d'autant
plus que ces terres abondent en Toscane, et sont
de nos jours employées pour nettoyer l'argenterie ;
ce qui s'accorde avec le passage de Posidonius.
Avec cette terre trouvée près de Castel del
Prano, sur le territoire de Sienne, il a composé
des briques qui, cuites ou crues, surnageaient toujours sur l'eau. Celles qui avaient reçu un degré
suffisant de cuisson ne différaient des briques
crues que par leur qualité sonore ; elles résistent

parfaitement à l'action de l'eau, et se réunissent très-bien avec la chaux dans la construction : le froid ni la chaleur ne les altéraient en rien.

Il paraît que Fabbroni a employé un vingtième de terre glaise dans la composition de ces briques, pour les améliorer ; car, selon M. Chaptal, cette terre étant très-friable et manquant de la qualité agglutinante des terres glaises, il serait difficile d'en former des briques qui eussent assez de consistance pour résister, étant sèches, aux secousses qu'elles doivent éprouver dans une manipulation rapide.

Une de ces briques de sept pouces de long, quatre et demi de large et d'un pouce huit lignes d'épaisseur, ne pesait que quatre onces un quart ; tandis que la brique ordinaire de même dimension pesait cinq livres six onces trois quarts.

Il existe beaucoup de ces terres en Italie et en France, et il serait possible d'en faire l'application à la construction des voûtes.

M. Faujas a trouvé dans le département de l'Ardèche et sur les bords du Rhône des couches considérables de cette terre. Des briques qui en furent fabriquées surnagèrent parfaitement sur l'eau, comme celles de Fabbroni fabriquées en Toscane.

Cette découverte est précieuse pour la construction des magasins à poudre et des Saintes-Barbes des vaisseaux de guerre. L'expérience en fut faite sur un vieux navire, dans lequel on avait construit une chambre voûtée, remplie de poudre, et recouverte de matières combustibles : il brûla à fleur d'eau, et coula sans mettre le feu aux poudres.

Brise-glace. s. m. On donne ce nom à un ou plusieurs rangs de pieux placés du côté d'amont et au-devant d'une pile de charpente ou palée, pour la défendre des glaces et des heurtemens des corps d'arbres que les inondations entraînent. Les pieux des brise-glaces sont d'inégales grosseurs, en sorte que le plus petit sert d'éperon : ils sont couverts d'un chapeau rampant qui les tient assemblés pour briser les glaces et conserver la palée.

On fait aussi des brise-glaces maçonnés ; mais, soit qu'on les ait construits en charpente ou en maçonnerie, ils doivent être à peu près de la largeur des piles ou des palées des ponts qu'ils contre-gardent : on ne peut donner aucune règle fixe sur leur construction, dont le mode est toujours déterminé par les localités. Les avant-becs dans les ponts de maçonnerie sont de véritables brise-glaces.

Les rivières changent sans cesse la disposition de leur lit. Un arbre couché dans son courant, un rocher renversé, une jetée, un épi, et tout autre ouvrage, font varier souvent le cours d'une rivière : ce changement se fait sentir au loin ; de manière qu'un endroit où il y avait une très-grande profondeur d'eau devient un atterrissement. J'en ai fait une longue expérience pendant les dix années que j'ai été chargé des travaux à faire sur la Garonne pour en conserver la navigation.

Ces différens changemens dégravoient un jour un côté d'une pile, le jour suivant un autre de ses côtés, peu à peu la minent en différens endroits, et l'affaiblissent à un tel point, que souvent le pont s'écroule au-dessus des affouillemens, sur-tout lorsqu'ils sont exposés à des courans rapides.

Pour remédier à ces inconvéniens, l'ingénieur Gauthier conseille de faire battre diverses files de pieux autour des avant-becs des piles dégravoyées, autant que la sonnette peut jouer tout autour : car elle ne peut se placer à l'endroit des crèches, ni sous les arches, où les cavités des reins sont trop basses pour permettre une pareille charpente. On se contente de battre dans ces endroits des pieux avec la masse à deux ou trois manches, et de lier la tête de tous avec des chapeaux à rainures et palplanches, pour achever de revêtir tous les côtés de la pile.

Les files de pieux se mettent à un mètre, deux mètres ou trois mètres des faces et du pied des piles; on s'écarte autant qu'il est nécessaire pour ne pas rencontrer avec la pointe des pieux les premières retraites des fondations; d'ailleurs, en

s'éloignant , on donne plus d'espace à la crèche ,
et elle contiendra plus de matériaux en jetée ,
soit à pierres perdues qui vont remplir le vide
au - dessous des piles en roulant les unes sur
les autres , ou en maçonnerie à fond perdu ,
qui coule aussi partout : elle fait prise d'abord ,
quand elle est faite sur-le-champ avec un bon
mortier.

Busc. s. m. Assemblage de charpente composé
d'un seuil , des heurtoirs contre lesquels s'appuie le bas des portes d'une écluse avec un poinçon , qui joint ensemble le seuil avec les heurtoirs
et avec quelques liens de bois , pour entretenir le
tout.

On dit une porte busquée , quand elle est re-
vêtue de cet assemblage de charpente , et que les
ventaux s'arc-boutent réciproquement , s'ouvrant
et se fermant à volonté pour l'écoulement des
eaux et le passage des bateaux.

Le seuil repose sur la maîtresse traversine servant de ventière à la file de palplanches qui se
trouve dessous. Sa longueur excède de trois
pieds de chaque côté la largeur de l'écluse , afin
que les bouts soient bien enclavés dans les bajoyers : c'est ordinairement dans cette pièce
que sont encastrées les crapaudines des pivots des
portes.

Buter. v. a. C'est , par le moyen d'un arc ou
pilier butant , contenir ou empêcher la poussée

d'un mur ou l'écartement d'une voûte. On appelle *butée* l'effet de cet arc ou pilier butant.

Ce pilier, ou arc-boutant, doit être proportionné à la poussée qu'il a à soutenir. Voyez *Poussée des Voûtes*, *Poussée des Terres*.

Cabestan. s. m. Cylindre vertical , percé de plusieurs trous à son extrémité supérieure , pour y passer les barres ou leviers avec lesquels on le fait tourner à force de bras : il a un pivot à son extrémité inférieure. L'une et l'autre extrémité sont armées de frettes de fer : on se sert de cette machine sur terre pour attirer de grands fardeaux.

Le cabestan présente un grand inconvénient : quand la corde qui se roule dessus , et qui descend de sa grosseur à chaque tour, est parvenue tout-à-fait au bas du cylindre , alors le cabestan ne peut plus virer, et l'on est obligé de chaquer, c'est-à-dire, de prendre des bosses, de dériver le cabestan , de hausser le cordage , etc. : cette manœuvre fait perdre un temps considérable.

Le cabestan n'est donc, à proprement parler, qu'un levier ou un assemblage de leviers auxquels plusieurs puissances sont appliquées. Or, suivant les lois du levier (voyez *Levier*), et abstraction faite du frottement, la puissance est au poids comme le rayon du cylindre est à la longueur du levier auquel la puissance est attachée, et le chemin de la puissance est à celui du poids comme le levier est au rayon du cylindre : moins il faut de force pour élever le poids, plus il faut faire de chemin ; il ne faut donc pas faire les leviers trop longs, afin que la puissance ne fasse pas trop de chemin, ni trop courts, afin qu'elle ne soit pas obligée de faire trop d'efforts ; car, dans l'un et l'autre cas, elle serait trop fatiguée.

Le cabestan peut s'appeler indifféremment treuil ou vindas, suivant les différentes applications qu'on en fait. Lorsque le tour ou rouleau sur lequel la corde s'enroule est posé de niveau, on l'appelle communément *treuil*, et l'on applique la puissance qui le fait mouvoir, ou aux bras ou aux chevilles de la roue ; mais lorsque le tour est posé à plomb, suivant l'expression des ouvriers, ou bien perpendiculairement à l'horizon, on appelle la machine *vindas* ou *cabestan*.

Le treuil avec sa roue s'applique plus particulièrement aux grues avec lesquelles on élève les grosses pièces dans les édifices, et dont le câble est arrêté en quelque endroit du tour dans lequel il s'enroule. Voyez *Grue*.

Je donne le dessin d'un nouveau cabestan, qui ne diffère des cabestans ordinaires que par l'effet de quelques roulettes, pour faciliter le déroulement du câble. Planche v.

1° Le cabestan doit être fixé par les moyens connus d'une manière immobile.

2° Les deux brins du câble doivent être enroulés sur la partie échancrée du cabestan dans le même sens, de manière qu'après deux ou trois tours, ces deux brins viennent se réunir sur la roulette qui se trouve fixée au côté gauche du cylindre, comme on le voit sur le plan visuel.

Au moyen de deux roulettes mobiles fixées dans l'intérieur de la pièce de bois à l'arrière du cabestan, les deux brins du câble conservent leur parallélisme, et se développent sur le cylindre chacun de leur côté, et toujours à la même place.

Le cabestan dont je donne le dessin ne tire les masses que d'une manière horizonale; mais, pour lui faire enlever des fardeaux verticalement, c'est-à-dire, de bas en haut, il ne faudrait que changer l'appareil établi à l'arrière du cabestan, et lui donner une direction horizontale, au lieu de la verticale qu'il a dans le modèle.

Explication de la planche.

A. Roulette mobile sur un axe, servant à réunir les deux brins du câble ou tourne-vis.

B. Cylindre échancré dans la moyenne partie : les deux extrémités GG de l'échancrure forment un plan incliné d'environ quarante-cinq degrés sur l'axe du cylindre.

D. Deux roulettes mobiles, qui servent à tenir constamment l'écart des deux brins du câble pour conserver leur parallélisme jusqu'au cylindre, et faciliter le déroulement.

E. Jambe de force qui soutient la pièce F, et qui doit être à rainure pour le libre passage du câble.

Je renvoie tout ce que j'ai à dire sur les moyens à employer pour attirer à soi et enlever les grands fardeaux, à l'article *Grue*.

Calquer. v. a. C'est transporter un dessin d'un papier sur un autre. On emploie pour calquer différens moyens que je vais rapporter.

On frotte le revers d'un dessin de pierre noire, qu'on applique ensuite sur le papier blanc qui doit recevoir le dessin ; on suit tous les contours du dessin avec une pointe ferme , mais un peu émoussée : par ce moyen, le trait s'imprime sur le papier blanc. Quand on a calqué , on met le dessin au net.

Il y a une autre manière de transporter un dessin fait sur du papier : on appelle cette manière *poncer.* On pique d'abord tout le contour du dessin avec la pointe d'une aiguille , qui est fixée dans un petit morceau de bois long , rond et gros, qu'on appelle une *fiche* , et de la force d'une grosse plume à écrire ; ensuite on fait un nouet d'un morceau de toile assez claire qu'on emplit de charbon bien pilé ; ce nouet s'appelle la *ponce :* on applique le dessin original , qui est piqué sur le papier où on veut le transporter, et on passe légèrement la ponce par-dessus le dessin , en battant un peu pour faire passer la poussière au travers du linge. La poussière passe ainsi par tous les trous de l'aiguille, et marque le dessin à sa place ; mais il faut bien prendre garde de ne pas remuer le papier en le ponçant, car on ferait des traits doubles et confus. Ensuite ayant enlevé le dessin piqué , on met au net celui qui est poncé, et l'on souffle fortement pour chasser la poussière de la ponce. On se sert communément de cette méthode pour l'ornement et la broderie.

Lorsqu'on veut contretirer un dessin qui est fait sur un papier assez mince pour en pouvoir distinguer les contours au travers du papier, quand il est exposé au jour, on applique l'autre papier destiné au dessin sur le dessin original ; on arrête les deux papiers ensemble par les bords avec de petites pinces de bois, qui fixent ensemble les deux papiers, ensuite on les pose contre les vitres d'une croisée ou contre une glace exposée au jour, et en serrant un peu les deux papiers l'un contre l'autre, on voit au travers tout le dessin de celui de dessous, que l'on trace en contournant tous les traits sur le papier avec un crayon.

Avec tous ces moyens de calquer, on ne peut copier que la grandeur de l'original : mais il arrive assez souvent qu'il faut copier de grand en petit ou de petit en grand. Dans ce cas, on se sert d'un autre moyen qu'on appelle *dessiner au carreau*, ou *craticuler*, du mot italien *craticola*, *grille*, qui est représentée par les petits carreaux de fil dont on se sert.

On divise donc tous les bords de la carte ou du dessin qu'on doit réduire, en autant de parties que l'on veut ; on leur donne telle grandeur que l'on juge à propos ; sur tous les points de division on fiche des pointes ou des épingles, et en faisant passer un fil bandé par-dessus toutes ces pointes, on divise tout le tableau original en petits carreaux; on divise de même l'un des bords du papier pour faire la copie, en un nombre de parties égales, pareil à celui de l'original du même côté; et, après avoir marqué les mêmes parties sur les autres bords, on trace délicatement, par les divisions correspondantes de haut en bas et des côtés, des lignes droites avec la règle et le compas.

Le dessin original et le papier pour la copie étant divisés chacun en un pareil nombre de petits carreaux, et dans le rapport qu'on veut établir, on transporte à la vue tous ces objets et partie des objets qui paraissent dans les carrés de l'original, sur les carrés correspondans de l'autre; ce qui est très-facile pour peu qu'on ait de pratique de dessin.

Calquoir. s. m. Pointe dont on se sert pour calquer : elle doit être émoussée, ou bien un peu arrondie, de manière qu'elle ne puisse ni piquer ni couper.

Caler. v. a. C'est arrêter la pose d'une pierre en plaçant dessous une cale de bois mince qui détermine la largeur du joint, pour la ficher ensuite avec facilité.

Canal. s. m. Lit naturel ou artificiel d'une rivière ou d'un ruisseau; mais ce mot s'applique

plus particulièrement à un lit creusé par la main
des hommes, et qui sert de communication d'un
pays à un autre par le moyen de bassins, de réservoirs et d'écluses.

La construction des canaux remonte à la plus
haute antiquité. Aussitôt que les hommes eurent
entr'eux quelques liaisons de commerce, ils éta-
blirent des communications par eau pour faciliter
leurs échanges ; ils commencèrent par se servir
des rivières et des rivages de la mer. Les Egyptiens et les Phéniciens ont les premiers fait le
commerce par eau.

Carthage poussa plus loin que les Phéniciens
les arts et l'industrie. Située dans une vaste région
sur les bords de la Méditerranée, elle perfec-
tionna l'art de la navigation : ses canaux et ses
chemins se ressentirent de la grandeur de son
commerce.

Une des premières communications dans ce
genre, dont l'histoire fasse mention, est celle de
la mer Rouge à la Méditerranée. Le géographe
Delisle a prouvé l'existence de ce canal souvent
contestée.

Hérodote, au second livre, dit « qu'il y avait
« dans la plaine d'Egypte un canal tiré du Nil,
« un peu au-dessus de la ville de Bubaste, et au-
« dessous d'une montagne qui allait du côté de
« Memphis ; que ce canal s'étendait bien loin d'oc-
« cident en orient, qu'ensuite il tournait au midi,

« et se rendait dans la mer Rouge ; que Méus, fils
« de Psammaticus, avait, le premier, entrepris cet
« ouvrage, où cent vingt mille hommes avaient
« péri ; qu'il l'avait abandonné sur la réponse d'un
« oracle, mais que Darius, fils d'Hystaspe, l'avait
« achevé ; qu'il était de quatre journées de navi-
« gation, et que deux galères pouvaient y passer
« de front. »

Diodore, en parle au premier livre de sa *Biblio-
thèque*. Il s'accorde avec Hérodote, si ce n'est en
ce qu'il fait laisser le canal imparfait par Darius,
à qui de très-mauvais ingénieurs représentèrent
que la mer Rouge, plus haute que l'Egypte, l'inon-
derait, et en ce qu'il ne fait achever l'ouvrage que
par Ptolomée-Philadelphe. Il ajoute qu'on avait
appelé ce canal *rivière de Ptolomée*; que ce prince
avait fait bâtir, à son embouchure dans la mer
Rouge, une ville, qu'il avait nommée *Arsinoé*, du
nom d'une sœur qu'il aimait, et que l'on pouvait
ouvrir ou fermer le canal, selon qu'il était nécessaire pour la navigation.

Strabon, livre 17 de sa *Géographie*, s'accorde
en tout avec Diodore. Il ne reste qu'à concilier
Hérodote, qui fait achever l'ouvrage par Darius,
avec Strabon et Diodore qui en donnent l'honneur à Ptolomée ; mais, après l'achèvement d'un
ouvrage de cette nature, il a dû survenir une
infinité d'inconvéniens, qui l'ont rendu inutile
jusqu'à ce qu'on y ait fait un nouveau travail.

I. 14

A la pointe du golfe qu'on appelle la *mer
Rouge*, étaient deux villes, Hiéropolis et Arsinoé :
celle-ci, selon Strabon, a été nommée aussi par quelques-uns *Cleopatris*. Le même Strabon, en parlant
de l'expédition en Arabie d'Œlius Gallus, le premier gouverneur de l'Egypte pour les Romains,
dit que Gallus fit construire des vaisseaux à Cléo-
patris, proche d'un ancien canal dérivé du Nil;
ailleurs, il dit encore qu'Hiéropolis était sur le
Nil et à l'extrémité de la mer Rouge.

Après cela, on peut se passer des autres auto-
rités rapportées par M. Delisle, qui a fait de
grandes recherches sur ce sujet, et particulièrement dans les auteurs arabes. Elmacin, livre Ier,
chapitre III, dit que sous le calife Omar, vers
l'an 635 de Jésus-Christ, Abugiafar Almanzor,
second calife des Abbasides, fit boucher ce canal
du côté de la mer. Si jamais on renouvelait cette
jonction, le monde changerait de face : la Chine
et la France, par exemple, deviendraient plus
voisines, et l'on plaindrait la destinée des siècles
barbares, où les Européens étaient obligés de
faire le tour de l'Afrique pour aller en Asie.

Il y avait encore en Egypte plusieurs autres
canaux que ce peuple industrieux avait creusés
pour remédier à la sécheresse du terrain et à la
difficulté des transports. Un des plus considérables est le Lycus ou le canal d'Abouhomar dans
la Haute-Egypte : ce canal, dont Strabon fait

méntion dans sa *Géographie* , a conservé les marques d'une grande antiquité ; il avait trente pas de largeur : on trouve encore de l'eau , pendant toute l'année , dans plusieurs endroits de son lit. Ce canal sort du Nil au nord de Diospolis Parva, maintenant Hou , baigne les murs de l'ancien Abydus , aujourd'hui Araba , passe auprès de Lycopolis , et aboutit au bassin du Sultan près de Manselouth. Voilà ce qui nous reste de tous ces grands travaux : quelques traditions superficielles qui servent à peine à nous faire connaître que les peuples dont l'origine se perd dans la nuit des temps , avaient une connaissance des arts au moins égale à celle qui fait aujourd'hui notre gloire.

Je citerai à ce sujet , pour appuyer ce que j'avance, un passage de Strabon, liv. 9, pag. 407.

La Béotie peut être considérée comme un grand bassin entouré de montagnes, dont les différentes chaînes sont liées par un terrain assez élevé ; d'autres montagnes se prolongent dans l'intérieur du pays ; les rivières qui en proviennent se réunissent la plupart dans le lac Copaïs, dont l'enceinte est de 380 stades (14 lieues de 2500 toises , plus 910 toises), et qui n'a et ne peut avoir aucune issue apparente. Il couvrirait donc bientôt la Béotie , si la nature , ou plutôt l'industrie des hommes, n'avait pratiqué des routes secrètes pour l'écoulement des eaux.

Dans l'endroit le plus voisin de la mer, le lac se termine en trois baies qui s'avancent jusqu'au pied du mont Ptoüs, placé entre la mer et le lac. Du fond de chacune de ces baies partent quantité de canaux qui traversent la montagne dans toute sa largeur; les uns ont trente stades de longueur, les autres beaucoup plus : pour les creuser ou pour les nettoyer, on avait ouvert, de distance en distance sur la montagne, des puits qui nous parurent d'une profondeur immense. Quand on est sur les lieux, on est effrayé de la difficulté de l'entreprise, ainsi que des dépenses qu'elle dut occasioner, et du temps qu'il fallut pour la terminer. Ce qui surprend encore, c'est que ces travaux, dont il ne reste aucun souvenir dans l'histoire, ni dans la tradition, doivent remonter à la plus haute antiquité, et que dans ces siècles reculés on ne voit aucune puissance en Béotie capable de former et d'exécuter un si grand projet. Quoi qu'il en soit, ces canaux exigent beaucoup d'entretien : ils sont fort négligés aujourd'hui; la plupart sont comblés, et le lac paraît gagner sur la plaine. Il est très-vraisemblable que le déluge, ou plutôt le débordement des eaux, qui du temps d'Ogygès inonda la Béotie, ne provint que d'un engorgement dans ces canaux souterrains.

Mais laissons ces peuples primitifs, et passons aux Romains, dont l'existence est plus rapprochée de nous. Ce peuple a porté le génie des ponts et chaussées à un degré de perfection qui nous étonne encore aujourd'hui. Les chemins, les aqueducs, les canaux et tous leurs monumens portaient le type de la grandeur et de la puissance. «Leurs moyens « d'exécution, dit Linguet, étaient simples et peu « coûteux : presque tous ceux qui gouvernaient « avaient des troupes à leurs ordres ; tous com- « mandaient des corps d'armée plus ou moins « nombreux : ils n'avaient d'autres entrepreneurs « qu'eux-mêmes, ni d'autres manœuvres que « leurs soldats. Le général devenait architecte, « et le légionnaire pionnier et maçon. Cinquante « mille mains, sous la direction de la même tête, « attaquaient à la fois l'emplacement où il fallait « ouvrir un canal, ou un autre monument ; elles « quittaient le bouclier pour le pic, et si, comme « le dit Pline, la terre cédait avec joie à des char- « rues couronnées de lauriers, elle n'était pas « moins docile sous des hoyaux que l'on aurait « pu parer du même ornement. »

Antistius Vetus, l'un des chefs de l'armée ro- maine qui était dans les Gaules, sous le règne de Néron, vit que de la Saône réunie au Doubs on transportait les marchandises près de la Moselle, d'où elles passaient à Trèves, qui était alors une puissante ville, de là dans le Rhin, et ensuite dans l'Océan, eut la pensée de joindre par un canal la Saône à la Moselle, et ce projet fut exécuté dans une campagne. Ce fut, d'après ces mêmes vues, que Henri IV conçut le dessein de joindre la Saône à la Meuse : d'un autre côté, les marchandises de la Saône, portées par charrois dans la Seine, passaient dans l'Océan.

Julien, dans la guerre qu'il fit aux Perses, se trouvait embarrassé pour descendre le Tigre : ne voulant pas laisser sa flotte sur l'Euphrate à la merci de l'ennemi, il se ressouvint que les anciens rois de Babylone avaient conduit, d'un fleuve à l'autre, un canal nommé le *Naarmalcha,* c'est-à-dire, le fleuve royal, qui se déchargeait dans le Tigre, assez près de Ctésiphon (*Histoire du Bas-Empire*). Trajan avait autrefois voulu le déboucher et l'élargir pour faire passer sa flotte dans le Tigre ; mais il avait renoncé à cette entreprise. Sévère avait achevé cet ouvrage dans son expédition de Perse, et avait réussi à faire passer ses vaisseaux de l'Euphrate dans le Tigre. Ce canal était depuis long-temps à sec, et ensemencé comme le reste du terrain ; il s'agissait de le reconnaître. Julien y mit tous ses soins ; il le fit nettoyer. On retira les grosses masses de pierre dont les Perses en avaient comblé l'ouverture. Aussitôt les eaux du Naarmalcha reprenant avec rapidité leur ancienne route, y entraînèrent les vaisseaux qui, après avoir traversé un espace long de huit stades (voyez *Mesure*) débouchèrent dans le Tigre.

Le canal appelé *Fossa Augusti*, situé du côté de Ravenne, est devenu célèbre chez les Romains , tant par le nom de son auteur que par son utilité.

Il y avait encore le canal de Marius, placé entre le Rhône et Marseille ;

Le canal de Drusus , qui joignait le Rhin à la rivière de Sala , maintenant l'Issel. Ce canal subsiste encore ; il conduit les eaux du Rhin dans le Zuyderzée;

Le canal de Corbulon , qui fut creusé par les ordres de ce général, pour empêcher les inondations que la violence de la mer causait souvent sur les bords de la Meuse et du Rhin ;

Le canal des marais Pontins : il conduisait du Forum à Pii, à travers les marais Pontins, jusque près de Terracine ; il avait le double avantage de dessécher ces marais, et de servir en même temps à la navigation.

On ne sait ce qu'on doit admirer le plus , ou de la célérité des Romains à creuser leurs canaux , ou des moyens employés par eux pour vaincre de grands obstacles , lorsqu'ils n'avaient pas l'avantage de connaître l'usage des écluses et des sas, sans lesquels on ne peut avoir une navigation bien sûre et bien facile.

Nous en avons un exemple chez les Chinois. Quoique les canaux que l'on voit à la Chine soient, suivant les voyageurs, au-dessus de tout ce qu'on rencontre en Europe , cette nation n'a point connu , ni fait usage des sas , pour passer les bateaux d'un canal à un autre. Lorsqu'il se rencontre des chutes, ce qu'ils appellent *écluses* n'a rien de commun avec celles que nous employons en pareil cas. Pour passer ces sortes d'écluses, les barques sont tirées par quatre ou cinq cents bateliers , et quelquefois par un plus grand nombre, avec des cordes et des câbles attachés à la proue , tandis que d'autres travaillent aux cabestans. Lorsque les cordes ont été soigneusement attachées, ils commencent à tirer avec beaucoup de mesure au son d'un bassin, sur lequel on bat d'abord lentement ; mais aussitôt que la barque est à demi-levée au-dessus du canal supérieur, le courant devenant beaucoup plus fort, on bat plus vîte sur le bassin ; les bateliers réunissent toutes leurs forces pour pousser la barque, et ils la font monter d'un seul coup ; il n'y a ensuite aucun péril, parce qu'elle se trouve en sûreté dans l'eau dormante , qui est entre le bord du canal et le milieu du courant. Le père Magalhaens (missionnaire) ajoute qu'il est plus aisé de faire descendre les barques dans ces chutes, que de les faire monter, quoique l'opération de la descente soit très-dangereuse. On voit quelques exemples de ces écluses en Hollande et en Italie. C'est dans ce genre qu'ont été faites les deux écluses de Governolo , en 1198 et 1394 , pour soutenir les eaux du Mincio, du côté de Mantoue. Je parlerai plus amplement de ces sortes de passages, aux articles *Ecluses* et *Navigation*.

Près d'Amsterdam, dans un lieu qu'on appelle *Overtoom*, il y a une digue qui sépare les eaux de l'Amstelland de celles de Rhinland : on y fait passer les barques, d'un canal à un autre, sur des plans inclinés, avec un treuil et des rouleaux, en les attachant par la poupe.

Mais, quoique les Chinois n'aient pas employé les écluses à sas, qu'on ne connaissait pas encore, il n'est pas moins vrai que leurs canaux sont des monumens de génie et de puissance. Pour exécuter le Canal Royal qui traverse tout l'empire, du nord au sud, sur une longueur de deux à trois cents lieues, combien il a fallu vaincre de difficultés ! Ce canal fut projeté par Ku-Blai-Kan, petit-fils de Gentchis-Kan, et exécuté par ses ordres. On voit sur ce canal voguer des bateaux aussi grands que nos frégates.

Il y a vers l'orient, à une demi-journée du Temple où se trouve le point de partage, un lac entre de hautes montagnes, dont les eaux formaient une assez grande rivière qui coulait du côté du levant : les Chinois bouchèrent cette sortie, coupèrent la montagne, et ouvrirent un canal par lequel ils dérivèrent les eaux jusqu'au Temple. En cet endroit ils creusèrent deux autres canaux, l'un vers le septentrion, et l'autre vers le midi, tout cela avec tant de justesse, que l'eau, arrivant devant le Temple, descend également de part et d'autre vers le nord et vers le sud : c'est le point de partage, semblable au bassin de Naurouse sur le canal de Languedoc.

Nous allons maintenant passer en revue les principaux canaux de l'Europe moderne. Ce sont les Italiens qui ont donné, à cet égard, l'exemple à toute l'Europe. Les canaux qui forment la communication du Tesin avec l'Adda, et qui se réunissent à Milan, sont l'ouvrage le plus complet et le plus célèbre que l'architecture hydraulique ait produit avant la restauration des arts et des sciences, au jugement du père Frisi, dont nous allons tirer tout ce que nous avons à dire sur les canaux d'Italie.

Le Tesin sort du lac Vubano, appelé aujourd'hui *lac majeur,* d'où serpentant et se divisant en plusieurs branches dans une grande vallée, et réunissant ensuite ses eaux dans un seul lit, il entre dans le Pô près de Pavie. La navigation y est libre partout, quoiqu'elle soit fort difficile en quelques endroits, et sur-tout au Pas Précipité, que l'on nomme vulgairement *du pain perdu.* C'est au-dessous de ce pas que l'on a dérivé du Tesin le canal de la navigation qui vient jusqu'à Milan, et qui, au lieu d'Abbiate, se divise, et forme un autre canal navigable, appelé de *Bereguardo,* qui retourne vers le Tesin. Toute la longueur de l'excavation est d'environ trente-deux milles d'Italie,

et la largeur, à la prise d'eau, est de soixante-dix
brasses de Milan ; cette largeur va ensuite en se
rétrécissant par degrés dans les parties inférieures,
et se réduit enfin à la largeur de vingt-cinq brasses.
(Le bras de Milan est au pied de Paris à peu
près comme 11 à 6.)

L'Adda sort du lac Laris , appelé aujourd'hui
lac de Côme ; il forme par l'expansion de ses eaux,
premièrement le lac de Lecco , ensuite le petit
lac d'Olginate , et un peu au - dessous il a une
chute précipitée appelée vulgairement *Ravia :* c'est
le passage le plus difficile et le plus dangereux
pour la navigation. Comme il manque ensuite de
pente, on en soutient les eaux par une écluse de
cent vingt-cinq brasses ; ce qui forme le petit lac
artificiel de Brivio, à la distance d'environ douze
milles du lac de Côme. Le lit de toute la rivière
est tellement resserré, tortueux et rapide, qu'elle
n'est plus navigable en aucune manière pendant
l'espace de cinq ou six autres milles , jusqu'au
château de Trezzo. C'est dans cet endroit que
l'on dérive de l'Adda un canal navigable appelé
le canal de la Martesana , du nom de la province
par laquelle il passe. La longueur du canal est de
vingt-quatre milles, et la largeur réduite est d'environ dix-huit bras. Au lieu de Cassano , on dérive
encore de l'Adda, un second canal appelé *de Muzza,*
lequel par le grand nombre de ses dérivations ,
baigne et enrichit toutes les plaines de l'Odésan.

C'est une erreur dans laquelle sont tombés presque tous les écrivains, que de dire que le canal de Martesana est l'ouvrage de Léonard de Vinci, et qu'il a été fait dans le temps de Louis XII et de François Ier. Ce canal a été fait en 1460, sous le duc François Sforce ; l'immortel Léonard ne fit que joindre les deux canaux, vers la fin du même siècle.

Le canal de Martesana, lors de sa première construction, n'avait pas une aussi grande quantité d'eau, et il ne servait à la navigation que pendant les deux jours de la semaine que l'on fermait les bouches d'arrosage. En 1573, sous le gouvernement du duc d'Albuquerque, on augmenta le corps d'eau, et tout le canal fut mis dans la forme qu'il a présentement.

Je ne jette jamais les yeux, ajoute le père Frisi, sur ces canaux, sans un grand sentiment d'estime pour ces illustres ingénieurs qui ont trouvé le moyen de surmonter tant de difficultés. Il a fallu, dans tous les deux, faire de très-grands travaux à la prise d'eau, afin de forcer les eaux à y entrer constamment, et ensuite on a été obligé d'y pratiquer plusieurs déversoirs pour décharger les eaux surabondantes dans les crues du Tesin, de l'Adda et de quelques torrens qui y entrent à embouchure ouverte. Le premier canal est soutenu, pendant l'espace de deux milles, par une chaussée de pierre ; et pendant plusieurs autres milles il a fallu le creuser dans une côte fort élevée. Il a fallu conduire le second, pendant l'espace de cinq milles, sur une côte, le creuser en plusieurs endroits dans le roc, et ensuite le soutenir sur la gauche par une digue de pierre et de terre jusqu'à la hauteur de plus de quarante bras, au-dessus du fond de l'Adda, qui coule à côté sur une pente précipitée. Il a fallu, de plus, le faire passer par-dessus le torrent Molgora, au moyen d'un pont de pierre de trois voûtes, et le laisser traverser par la rivière de Lambro, qui y entre et en sort avec toutes ses grandes eaux.

Dans la Hollande, il y a tant de canaux, qu'il serait impossible d'en entreprendre la description. La situation basse et marécageuse de ces provinces exigeait qu'on en fît pour le desséchement des campagnes, et l'on en a profité avec intelligence pour la navigation et le commerce. La plupart des canaux de ce pays sont plus élevés que les campagnes et les plaines, afin de pouvoir porter à la mer les eaux qu'on retire des plaines ; il y a près de deux cents moulins à vent (Watermole) destinés à élever les eaux du Delstland, province qui n'a que soixante milles de longueur, et à dessécher au printemps toutes les plaines inondées.

Les moulins qui vont par le moyen du vent enlèvent à quatre pieds de hauteur sept cents tonneaux d'eau par minute ; chaque tonneau a cinq pieds cubes et un quart du Rhin, et l'on compte, l'un portant l'autre, pour toute l'année, deux cent cinquante tonneaux par minute ; ce qui fait 1185 pieds (40,6185) cubes de France. Tous les canaux de Hollande sont bordés par des digues qui sont destinées à garantir le pays des inondations, ou à l'inonder pour le garantir des ennemis. Voyez *Digue.*

En Angleterre, le duc de Bridgwatter a laissé, dans ces dernières années, un monument de son génie, dans le canal qui passe de la ville de Liverpool à Warington, et qui ensuite parcourt pendant 2500 toises (4872,591) une montagne, s'enfonce jusque dans les mines de charbon fossile de Manchester. Les conduits souterrains qui s'étendent dans la montagne ont cinq pieds de profondeur, sept et demi de haut, neuf à dix de large, pour donner passage à deux barques de quarante-sept pieds de longueur, sur $4\frac{1}{2}$ (1,461) de large et $2\frac{1}{2}$ (0,812) de profondeur. Ces bateaux contiennent huit tonnes ou seize milliers de charbon ; un homme peut tirer vingt barques pareilles attachées l'une à l'autre. On a voûté en briques les endroits du canal souterrain où l'on craignait les éboulemens : on y a pratiqué des puits pour entretenir la communication de l'air extérieur. Vers le pont de Barton, à six milles de Manchester, le canal traverse la rivière d'Iwels, à trente-huit pieds de hauteur, sur un aqueduc, dont l'arche du milieu a soixante-trois pieds de large : on y a pratiqué des empellemens, par lesquels on rejette dans la rivière les eaux surabondantes: le canal passe également au-dessus des grandes routes.

On a commencé, du côté de Congleton, un canal qui doit joindre la rivière de Murcy avec celle de Treat et de l'Humbert, et pour qu'il ne manquât rien à la communication intérieure du royaume, on a encore formé le projet de joindre la rivière du Treet avec la Sewern qui se jette dans le canal de Bristol.

La Suisse, la Prusse, la Pologne ont des canaux très-utiles sans doute pour les pays où ils sont construits, mais qui n'ont rien de remarquable : il n'en est pas de même de celui dont on s'occupe en Suède, et dont le but est d'établir une communication libre de la Baltique avec l'Océan par les parties intérieures de la Suède ; ce projet est d'autant plus important, que le détroit du Sund devient de plus en plus difficile en proportion que les plages se prolongent, et que le fond de la mer Baltique s'élève. On peut concevoir, par l'exécution de ce canal, l'importance et l'utilité de celui ordonné par l'empereur, qui unira la Baltique à la Seine.

On trouve dans l'intérieur de la Suède les deux vastes lacs de Weter et de Wener : on descend du lac Weter dans la Baltique, en naviguant sur la rivière Motala : la rivière de Gotha sort du lac Wener à Wenersbourg, et se jette ensuite dans l'Océan à Gothenbourg. Si on pouvait rendre commode la navigation de ces deux rivières, et si on joignait les deux lacs par un canal navigable, il serait ensuite facile de passer, par le moyen d'un autre canal, du lac Wener dans le lac Hielmer près d'Outra, d'où il a été ouvert, du temps de Charles XI, un passage dans le lac Meler, qui s'étend jusqu'à Stockholm.

La plus grande difficulté du projet consiste à rendre navigable le fleuve Gotha, un peu au-dessous de Wenersbourg, dans le passage terrible que l'on appelle *de Trochette*. Dans ce passage, tout le lit de la rivière est tellement irrégulier et parsemé ou plutôt interrompu par de gros rochers, qu'en trois endroits différens il se réduit de sa largeur ordinaire de 600 pieds (179,400) de Suède (le pied de Suède contient 10 pouces 11 lignes $\frac{1}{4}$ de celui de Paris, en décimales 0,296 millimètres) à celle d'un peu plus de 100 pieds (32,484) ; et comme il a une pente de fond considérable, les eaux, rebattues et resserrées de toutes parts, y forment trois grandes cascades : la chute totale est de 113 pieds $\frac{1}{2}$ (33,55) de Suède, sur la longueur d'environ 7000 pieds (2072,000). L'esprit humain ne s'est pas laissé étonner par la furie et l'impétuosité d'un pareil fleuve. Dès les temps les plus anciens on a cherché les moyens d'établir dans le passage de Trochette, une navigation libre, commode et durable. Charles XII, accoutumé à surmonter les plus grands obstacles, appela, en 1716, le célèbre Polheim, et peu de temps après il arrêta avec lui toutes les conditions sous lesquelles il devait, dans cinq années, rendre navigable le pas de Trochette, et ouvrir un passage libre de la Baltique dans l'Océan : on rassembla de suite les matériaux, on construisit même la première écluse un demi-mille au-dessus de Trochette ; mais la mort du roi mit fin à ces travaux.

Depuis 1750, on a repris tous les projets ; mais on s'est arrêté à des mesures tout-à-fait différentes. On s'est imaginé alors qu'il fallait distribuer toute la chute de 113 pieds $\frac{1}{3}$ (33,55) en trois écluses seulement ; la première de ving-huit, la seconde de cinquante-deux, et la troisième de trente-trois un tiers. On devait conduire ces écluses à côté des trois cascades, et la largeur de chacune devait être de 18 pieds (5,847) sur 72 (23,388) de longueur : le travail réussit assez bien jusqu'à ce qu'on vînt à traverser la rivière par une digue à l'endroit de la dernière cascade, afin de tenir l'eau arrêtée au-dessus ; l'impétuosité avec laquelle toute la rivière se précipite avait empêché de bien reconnaître le fond ; on avait conjecturé, par la nature des montagnes voisines, que le fond devait être de rocher, et on avait en outre sup-

posé qu'il ne pouvait y avoir plus de dix pieds
d'eau. On se trompa dans l'une et l'autre de ces
suppositions. La profondeur de l'eau était au
moins de 20 (6,497) à 25 pieds (8,121), et le fond
était composé de grosses pierres détachées, qui
rendirent inutiles tous les efforts de l'art pour les
fixer. Les caissons de pierres, quoique liés ensemble avec des fers de quatre pouces de grosseur, et attachés par de gros pieux aux deux
flancs des montagnes, furent emportés et dis-
persés par l'impétuosité du courant : et de cette
manière tous les travaux furent détruits.

On a pris le parti d'éviter tous les pas dangereux, au moyen d'une branche fixe d'eau que l'on
doit dériver du fleuve Gotha, et qui doit y rentrer.
La longueur du canal doit être d'environ 8240
pieds (2666,677), et la chute totale de 113 pieds $\frac{1}{3}$
(33,55) doit être distribuée dans les derniers
3000 pieds (974,518), en sept écluses de trente-
six pieds de largeur, sur 200 (64,968) de longueur. La première écluse doit avoir 17 pieds $\frac{1}{3}$
(5,522) de hauteur, et les autres 16 (5,197). Cette
première écluse doit être isolée, les quatre suivantes doivent être contiguës, ainsi que les deux
dernières; entre la cinquième et la sixième écluse,
le canal sera défendu par une bonne chaussée
contre les crues du fleuve. Il y aura aussi un grand
déchargeoir entre la première écluse et la prise
d'eau, à peu près au milieu et à la prise d'eau,

il y aura deux portes pour mettre à sec le canal, quand il en sera besoin. Les principales difficultés sont de le soutenir dans un marais pendant l'espace de plus de 800 pieds (259,872), et de le creuser dans le roc en quatre endroits différens, qui font en tout un peu moins de 2000 pieds (649,679).

La Russie fournit des exemples de grands canaux. Pierre-le-Grand avait projeté de réunir les mers qui entourent ses vastes états, et de rendre Pétersbourg l'entrepôt du monde entier pour le commerce.

Il commença par la jonction de la mer du Nord avec la mer Caspienne, ou du Wolga avec la Wolkow, qui en est à plus de cent vingt milles dans le gouvernement de Nowogorod ; la Wolkow se jette dans le lac de Ladoga, et conduit par Pétersbourg à la mer Baltique. La communication de la mer Baltique et de la mer Caspienne étant formée, il ne s'agissait plus que de l'étendre au Tanaïs pour y réunir la mer Noire, l'Archipel et la Méditerranée ; projet immense et bien digne d'un grand homme.

Seleucus Nicanor, et ensuite Sélim II, avaient déjà entrepris cette réunion des deux mers.

Le Don, ou Tanaïs, que les Tartares appellent *Tuna* ou *Duna*, était regardé par les anciens comme faisant la séparation de l'Europe avec l'Asie. Il approche tellement du Wolga, que le

moindre éloignement des deux fleuves n'est que
de vingt-cinq milles : si l'on rendait navigable la
Wla , l'un des affluens du Don , et le Camis-
chinka qui se jette dans le Wolga près de Péter-
gorod , cet éloignement ne serait que de quatre
wersts ou de deux milles ; de manière que pratiquant un canal dans ce petit espace, on réunirait
ces deux fleuves. Perry, ingénieur anglais , que le
· czar avait appelé en Russie , s'occupa de ces
grands projets, et il trouva qu'il fallait construire
des écluses sur ces petites rivières pour les rendre
navigables : après quoi, il ne restait plus qu'à ouvrir
un canal à travers les terres dans l'endroit où ces
deux rivières s'approchent le plus, et qui ne forme
qu'un espace d'environ quatre milles de Russie.

J'ai dit que le czar avait entrepris et avait très-
fort à cœur la communication du Wolga jusqu'à
Pétersbourg par le canal Ladoga. Perry fut encore
chargé de dresser les plans de cette communication. Je crois devoir donner, pour l'instruction
des ingénieurs chargés de semblables projets, un
abrégé de ce que cet ingénieur fit pour remplir
les vues de l'empereur.

Premièrement, il examina le pays en remontant
le long des rivières Sasfectissin jusqu'aux plus
hautes terres , où l'un des bras du Tissin a sa
source. Il trouva qu'il y avait une très-grande
quantité de chutes jusqu'au lac Ladoga , et que
dans un cours de cent soixante-quatorze milles de

Russie, cette rivière descendait de huit cent quatre-vingt-dix-sept pieds d'Angleterre ; que, d'un autre côté, depuis le sommet de ces mêmes hautes montagnes, jusqu'au lieu où la rivière Shacksna se jette dans le Wolga, les rivières Chacodorhes et Mollaga descendent de 562 pieds.

Secondement, par la rivière Emsta, le lac Elmena, et la rivière Wolcoff qui se décharge dans le Ladoga, il trouva que la descente était de 568 pieds dans un cours de cinq cent cinquante milles de Russie ; de l'autre côté du pays vers le midi, en descendant par les rivières Twère et la Wolga jusqu'à l'embouchure de la Shacksna, la descente était de 233 pieds de Russie, et sept cent vingt milles de cours.

A l'égard du troisième endroit qu'il examina à travers le pays, en suivant la rivière Whitigor, le lac Orega et la rivière Swire qui tombe dans le Wolga, il trouva qu'après un cours de deux cent soixante-dix-huit milles de Russie, la descente était seulement de 445 pieds, depuis le sommet des plus hautes terres, où les rivières sont les plus près les unes des autres, et où par conséquent il fallait faire le canal, et que de l'autre côté du pays, en suivant la rivière Kœfska, le lac Beila et la Schacksna qui se jette dans le Wolga, la descente n'est que de 110 pieds, dans un cours de quatre cent dix-huit milles.

Comme le terrain était le plus bas et le plus

égal de tout le pays, celui où il y avait le moins
de chutes, et par conséquent celui qui avait besoin d'un moindre nombre d'écluses ; que d'un
autre côté, les rivières Swire et la Schacksna, et
une partie du Kœfsha et du Witigor étaient déjà
navigables pour de petits bateaux qui y passent
toute l'année, l'ingénieur Perry insista pour que
cette communication fût choisie de préférence
aux autres : mais des circonstances particulières
et son retour en Angleterre ne lui ont pas permis
de suivre ce projet, ni celui de joindre par un
autre canal le Wolga au Don. Cette gloire était
réservée au général Munick, qui l'a terminé en
1732, sous Catherine II.

Ainsi l'on remonte le Wolga depuis la mer
Caspienne, jusqu'au-dessus du Cazan, qui en est
à dix degrés ; de là on entre dans le Twerza par
les monts Waldai, puis dans le canal qui débou-
che dans la rivière de Sua ; celle-ci descend dans
la Morta ; cette rivière tombe dans le lac Ilmen,
d'où sort le Wolchowa près de Novogorod, et
l'on arrive dans le lac Ladoga, après une navigation de plus de six cents lieues.

L'Espagne, qui renferme tant d'objets d'ému-
lation, pourrait tirer un grand parti des canaux,
et l'on en a senti depuis long-temps l'importance.

Les Maures avaient ouvert autrefois un canal
depuis la ville de Grenade jusqu'au Guadalquivir,

qui tombe dans le port de Cadix. On en a entrepris un, il y a environ trente années, dans le
royaume de Murcie. Ce canal servira à faire remonter toutes sortes de marchandises de la Méditerranée dans l'intérieur du royaume, où il y a
des déserts immenses que l'on fertilisera; à donner
une exportation facile aux productions du pays
en les multipliant, et il sera utile sur-tout à l'ar-
senal de Carthagène, à cause des bois de construction qu'il peut tirer des montagnes situées
au-delà de Lorca: il n'y aurait plus qu'à continuer
ce canal jusqu'au Guadalquivir, pour joindre ensemble les deux mers. On a aussi projeté dans la
Vieille-Castille, depuis Ségovie jusqu'à Oléa, un
canal qui serait un des plus utiles d'Espagne. Il
a été commencé en 1758.

Le canal de Navarre auquel on travaille depuis
1770, est un canal d'arrosage et de navigation,
qui aura cent dix milles de longueur. Il doit recevoir les eaux de l'Ebre à Tutela en Navarre, et de
là descendre le long de l'Ebre vers Saragosse et
Quinta; on a déjà ouvert une montagne sur huit
milles de longueur et 190 pieds (61,720) de hauteur, en forme de tranchée sans voûte; la tranchée a 36 pieds (11,694) de large, avec 6 pieds
(1,949) de profondeur pour le cours de l'eau.
Charles-Quint avait déjà formé cette entreprise;
mais voulant faire un percé en forant la montagne, comme au canal de Picardie, les ou-

vrages s'éboulèrent, et l'entreprise fut abandonnée.

L'avantage de ce canal sera d'être beaucoup plus élevé que l'Ebre , qui se précipite avec une chute de 5 pieds (1,624) sur 1000 toises (1949,036), et que l'on ne peut presque pas remonter ; au lieu que le canal n'aura que quatorze pouces de pente sur mille toises , sans écluses, si ce n'est vers l'extrémité du côté de la mer, où il aura toute sa chute; cette grande élévation le rendra plus propre à fertiliser des campagnes immenses , plus hautes que le fleuve , qui jusqu'à présent étaient totalement privées d'eau.

On a encore projeté un canal de Madrid à la mer, mais ce projet n'a pas encore reçu son exécution.

J'ajouterai à ce tableau des communications anciennes et de la navigation générale et intérieure de l'Europe, un tableau particulier du système actuel de la navigation intérieure de la France qui, grâce au génie et à l'activité du prince qui la gouverne , aura bientôt atteint son exécution ; j'y joindrai un détail particulier du canal de Languedoc, un des grands projets dont la conception et l'exécution font le plus d'honneur au génie de l'homme.

J'ai cru devoir partager l'article *Canal* en deux sections , l'une historique et l'autre instructive. Un ingénieur ne doit rien ignorer de ce qui a rapport à son art , et le tableau successif de tous les projets dont on leur expose les difficultés, soit dans les travaux préparatoires, soit dans ceux d'exécution, ne peut que servir à développer leurs idées, et ajouter à leurs dispositions particulières.

Un projet de canal est un des ouvrages le plus important, et peut-être le plus difficile qu'un ingénieur puisse entreprendre. Là, il ne s'agit pas de pratique, tout est théorie, tout est science ; on ne s'avance qu'à force de raisonner, il faut vaincre des obstacles sans cesse renaissans, et ce n'est qu'en réunissant les connaissances profondes de l'ingénieur dans les travaux préliminaires, que l'on peut compter sur le succès de l'exécution. Combien n'a-t-on pas vu de projets déjà très-avancés, et pour l'exécution desquels on avait dépensé des sommes immenses, abandonnés, parce qu'on n'avait pas pu tout prévoir ! Cette maxime fausse, la pratique vaut mieux que la théorie, influe très-souvent dans le choix des hommes qui se présentent pour faire de pareils projets : il faut à chaque pas interroger la nature, et c'est cette marche qui a servi Riquet dans son projet du canal du Languedoc, ainsi qu'on le verra. Mais l'art d'interroger la nature par la voie de l'expérience est très-délicat. En vain rassemblerez-vous des faits, si ces faits n'ont entr'eux aucune liaison, s'ils se présentent sous une forme équivoque ; si, lorsqu'ils sont produits par différentes causes, vous êtes dans l'impuissance d'assigner et de séparer avec une certaine précision les effets particuliers de chacune de ces causes. Tous les jours on entend répéter qu'une théorie qui n'est pas vérifiée immédiatement par l'expérience, ne peut être d'aucun usage dans la pratique, que les expériences doivent être faites en grand, que les expériences en petit n'apprennent rien, etc. Mais la plupart de ceux qui étalent avec confiance toutes ces maximes, vraies à plusieurs égards, seraient bien embarrassés, si on leur proposait de déterminer, dans un sujet donné, le choix des expériences nécessaires ou utiles, et de fixer les dimensions sur lesquelles il convient de les exécuter. Ces connaissances préliminaires et indispensables ne peuvent s'acquérir que par un examen théorique et approfondi de la question. N'attendez rien du praticien borné et dépourvu de principes : conduit par une routine aveugle, il vous montrera, souvent hors de nécessité et peut-être sans s'en apercevoir, le même fait sous différentes faces ; ou il assemblera au hasard plusieurs faits dont il ne saura pas expliquer les différences. Il n'existe point de science sans raisonnement, ou, ce qui est la même chose, sans théorie.

En présentant cette courte digression, j'ai voulu faire connaître combien le choix d'un bon ingénieur est important pour former de tels projets. L'ingénieur Brakell se présenta au czar Pierre pour faire exécuter le canal qui joint la mer Caspienne à la Baltique. Cet ingénieur n'avait pas les connaissances nécessaires pour l'exécution d'un aussi grand travail : ses premiers travaux furent mal conçus, mal exécutés et bientôt détruits. Perry fut appelé. Ingénieur habile, il fit un nouveau projet qu'il fit en partie exécuter, et le général Munick, ainsi que nous l'avons déjà dit, eut la gloire d'y mettre la dernière main.

Le choix du terrain, dit Bélidor, par lequel doit passer un canal pour arriver d'un terme à un autre, est d'une extrême importance, puisque de ce choix dépendent l'économie et la solidité de l'ouvrage. Il n'en est pas des canaux comme des grands chemins, qu'il convient de diriger en ligne droite, autant qu'il est possible ; ici il y a des inconvéniens qu'il faut prévoir. On parviendra à s'en garantir par un examen exact de la situation du pays dans tous les endroits où le canal peut être conduit ; il ne faut pas épargner les nivellemens qui en peuvent donner une parfaite connaissance. Les sondes doivent être fréquemment répétées, pour juger de la qualité du terrain sur la profondeur où il faudra fouiller, et éviter, s'il est possible, les cantons marécageux et les bancs de pierre d'une trop grande étendue, dont la fouille jetterait dans une excessive dépense.

Quand on veut joindre deux rivières par un

canal qui doit traverser un pays de plaines, et qu'une des rivières se trouve supérieure à l'autre ; ce qui arrive souvent, car il est fort rare qu'elles se rencontrent de niveau, on n'est point en peine d'avoir assez d'eau pour remplacer celle que dépenseront les écluses, parce qu'il est à présumer que la rivière supérieure en fournira suffisamment.

S'il arrive, au contraire, que le pays qui sépare deux rivières ou deux mers se trouve, comme au canal de Languedoc, bien plus élevé que chacune d'elles, prises aux endroits où l'on veut les joindre, il faut alors que le canal, au lieu d'aller toujours en descendant d'une extrémité à l'autre par les chutes que forment les écluses, ait son point de partage entre les mêmes extrémités, et que le reste soit divisé en deux parties, chacune d'elles descendant par cascade vers le terme où elle doit aboutir.

Il faut donc, quand on veut former le projet d'un canal qui se trouve dans ce cas : 1° commencer par chercher l'emplacement le plus favorable au point de partage ; 2° qu'il soit inférieur à tous les endroits d'où l'on pourra tirer des eaux de sources, rivières, ruisseaux, qu'on sera le plus à portée d'y conduire par des rigoles ; 3° que ces eaux soient intarissables, et assez abondantes pour fournir dans le courant de l'année, sur-tout dans les temps de sécheresse, non seulement à une navigation proportionnée au commerce qu'on a lieu d'attendre du canal projeté, mais même à toute la consommation qui se fera par transpiration, évaporation et pertes par les portes d'écluses ; 4° pour avoir plus d'assurance, il faut avoir encore un tiers de ces eaux au-delà de l'estimation qu'on aura faite de la consommation totale, puisque le succès du canal dépend de leur abondance.

Pour naviguer sur un canal, tel que celui dont nous parlons, et où il faut que les bateaux montent, ensuite redescendent, on croit communément que la consommation de chacun ne va qu'à deux éclusées, l'une pour l'entrée, l'autre pour la sortie ; ce qui n'est vrai que dans le cas où les écluses seraient continuellement chargées : mais si, pour soulager leurs portes, on ne veut pas que les sas soient toujours remplis d'eau, la dépense sera bien plus considérable, tant pour la montée que pour la descente. En effet, la même écluse suffira pour faire descendre un bateau plusieurs chutes de suite, dès que les sas seront de pareille grandeur, parce qu'en vidant la supérieure on remplit l'inférieure ; au lieu qu'on ne peut faire passer du sas inférieur successivement dans les supérieurs, qui ne se remplissent qu'aux dépens du point de partage : c'est pourquoi il faut avoir égard à ces circonstances dans l'estimation que l'on fera de la consommation des eaux.

Selon Perronet, il faudra aux bateaux qui remonteront les écluses accolées, autant d'éclusées qu'il y aura de sas : comme si les écluses étaient séparées par différentes parties du canal ; mais, après que le premier bateau sera monté, et que l'eau aura été conservée dans les sas inférieurs, il n'en coûtera plus qu'une éclusée pour le passage des bateaux qui suivront successivement le premier, comme cela arrive pour la descente de chaque bateau, motif pour lequel il conviendrait d'attendre qu'il se trouvât un certain nombre de bateaux rassemblés, pour les remonter de suite. Dans le cas où, au défaut de cette précaution, on serait obligé de dépenser une plus grande quantité d'eau, on ne pourrait pas dire qu'elle se trouverait entièrement perdue pour le réservoir du point de partage, parce que cette eau servirait à remplacer les évaporations et les pertes ordinaires de la partie inférieure du canal, que sans cela on serait obligé de retirer de ce réservoir, indépendamment des éclusées qui seraient nécessaires pour la navigation. C'est ici le lieu de rappeler un moyen dont M. Perronet parle dans ses ouvrages pour diminuer la dépense de l'eau au passage des écluses.

Il consiste à former des réservoirs de maçonnerie le long et en dehors des sas, avec des vannes à leur entrée pour en retenir l'eau, ou la laisser écouler suivant le besoin.

On fermerait ces réservoirs lorsque l'on remplirait chaque sas, et on les ouvrirait lorsqu'après avoir fermé les portes supérieures, il serait question de descendre les bateaux : par là on logerait dans ces réservoirs une partie de l'eau du sas, et on la réserverait pour remonter ou descendre d'autres bateaux. Mais beaucoup d'ingénieurs n'approuvent pas cet expédient, plus ingénieux qu'utile, d'ailleurs très-dispendieux, si ce n'est dans certains cas dont nous parlerons à l'article *Écluse*.

Après avoir estimé les eaux que le canal dépensera pour le passage des bateaux par les écluses, il faut estimer la pente que feront les eaux par les évaporations, qui vont, à ce que dit Bélidor, à 32 pouces (0,867) de hauteur d'eau, année commune. Voyez *Évaporation*.

Il faut aussi avoir égard aux transpirations qui dépendent de la nature du terrain où seront situés les réservoirs du point de partage, et le canal lui-même : c'est à l'ingénieur à bien l'étudier.

Il faut estimer la vîtesse des eaux des rigoles, afin d'en régler la pente.

Pour éviter les inconvéniens qui peuvent arriver en voulant dévier les eaux d'un fleuve, afin de les introduire dans un canal, il faut faire, à l'embouchure, une écluse qui facilitera en tout temps le passage des bateaux, et faire en sorte qu'elle ne s'encombre point par le limon des eaux troublées ou l'introduction des graviers, précaution importante dont je parlerai dans un moment.

Un ingénieur doit donc considérer, dans le projet d'un canal, 1° l'objet pour lequel le canal est fait, afin de connaître la quantité d'eau dont on aura besoin, relativement à son usage ; 2° calculer les volumes d'eau que les rigoles pourront amener au grand réservoir, afin d'en comparer la quantité avec la consommation, les pertes déduites ; 3° bien étudier la nature des différens terrains par où le canal doit passer ; 4° rechercher et discuter sans prévention tous les obstacles qui peuvent se rencontrer dans l'exécution, et enfin calculer la dépense, pour savoir si elle est en rapport avec les avantages qu'on peut en retirer.

Pour parvenir à connaître cette dépense, il faut diviser en plusieurs parties la longueur totale du canal ; ces parties seront déterminées par des endroits marquans, comme rivières, étangs, villes, bourgs, etc. Dans chacune de ces parties, on marquera la longueur et la profondeur des déblais pour le canal, les contre-fossés, rigoles, etc. ; la nature du terrain, avec le produit de la fouille écrit en marge, et la manière dont les terres devront être employées suivant leur qualité. On y fera encore mention de la disposition et de la valeur des chutes, distribuées le mieux qu'il sera possible pour ne pas faire des fouilles inutiles, aussi bien que des sas accolés ou séparés des aqueducs, réservoirs et écluses pour l'entrée et la sortie des eaux, que le canal recevra par les côtés : des ponts de maçonnerie et de charpente, en un mot de tous les ouvrages qui doivent avoir lieu sur la longueur du canal. Ces attachemens serviront à établir les prix de chaque nature d'ouvrage, afin que leur totalité, jointe à ce qui appartient à la fouille des terres, aux indemnités du terrain, donne un aperçu de la dépense générale de l'entreprise.

Si l'on avait à traverser un vallon qui eût peu de largeur, et dont le lit servît à une rivière ou à un torrent, le meilleur parti serait de faire passer le canal sur un pont-aqueduc, qui laisserait un libre passage aux eaux courantes : nous en avons des exemples sur le canal de Languedoc, ainsi que nous le verrons bientôt.

Il faut donner aux canaux de navigation le plus de largeur et de profondeur qu'il est possible, sans se jeter néanmoins dans une dépense superflue : on doit donc éviter, à moins qu'on y soit forcé par des circonstances extrêmement rares, de construire des canaux souterrains; car, si l'on veut donner à ces canaux les dimensions requises pour y établir une navigation sûre et commode, ils coûteront souvent des sommes énormes, tant pour l'extraction des terres, que pour la construction des voûtes, presque toujours indispensablement nécessaires pour soutenir le ciel et les excavations, ainsi qu'on fut obligé de faire au passage de Malpas.

Il ne s'agit pas ici de se proposer la gloire de vaincre des difficultés : un canal est un objet d'utilité et non pas un monument d'ostentation ; si les frais pour sa construction et pour son entretien l'emportent sur les avantages qu'on en espère, aucune considération ne peut déterminer à l'entreprendre. Les canaux à ciel ouvert méritent en général la préférence sur les canaux souterrains. Il est vrai qu'au moyen de ceux-ci on peut quelquefois diminuer le trajet de la navigation : mais un avantage prétendu n'est souvent qu'une illusion ; car le but qu'on se propose dans le transport d'un bateau n'est pas simplement d'abréger l'espace qu'il parcourt, mais d'arriver d'un point à l'autre dans le moindre temps possible : or, la navigation est incomparablement plus facile et plus prompte dans un canal à ciel ouvert, que dans un canal souterrain. Ajoutons que le premier, s'il est bien entendu, bien adapté au terrain, coûtera beaucoup moins que le second, malgré les différences qui peuvent se trouver dans la longueur des deux canaux.

Après avoir donné les principes généraux, je donne pour l'instruction de ceux qui ne sont pas au fait de ces sortes de travaux, un modèle de devis applicable à leur exécution : il est tiré des ouvrages de M. Perronet, et peut servir de base à toutes les opérations de ce genre. L'ingénieur est le maître de changer les dimensions, selon les circonstances et le besoin.

Lorsque la ligne du milieu du canal aura été tracée, bien vérifiée et arrêtée, suivant les bornes d'angles et d'alignement qui seront scellées en maçonnerie sur le terrain ; que les niveaux auront été bien réglés conformément aux profils, et leur hauteur déterminée, et assurée par de forts piquets qui seront chassés en terre à cet effet, et marqués en tête relativement à la profondeur des fouilles qu'on doit faire dans chaque partie, on tracera de chaque côté deux lignes parallèles, dont l'une indiquera la largeur du canal par en bas, et l'autre déterminera celle qu'il doit avoir par en haut. Ces deux lignes seront dirigées, la première à 15 pieds (4,873) de la ligne du milieu, si l'on donne trente pieds de largeur au fond du canal ; et la seconde, à 30 pieds (9,745) de cette même ligne du milieu, pour donner 60 pieds (19,490) de largeur dans sa partie supérieure.

La hauteur perpendiculaire de ce canal sera de 7 pieds (2,436) 6 pouces, mesurés dans le milieu, ce qui donnera à ses glacis 2 pieds (0,650) de talus pour chaque pied de hauteur, et les élevera de 2 pieds (0,650) 6 pouces au-dessus du niveau de l'eau, dont la profondeur sera régulièrement de 5 pieds (1,624) dans toute son étendue.

Les digues ou levées qui seront formées des deux côtés pour y établir un chemin de hallage, auront 18 pieds (5,847) d'épaisseur à leur sommet, lequel sera dressé et réglé en pente d'un demi-pouce par pied du côté de leur bord extérieur, afin d'écarter tout-à-fait du canal les eaux de pluies abondantes ou d'orages qui, sans cette précaution, prenant leur cours vers les glacis, les endommageraient bientôt et y formeraient des ravins.

Le talus extérieur de ces digues, lorsqu'elles seront élevées au-dessus du sol naturel, sera de dix-huit pouces pour pied, et seulement de pied pour pied dans les autres parties, excepté celle des déblais faits dans les terrains sablonneux, auxquels on donnera 18 pouces (0,387) pour pied.

Il sera aussi pratiqué dans le corps de ces digues un conroi de glaise, s'il s'en trouve à proximité, ou de terre franche au défaut de la glaise; ce conroi aura quatre pieds d'épaisseur, et sera descendu jusqu'à 4 pieds (1,299) au-dessous du niveau du fond du canal. On aura l'attention, en le formant, de le tenir de deux pieds plus élevé que la superficie de l'eau, parce que le tassement qui se fera à la longue, l'aura bientôt fait retomber, et l'aura bientôt réduit à la hauteur d'un pied qu'il doit avoir et conserver au-dessus de cette même superficie. Le conroi sera continué d'un et d'autre côté dans toute la longueur, et au milieu de la largeur des digues, afin d'arrêter les transpirations, et d'empêcher les pertes d'eau qui, sans cette précaution, arriveraient indubitablement dans un terrain poreux, ou qui ne serait que du pur gravier.

Dans les parties où l'on craindrait que les eaux d'une rivière voisine, lors de leurs grandes crues, ne surmontassent le niveau des digues, il faut faire des contre-digues ou contre-banquettes, dont le bas du talus prendra naissance à l'arête extérieure de ces mêmes digues : ces contre-banquettes seront élevées de 3 pieds (0,975) au-dessus des plus grandes eaux, et formeront talus des deux côtés, dont l'un, celui du côté des digues, aura les deux tiers de leur hauteur et plus lorsque le terrain l'exigera ; l'autre aura pied pour pied : les contre-banquettes doivent avoir 12 pieds (3,898) de largeur à leur couronnement, et leur surface sera dirigée en perte comme les digues, sur leur largeur, vers le bord extérieur.

Dans les endroits où le terrain ne se rencontre pas de niveau sur les côtés et où les eaux qui, dans le temps des orages ou des pluies abondantes, ou lors de la fonte des neiges, descendent avec rapidité des collines et des campagnes voisines, peuvent ravager et détruire les digues, endommager ce canal et même le combler, il sera nécessaire pour se garantir de leur affluence et même pour empêcher que le pays n'en soit incommodé, d'ouvrir un contre-fossé au devant des digues ; ce contre-fossé recevra ces eaux, qui s'écouleront ensuite à la rivière par les différens aqueducs qui seront faits sous le canal, si cela est nécessaire.

Ces contre-fossés seront tracés parallèlement aux digues, du pied desquelles ils seront séparés par une berme assez large pour les défendre et empêcher en même temps les transpirations du canal ; leur capacité se réglera sur l'étendue et la roideur de la pente des campagnes dont ils recevront les eaux. Pour y parvenir, l'on donnera 9 pieds (2,924) de longueur aux bermes, avec talus de 2 pieds (0,650) pour pied vers les contre-fossés.

La capacité des contre-fossés doit être réglée relativement aux considérations qu'on vient d'exposer et à la nature des débouchés qu'on peut procurer aux eaux qui s'y rendront. Elle sera en général suffisante si l'on donne aux contre-fossés depuis 12 (3,898) jusqu'à 18 pieds (5,847) de largeur par en haut, 6 (1,949) à 8 (2,599) dans le fond et 4 de hauteur, à moins que quelques cas particuliers, comme le besoin de terres ou le voisinage des vallons resserrés par des montagnes qui se trouveraient avoir une grande étendue et beaucoup de pente, n'y fassent quelque exception.

La nécessité de passer en quelques endroits dans le voisinage des côtes sablonneuses et d'une pente assez roide , exige que l'on apporte encore plus de soin et de circonspection dans ces parties pour se garantir des éboulemens des terres dans lesquelles il faudra creuser : il sera indispensable , en formant les talus auxquels on donnera une fois et demie leur hauteur, d'y ménager, de neuf pieds en neuf pieds d'élévation, des paliers de six pieds de largeur , afin de pouvoir se défendre des ensablemens. Les paliers auront , comme les digues , une légère pente vers leurs côtés extérieurs , qui sera celui de la côte, afin d'en garantir également les talus , qui seraient encore plus sujets à être endommagés ou même détruits lors des fortes pluies.

Construction.

Toutes les dimensions ci-dessus prescrites une fois tracées sur le terrain et assurées par des repères invariables , après avoir relevé et transporté, moitié de part et d'autre, les terres végétales de la surface du terrain qu'occuperont le canal , ses digues et les contre-fossés, pour être employées aux conrois du milieu de ces mêmes digues , on commencera la fouille du canal. Il sera, à cet effet, ouvert une tranchée en suivant d'abord la ligne du milieu , des deux côtés de laquelle on placera ensuite des travailleurs pour fouiller et enlever les terres et les transporter sur l'emplacement des digues. A mesure que l'on approfondira cette tranchée, on observera de la faire par retraites et de ménager de distance en distance des rampes et des paliers pour faciliter le transport des déblais, qui se fera à la brouette. Lorsqu'on sera parvenu à la profondeur à laquelle doit être établi le fond du canal, on y plantera de nouveau des piquets pour déterminer exactement le niveau, que l'on aura soin de fixer et d'arrêter sur la longueur et sur la largeur par des repères qui seront placés de distance à autre, tant dans le milieu que sur les côtés : on s'occupera ensuite à achever les déblais et à dresser et finir le fond du canal, pour pouvoir en régler les talus.

Ces talus qui, comme on l'a déjà dit, auront 2 pieds (0,650) de pente sur chaque pied de hauteur, seront tracés et alignés en haut et en bas avec un cordon au moins de 15 toises (29,236) de largeur, et les pentes seront arrasées et dirigées sur le même plan, au moyen de gabarets ou panneaux de menuiserie, dont les dimensions et la forme seront données à l'adjudicataire, qui aura soin d'en munir ses ateliers d'une quantité suffisante pour la bonne exécution de l'ouvrage. Cet adjudicataire veillera sur-tout à ce que les talus ne soient ni creux, ni bombés, ni ondés, mais à ce qu'ils soient parfaitement jaugés et bien dégauchis dans toute leur surface : sans quoi il répondra de leur malfaçon, et sera tenu de les refaire à ses frais.

Avant de rapporter les déblais provenant de la fouille du canal, pour en former les digues qui doivent être élevées aux deux côtés, on aura grande attention de faire piocher le terrain naturel jusqu'au vif, d'en ôter et enlever les gazons, d'en arracher et détruire toutes les souches, broussailles et autres corps étrangers capables d'intercepter la liaison entre le sol naturel et ces nouvelles terres : cette interception pourrait produire des renards et des filtrations très-préjudiciables à ces ouvrages ; on aura également soin de briser toutes les mottes, et de régaler à fur et mesure les terres rapportées, afin qu'il n'y reste aucun vide, et qu'elles s'affaissent toutes également : on observera de plus de déposer toujours par préférence sur le bord des levées, du côté du canal, les terres végétales qui proviendront de ces fouilles, tant pour mieux empêcher les transpirations, que pour donner plus de corps au glacis, et un sol plus convenable à la végétation des grains qui y seront semés.

Le dessus de ces digues, dans leur largeur, sera mené comme le fond du canal, toujours de niveau jusqu'aux approches des ponts et écluses, dont la surélévation exigera des rampes pour faciliter leur accès, et procurer en même temps plus de commodité pour le service de la navigation. Ces mêmes digues, sur leur largeur, auront, comme il a déjà été dit, une pente de demi-pouce par pied vers les terres, pour y rejeter les eaux de pluies, afin que les glacis n'en souffrent aucun dommage.

Pour prévenir et arrêter les filtrations qui pourraient se former dans un terrain généralement graveleux et peu propre à se consolider par lui-même, on commencera, avant de déposer les terres qui doivent servir à élever les digues, par ouvrir une tranchée dans toutes les parties qui paraîtront l'exiger.

On y asseoit ensuite un conroi : ces tranchées seront toujours conduites de manière à suivre le plus que faire se pourra le milieu des digues, afin qu'il reste un intervalle suffisant entre les talus du canal et la glaise, ou les terres végétales dont elles seront remplies, pour que celles-ci ne puissent, par leur gonflement, lorsqu'elles seront mouillées, exercer leur poussée contre les talus ; la profondeur de ces mêmes tranchées se réglera d'après le niveau du fond du canal, au-dessous duquel elles seront fouillées, au moins jusqu'à 4 pieds (1,299), afin que la charge des terres qu'on y rapportera, et cette profondeur à laquelle elles seront descendues, puissent en quelque sorte contrebalancer l'action du poids des eaux, et les empêcher de s'ouvrir quelque issue par-dessous, comme cela pourrait arriver, si l'on établissait un conroi moins bas.

On n'entreprendra de ces tranchées qu'environ 6 (11,694) à 8 toises (15,592) de longueur à la fois, afin de pouvoir, au moyen de légers épuisemens, se débarrasser plus facilement des eaux, qu'on ne manquera pas de remonter avant d'arriver à la profondeur requise.

Lorsque le fond aura été réglé et dressé, on y portera la terre, qu'on battra à la dame par lits de 8 pouces (0,217) de hauteur sans aucun mélange de gravier, tuf ou sable ; on aura grand soin de briser toutes les mottes, et d'écarter tous les corps étrangers qui pourraient s'y trouver mêlés ; on aura aussi l'attention de mouiller la terre à chaque lit, afin qu'elle puisse prendre plus vite son affaissement et former une masse plus solide. L'on observera en outre, lorsque ce conroi sera parvenu à la hauteur prescrite, d'en bomber le dessus, que l'on battra et aplanira bien avec le dos de la pelle, pour que les eaux de pluies qui pourraient pénétrer par la partie supérieure des digues n'y puissent séjourner.

Les contre-banquettes qui seront élevées au-delà des digues pour garantir les ouvrages des débordemens et des crues subites de la rivière supposée, seront établies conformément aux dimensions ci-devant spécifiées ; on aura seulement l'attention, dans les endroits où il se trouvera du gazon, de l'enlever avant que d'y asseoir les digues, de le réserver pour en couvrir le talus extérieur de ces contre-banquettes, dans les parties qui seraient les plus exposées au choc de l'eau, et même de les revêtir en pierre sèche, quand cela sera trouvé nécessaire.

Pour garantir et défendre de plus en plus des ravins formés par les pluies abondantes les parties du canal qui passeront le long des côtes et des revers des montagnes, de même que le dessus des digues du chemin de hallage, leur talus et leurs retraites ou paliers, il conviendra de planter à un pied près du bas de chacun de ces talus une haie vive et bien garnie, afin que si ces terres sablonneuses et peu liées viennent à s'ébouler, elles soient retenues par ces mêmes haies, qu'on aura soin de défendre par un cours de terre placée en arrière, jusqu'à ce qu'elles aient pris quelque consistance.

Lors de la construction d'un canal, il se trouve beaucoup de parties où l'on ne peut arriver à la profondeur requise sans remonter l'eau : l'entrepreneur doit alors chercher à ouvrir des rigoles ou canaux de dérivation, suivant les directions, dimensions, et les pentes qui lui seront données, afin de pouvoir, autant que le local le permettra, se débarrasser de cette eau sans épuisemens, et la jeter dans la rivière.

Le même adjudicataire sera tenu d'ouvrir, redresser et curer les ruisseaux d'eaux claires qui seront, au moyen des réservoirs, amenées dans le canal, et il aura attention que les terres qui en sortiront soient disposées et arrangées sur les bords, de manière à empêcher qu'il ne s'y introduise aucune eau sale et étrangère, capable d'occasioner des dépôts. Il aura soin en conséquence, de préparer dans le même temps un cours à ces eaux sales, pour qu'elles puissent se rendre dans les contre-fossés.

Ils seront également chargés de l'ouverture et de la construction des canaux nécessaires pour passer les eaux des ruisseaux, contre-fossés et autres cours d'eaux, qui seront conduits dans la rivière par des aqueducs pratiqués sous le canal.

Ces adjudicataires seront enfin tenus de faire toutes les fouilles des terres, déblais et remblais nécessaires à l'avancement et à la perfection des travaux, comme digues, batardeaux et autres ouvrages provisoires pour l'établissement des chapelets ou des autres machines hydrauliques propres à accélérer les épuisemens, tranchées, rigoles, puisards destinés à y conduire les eaux, excavations pour les fondations, tant des écluses, ponts, aqueducs, déversoirs, réservoirs, etc., que des autres ouvrages de maçonnerie ou de charpente, tels qu'ils soient.

Lorsque les terres des déblais seront insuffisantes pour les remblais, elles seront prises dans les tranchées que l'on ouvrira parallèlement au pied des digues, au moins à 12 pieds (3,898) plus loin : on observera de ne les creuser que jusqu'à l'eau, le bord extérieur de ces tranchées sera lui-même mené parallèlement au bord extérieur.

J'ai parlé plus haut du grand inconvénient des atterrissemens qui se formaient dans les canaux. Les ingénieurs ont cherché différens moyens pour empêcher l'introduction de gravier dans les canaux, mais jusqu'à présent tous ces moyens ont été très-imparfaits. La science des rivières et des canaux navigables serait beaucoup plus simple, si les eaux étaient toujours limpides et claires.

On a proposé de placer sur les canaux où les graviers entrent en grande abondance avec les eaux, une quantité convenable de déchargeoirs que l'on nomme *déversoirs de fond.* Ces sortes de déversoirs doivent être construits dans le bord du canal, du côté de la rivière, de telle manière que leurs seuils soient notablement plus bas que le fond du canal même. Les eaux qu'on laisse de temps en temps se précipiter dans la rivière, par ces sortes de déversoirs, acquièrent une très-grande vîtesse, et leur accélération augmente celle des eaux qui suivent, à cause de l'adhésion et de la ténacité naturelle des parties de l'eau. Cette accélération s'étend donc à quelque distance en remontant. Par ce moyen les matières grossières se détachent du fond, et l'excavation se prolonge à quelque distance au-dessus de ces déversoirs. Avec plusieurs artifices de cette nature, que l'on fait jouer quand il convient, et qui sont distribués de manière qu'à l'endroit où finit l'action de l'un, commence l'action de l'autre, on force le gravier qui est entré dans le canal à se rejeter dans la rivière, dans le moindre espace de temps possible.

Bélidor a donné l'idée de recevoir les eaux dans quelque grand réservoir, dans lequel elles pussent déposer les graviers et les autres matières grossières, avant que d'entrer dans le canal : mais, quoiqu'on ait fait usage de ce moyen dans le fameux canal de Languedoc, il a toujours l'inconvénient d'être d'une exécution très-difficile et très-dispendieuse, et celui de ne pouvoir jamais être applicable au cas où il serait question de dériver une branche fixe d'eau d'une grosse rivière qui coule entre les montagnes, et dont les rives sont fort élevées.

Manfredi, en traitant des moyens de dériver du Tibre une branche fixe d'eau à Ponte-Norvo au-dessous de Pérouse, proposa d'y faire une écluse de huit palmes romains, qui conséquemment élevât de huit palmes la superficie de l'eau. Il prescrivit en outre de soutenir le seuil de la prise d'eau du canal, de cinq palmes romains au-dessous de la superficie rehaussée de la rivière, afin d'avoir dans le canal la profondeur de cinq palmes d'eau qui était suffisante, pour qu'au moyen des trois palmes excédant il n'y restât aucune sorte de cailloux. De plus, il pensa aux moyens d'empêcher que le fond de la rivière ne s'élevât au-dessus de l'écluse, et il crut que l'on pourrait aisément y parvenir en y pratiquant des ouvertures fermées avec des madriers, des planchers, des fascines ou autres choses mobiles dont on peut faire usage dans le temps des grandes eaux ; et enfin, dans le détail du projet, il indiqua les précautions qu'il fallait prendre pour détourner tous les affluens qui pourraient porter du gravier dans le canal, ainsi que Guglielmini l'enseigne dans son *Traité sur les Eaux courantes*, et dont je parlerai à l'article *Eau*.

L'expédient de Manfredi doit toujours être inutile dans les rivières dont le cours est très-rapide, et qui portent une grande quantité de gravier, parce que des expériences ont prouvé, que la gravité spécifique du gravier dans l'eau est à la gravité spécifique de l'eau elle-même à peu près comme 5 à 3, et que cette petite différence de densité et de pesanteur spécifique est aisément compensée par l'impétuosité transversale des eaux. De là il arrive que les graviers même les plus gros fatiguent souvent les bords des écluses les plus élevées, et même passent par-dessus, et tombent dans les trous inférieurs. Il est donc certain que, dans ces cas, l'expédient proposé n'empêcherait pas que les graviers de la rivière ne fussent transportés à une grande distance dans le canal qui serait contigu.

On a encore proposé, pour empêcher le comblement d'un canal, d'ouvrir dans la grosseur de l'écluse, et plus bas que le fond de la bouche du canal, quelques déchargeoirs par lesquels on pût, dans le temps des grandes eaux, faire passer les graviers et les tenir ainsi dans le lit de la rivière. Cet expédient a été mis en pratique avec succès ; mais il se rencontre rarement des circonstances où il soit nécessaire et où il soit même possible d'élever assez les écluses pour qu'il reste un espace suffisant pour le placement de différens déchargeoirs au-dessous du plan du fond du canal.

Le canal de Boulogne a au-dessous de la prise d'eau, à différentes distances, des déversoirs à fleur d'eau toujours ouverts, et six déversoirs de fond que l'on ouvre dans le temps des grandes eaux. Les déversoirs à fleur d'eau laissent tomber dans le Réno les eaux qui passent la hauteur ordinaire, et les espèces de horses des déversoirs de fond servent tout à la fois et de cataractes et de déversoirs, parce que, lorsque ces écluses sont fermées, elles couvrent le fond jusqu'à la hauteur des autres déversoirs murés ; et ensuite, dans le temps des grandes eaux, lorsqu'on ouvre toutes les portes, l'impétuosité des eaux sert à entretenir le fond suffisamment creusé.

J'ai pensé, dit le père Frisi, à divers expédiens

et aux précautions qu'il faudrait prendre, si l'on était obligé de construire une écluse dans un endroit sujet au versement des graviers. L'expédient le plus simple et le plus naturel serait celui que je vais indiquer ; il m'a été suggéré par M. Bachet. Cet habile ingénieur m'a dit qu'il y avait dans le Berri une écluse placée sur l'Indre , dans un endroit où cette rivière continue à charier des graviers et autres matières grossières , et que le moyen qu'on employait pour entretenir le fond toujours bien nettoyé, était d'y faire passer, quand il était nécessaire, les eaux d'un torrent voisin qui chassât au dehors les graviers successivement portés par l'Indre dans l'enceinte des portes : mais cet exemple ne peut être facilement imité dans les autres rivières et dans les canaux que l'on en dériverait. Le père Frisi propose d'abord de le remplacer en ouvrant un ample déversoir de fond immédiatement au-dessus de l'écluse. En second lieu, pour que l'action du déversoir de fond s'étendît jusqu'à l'angle opposé , et pour que tous les graviers répandus sur la plate-forme extérieure de l'écluse eussent une issue plus facile par ce déversoir, il voudrait que le fond de cette même plate-forme eût une pente sensible vers les bouches du déversoir de fond. En troisième lieu, pour que les graviers entrassent plus difficilement dans l'enceinte de l'écluse , dans les temps de l'ouverture et de la fermeture des portes, il voudrait

que le seuil de l'ouverture des premières portes
fût plus élevé que tout le plan de la plate-forme extérieure, en bornant cependant cet exhaussement
à un point tel qu'il n'interrompît point la navigation dans le temps des basses eaux : enfin, pour
entretenir la plate-forme intérieure très-bien net-
toyée des graviers, qui y tomberaient de temps en
temps, il voudrait qu'on lui donnât une inclinaison sensible, et que l'on ouvrît dans l'angle inférieur un autre déversoir de fond, que l'on ferait
jouer à propos.

De cette manière, on pourrait maintenir l'é-
cluse toujours en état, sans qu'il fût nécessaire
d'interrompre la navigation pour remédier aux
nouveaux versemens des graviers par l'excavation
manuelle.

Pour empêcher les eaux étrangères de venir
ensabler le canal de Languedoc, M. de Vauban,
lorsqu'il fut consulté sur ce sujet, proposa la construction de contre-fossés et d'aqueducs de maçonnerie, dont il donna les dessins. On en rencontre
quarante-cinq; ils sont de deux espèces : la première
espèce en comprend six, que l'on nomme *aque-
ducs-ponts* : ils sont élevés par arcades, au-dessus
desquelles passe le canal, pour laisser aux rivières
qui le traversent la liberté de passer par-dessous.
Les plus beaux sont ceux de Repude, Cosse,
Trèbes, etc. *Voyez* planche 1. Les autres de la
seconde espèce sont faits en siphon; ils passent,

d'un contre-fossé à l'autre, sous le lit du canal
pour l'écoulement des eaux : on a fait en même
temps de petites écluses, pour mettre à sec les
parties du canal qui avaient besoin d'être réparées.

On a encore employé un moyen fort ingénieux : c'est au passage du Libron, qui a long-
temps incommodé la navigation du Canal Impérial : cet ouvrage a été exécuté en 1767, et a
coûté quatre-vingt mille francs. C'est ce qu'on
appelle le *radeau de Libron*. Voyez planche IX.

On a construit, le long du canal, deux murs de
12 toises (23,388) de longueur, sans compter les
épaulemens qui les terminent : le couronnement
de ces murs est au niveau des eaux du canal, et la
hauteur des épaulemens surpasse celle des plus
grandes crues. Ces murs qui paraissent parallèles
sont cependant un peu convergens ; ils sont éloignés de 20 pieds (6,497) par une de leurs extrémités, et de 19 pieds (6,172) seulement par l'autre.
On a ménagé à l'arête intérieure des deux murs
latéraux une feuillure d'un pied en carré : elle sert
à recevoir un radeau d'environ seize toises de
longueur, qui porte, près de chacun de ses bouts,
des espèces de parapets aussi élevés que les épaulemens du radier, avec lequel il se raccorde ; en
sorte que le radeau forme un conduit ou aqueduc
perpendiculaire à la longueur du canal. Ce radeau
est fait en coin, comme l'espace destiné à le rece-

voir, afin qu'il le remplisse plus exactement ;
cependant on a ajouté des volets à charnière au
radier de l'avenue des eaux, pour achever de
fermer tous les jours entre la maçonnerie et le
radeau.

On laisse ordinairement le radeau dans une
petite gare ou une remise ménagée au bord du
canal, tout près de l'ouvrage, et au-devant d'une
maison construite pour le logement de deux gardes.
Dès que l'on s'aperçoit que la rivière grossit, les
deux éclusiers mettent le radeau en place, et il
forme alors une gouttière, dans laquelle passent
les eaux du Libron avec leurs sables pour se
rendre à la mer : dès que le torrent n'entraîne
plus de sables, on retire le radeau pour laisser
passer les barques. Deux hommes suffisent pour
le tirer de la remise où il est à flot, et le conduire à sa place ; ce qu'on est obligé de faire tous
les jours dans des temps de pluies et de débordemens, qui durent quelquefois une semaine.

Les épaulemens d'amont et d'aval sont percés
chacun par un épanchoir destiné à baisser les
eaux de la rivière et du canal, pour les empêcher
de passer par-dessus le radier lorsqu'elles pourraient nuire. Ceux d'aval servent encore à enlever
par un manœuvrage le sable fin ou le limon qui
peut s'échapper par les joints du radeau et tomber
dans le canal.

On a eu soin de pratiquer aussi à chaque épau-

lement des rainures verticales, dans lesquelles
on fait entrer des planches pour former des batardeaux au besoin, et mettre à sec, ou l'ouvrage du
Libron, ou la retenue inférieure.

AB. Radeau mis en réserve sur le côté du canal près de la
maison du garde, dans une espèce de gare ou de remise.
CD. La partie du canal où se place le radeau.
EF. Torrent de Libron qui coule sur le radeau, lorsqu'il est
en place.
GH. Pont sur le grand chemin qui traverse le lit du torrent.
IK. Pont sur le canal.
LM. Maison des gardes ou éclusiers.

Je crois avoir dit ou rapporté tout ce qu'il faut
pour mettre un homme intelligent en état de se
dresser un projet raisonné d'un canal : je finirai
cet article par l'histoire du canal de Languedoc,
où l'ingénieur pourra puiser encore de nouvelles
instructions. Je remets à parler de tous les autres
canaux de l'Empire français à l'article *Navigation*.

Le canal du Languedoc, qui fait la jonction de
l'Océan à la Méditerranée, entrepris et achevé
sous Louis XIV, est un des plus grands et des plus
merveilleux ouvrages de cette espèce : il commence par un réservoir de quatre mille pas de
circonférence et de quatre-vingts pieds de profondeur, qui reçoit les eaux de la montagne, d'où
elles descendent à Naurouse, dans un bassin de
deux cents toises de longueur, et cent cinquante
de largeur, revêtu de pierre de taille. C'est là le

point de partage d'où les eaux se distribuent à droite et à gauche dans un canal de soixante-quatre lieues de long, où se jettent plusieurs petites rivières, soutenues d'espace en espace de cent quatre écluses.

Les huit écluses qui sont voisines de Béziers forment un très-beau spectacle; c'est une cascade de 156 toises (304,050) de long sur onze toises de pente.

Ce canal est conduit en plusieurs endroits sur des aqueducs et sur des ponts qui donnent passage entre leurs arches à d'autres rivières; ailleurs, il est coupé dans le roc, tantôt à découvert, tantôt en voûte, sur la longueur de plus de mille pas : il se réunit d'un bout à la Garonne près de Toulouse; de l'autre, traversant deux fois l'Aude, il passe entre Agde et Béziers, et va finir au grand lac de Thau, qui s'étend jusqu'au port de Cette.

Le point de partage est élevé d'environ 600 pieds (194,904) au niveau de la mer.

La longueur totale du canal est de 122,706 toises (239158,449), ce qui donne soixante lieues de poste; sa largeur est de 60 pieds (19,490) à la surface de l'eau, et de 32 pieds (10,395) dans le fond; la profondeur de l'eau est au moins de 6 pieds (1,1949); les barques en tirent moins de cinq pieds, quoiqu'elles portent jusqu'à deux cents milliers, ou cent tonneaux, poids de marc. Il y a, le long des bords du canal, deux bermes ou chemins pour le tirage : l'un a neuf pieds, l'autre six, mais les francs-bords y compris. Ces chemins ont environ 36 pieds (11,694) de chaque côté; ils servent à déposer les terres qui proviennent du recreusement du canal.

Il y a sur toute la longueur cent un bassins ou sas d'écluses, formant soixante-deux corps d'écluses, dont quarante-quatre du côté de la Méditerranée, et dix-sept du côté de l'Océan.

Les écluses du canal ont 18 (5,847) ou 19 pieds (6,172) d'ouverture vers les épaulemens, qui sont en avant des portes busquées : leur saillie est de 5 pieds (1,624) sur 18 (5,847) de base. Après les portes, on trouve les bajoyers en maçonnerie, qui ont 9 pieds (2,924) de longueur. De là le bassin s'ouvre en forme d'ellipse; il y a 16 pieds (5,197) de plus, ou trente-quatre pieds de large dans le milieu, sur une longueur de 90 pieds (29,236); enfin, les bajoyers ou souillères ont encore 9 pieds (2,924) de long : en sorte que la longueur totale d'une porte à l'autre est de 108 pieds (35,83), sans compter les parties extérieures ou les épaulemens qui sont au-dehors des portes.

La hauteur moyenne des écluses est de 7 pieds (2,518) 9 pouces : c'est la chute ou la différence des niveaux. Ainsi, quand il y a 6 pieds (1,949) d'eau sur l'éperon de défense, il y en a quatorze sur l'éperon bas ; mais il y a des chutes d'écluse depuis 5 pieds (1,624) jusqu'à 12 (3,898). Une écluse moyenne contient environ 100 toises (194,904) cubes d'eau ; il faut cinq à six minutes pour la remplir, et huit à dix minutes en tout pour faire passer une barque de bas en haut.

Une écluse avec ses portes revient environ à 36,000 francs ; les portes coûtent seules 2,400 fr., et ne durent que quinze à vingt ans : elles sont toutes de chêne. On conçoit que ces prix sont subordonnés aux temps et aux lieux.

Le canal est creusé en plusieurs endroits dans le roc : on compte qu'il y a eu 50 mille toises (370194,3550) cubes de rocher de déblayées, et 2 millions de toises (7403887,1) cubes de terres ou de tuf.

Parmi les grands travaux de l'art qui se font admirer dans la construction de ce canal, il faut compter le bassin de Saint-Féréol, l'écluse ronde, le radeau de Libron, la voûte de Malpas, l'aque-duc du pont de Trebes. *Voyez* planche 1.

Le bassin de Saint-Féréol sert à fournir une partie de l'eau du canal. Pour le former, on a choisi l'endroit où le vallon dans lequel coule le ruisseau de Laudot se resserre le plus au-dessous d'un endroit assez large : les deux collines qui le bordent y ont été réunies par un mur principal de 400 toises (2961,5549) de longueur et de 100 pieds (32,484) de hauteur, garni de part et d'autre d'un terrassement, dont le pied est soutenu par un mur plus bas et plus court que celui du milieu.

La forme de ce bassin est irrégulière comme les collines qui lui servent de bord.

Sa longueur moyenne est de 800 toises (259,872), et sa largeur près de la chaussée, de quatre cents toises.

On assure qu'il contient neuf cent mille toises cubes d'eau, c'est-à-dire, plus que le canal tout entier, qu'on évalue à sept cent quarante-sept mille toises cubes, quand il est plein.

Pour faire écouler les eaux de ce bassin, on a construit une première vanne près l'extrémité nord du grand mur : elle vide les eaux superficielles, jusqu'à 6 pieds (1,949) de profondeur.

Une seconde vanne, éloignée d'environ 75 toises (146,178) de la première, descend jusqu'à vingt-trois pieds : tout le reste, jusqu'à six pieds au-dessus du fond, est vidé par trois robinets de bronze de neuf pouces de diamètre, scellés avec la plus grande précaution dans le grand mur ; au-dessous des robinets, il y a une dernière issue fermée par une forte porte qu'on n'ouvre que lorsque les robinets ne donnent plus d'eau ; elle sert aux opérations, au moyen desquelles les eaux entraînent dans la partie inférieure du ruisseau de Laudot le limon et le sable qu'elles avaient déposé dans le réservoir.

On parvient aux trois robinets par une première voûte de 38 toises (711,063) de longueur, qui perce le terrassement extérieur, dont le sol va en pente vers le grand mur, et est terminé par un escalier qui descend aux robinets ; l'eau qu'ils fournissent s'échappe par un large aqueduc plus bas que la première voûte ; cet aqueduc est borné par deux trottoirs. Lorsqu'on ouvre les robinets, tandis que les eaux du bassin sont encore hautes, l'impétuosité de l'eau est si terrible, qu'on n'entend rien ; on ne voit que de l'écume ; l'air que l'eau déplace par sa chute dans l'aqueduc, forme un courant auquel on a de la peine à résister ; les masses énormes du mur et des voûtes en paraissent ébranlées : aussi appelle-t-on *voûte d'enfer* ce passage par lequel les eaux s'échappent.

On a soin, tous les ans, de mettre à sec le bassin de Saint-Féréol dans le mois de janvier, pour le nettoyer et en réparer les murs. On met huit jours pour le vider, mais il faut un mois, et quelquefois deux pour le remplir.

L'écluse ronde est un bassin en maçonnerie de 90 pieds (29,236) de diamètre : elle a trois ouvertures de 20 pieds (6,497) chacune. Ces ouvertures sont fermées par des portes busquées, capables de soutenir le poids et l'effort de l'eau, et de la distribuer à l'orient, à l'occident et au midi. Les portes de l'orient vont au canelet haut du côté de la rivière d'Hérault, dont le niveau est ordinairement le plus élevé ; et par cette raison il y a de ce côté-là de fortes contre-banquettes pour soutenir l'eau alternativement dans les deux sens.

Les portes de l'occident vont au grand canal
du côté de Béziers, dont le niveau est plus bas
que celui de la rivière ou du canelet haut ; enfin
les portes du midi regardent du côté d'Agde, et
s'ouvrent dans le canelet bas, dont le niveau est
plus bas des trois niveaux de l'écluse ronde, à
cause de la pente de l'Hérault ; il est d'environ cinq
pieds au-dessous du canelet haut. Le moulin qui
barre la rivière entre les embouchures de ces
deux canaux, a nécessité la forme de cette écluse
ronde, qui est fort ingénieuse. *Voyez* pl. XII.

A trois milles de l'écluse ronde, où passe une
rivière appelée *Libron*, qui a long-temps incommodé la navigation du canal, sur-tout par la
quantité du sable qu'elle charie dans ses crues, et
qui ensablait une demi-lieue du canal, on y a fait
un travail fort curieux qu'on appelle le *radeau de
Libron*. (Voyez planche IX.) Nous en avons parlé
plus haut.

La voûte du Malpas est à quatre milles de Béziers ; le canal y entre sous la montagne, et y
règne l'espace de 85 toises (165,668) ; la largeur
du canal y est de 19 pieds (6,172), sans compter
une banquette de 3 pieds (0,975) ; la voûte a
22 pieds (7,146) de hauteur au-dessous de l'eau,
et il reste encore environ autant de hauteur de la
montagne, au-dessous de la voûte. Cette montagne
est de tuf, ou d'une espèce de pierre tendre, qu'il
a fallu soutenir par une voûte en maçonnerie : on

y a ménagé de distance en distance des chaînes de pierre de taille, sur lesquelles on a élevé des murs de refend, qui vont jusqu'à la concavité de la montagne ; on y a pratiqué des portes par lesquelles on peut passer pour visiter les voûtes : il n'y a qu'une longueur de vingt-cinq toises qui n'est pas voûtée.

Ce passage ne m'a point paru aussi extraordinaire que les autres travaux ; on s'aperçoit sur-le-champ qu'il eût été plus facile de déblayer le dessus de la voûte et de faire le passage à ciel ouvert, que de faire des voûtes qui ont coûté beaucoup, et dont l'entretien est continuel et très-dispendieux.

L'aqueduc du pont de Cesse est un des plus considérables du canal ; il est composé de trois grandes arches, sous lesquelles passe la rivière de Cesse pour aller se jeter dans l'Aude à deux milles de là.

On comprend aisément combien il a fallu de génie et de talent pour concevoir et faire exécuter un canal tel que celui du Languedoc.

On devait commencer par chercher le point de partage pour la distribution des eaux. M. Riquet, tout occupé de ce superbe projet, parcourut les environs de Saint-Papoul et de Castelnaudari ; il avait pu remarquer dans la montagne Noire des vallons qui conduisaient des eaux à l'orient, et d'autres qui les portaient à l'occident : cette direc-

tion opposée désignait un point de partage , une
élévation de laquelle partaient des eaux pour se
rendre dans les deux mers ; il reconnut ensuite
quels étaient les vallons par lesquels on pouvait
tourner pour rassembler les différentes eaux de
la montagne dans un même lieu : on s'assura des
pentes par des nivellemens ; ensuite, pour en faire
l'expérience, M. Riquet fit creuser à ses dépens
un petit canal sur une longueur de plusieurs lieues,
qui amèna aux pierres de Naurouse des eaux que
la nature avait jusqu'alors portées dans l'Océan ,
et d'autres qui de tout temps avaient été dans la
Méditerranée. C'est là qu'il établit son point de
partage , et le sommet du canal, élevé d'environ
600 pieds (194,904) au-dessus du niveau de la
mer.

Une des plus grandes difficultés de cette prodigieuse entreprise était d'avoir, même en été ,
des eaux supérieures au sommet du canal et au
bassin de Naurouse ; et c'est ici que M. Riquet
montra le plus d'intelligence , d'activité et de pa-
tience. La marche qu'il a suivie pour vaincre les
difficultés est la meilleure instruction qu'on puisse
donner à un ingénieur.

On a pris dans la montagne Noire , cinq lieues
au nord-est du canal , toutes les eaux supérieures
à son niveau , pour former deux rigoles : celle
de la montagne, qui amène plusieurs ruisseaux
dans le Sor, et celle de la plaine , qui va depuis

la rivière de Sor près Revel, se terminer au bassin de Naurouse. La rigole de la montagne commence à quatre lieues de Saint-Papoul, par la petite rivière d'Alzau, dont on a arrêté les eaux : cette rigole a près de 10 pieds (3,248) de large, et environ 3 pieds (0,975) d'eau, coulant assez rapidement. La rigole reçoit, à deux milles de là, le ruisseau de Bernassonne ; après quoi, elle continue dans le roc vif, sur une étendue de plus de mille toises, dont le tiers est fait avec de grands escarpemens, dans des lieux qui auparavant n'étaient que des précipices.

Deux milles plus loin, la rigole de la montagne reçoit le ruisseau de Lampi, après avoir coulé dans un lit de 1345 toises (2621,454), taillé dans le roc vif, et à travers d'un coussin de montagnes, qu'il a fallu percer dans le roc sur une longueur de 80 toises (155,923).

On a, depuis quelques années, construit un bassin à la prise d'eau de Lampi, pour y mettre les eaux en réserve lorsqu'on travaille au bassin de Saint-Féréol. Ces trois ruisseaux ne tarissent jamais, et la plupart du temps on n'en prend qu'une partie pour le canal. Ils allaient tous trois à la Méditerranée. Toutes ces eaux vont tomber dans le Sor, à deux milles de là.

Six mille toises (11694,218) au-dessus du conquet, où les eaux de la rigole de la montagne se précipitent dans le Sor, cette rivière de Sor est

arrêtée, entre Sorèse et Revel, par la chaussée de
pont Crouset, pour recevoir un canal de 12 pieds
(3,898) de base, dans lequel coulent au moins trois
pieds d'eau : ce canal passe un peu au-dessus de
la petite ville de Revel, proche de laquelle on
avait construit un petit port nommé le *Port-
Louis*, éloigné de pont Crouset de 1320 toises
(2572,728).

C'est au Port-Louis, tout près de Revel, que
commence véritablement la rigole de la plaine,
parce que la partie supérieure jusqu'au pont de
Crouset, était ouverte avant la construction du
canal, et servait à deux anciens moulins ; elle descend sans recevoir de nouvelles eaux, sur 4080
toises (7952,068) de longueur jusqu'au Toumases,
à la maison de Laudot, où, après avoir reçu le
ruisseau de Laudot, elle continue à couler sur
13300 toises (25922,183) jusqu'à Naurouse, c'est-
à-dire, au point de partage du canal.

La rivière et les ruisseaux dont nous venons
de parler fournissaient, pendant la plus grande
partie de l'année, un volume d'eau plus considérable que celui qui était nécessaire à la navigation ;
mais on craignit avec raison que ces sources ne
fussent pas suffisantes dans les temps de sécheresse, sur-tout lorsqu'après avoir mis une partie
du canal à sec, au mois de juillet, pour y faire les
recreusemens nécessaires dans les mois d'août
et de septembre, il faudrait ensuite remplacer

toutes les eaux qu'on aurait été forcé de perdre.

On suppléa à ce défaut, en construisant à Saint-Féréol un grand réservoir, qui conserve les eaux superflues de l'hiver et du printemps pour en faire usage à la fin de l'été et en automne ; mais bientôt après la construction du bassin de Saint-Féréol, l'expérience fit voir que le vallon de Laudot ne fournissait pas un volume d'eau suffisant pour le remplir, et que la plus grande partie des eaux que la rigole de la montagne versait dans la rivière de Sor pendant l'hiver, étaient superflues : on voulut en profiter. L'extrémité inférieure de la rigole auprès du Conquet était beaucoup plus élevée que le bassin de Saint-Féréol ; mais le côteau de Campmèses barrait le passage : on surmonta cet obstacle, en perçant la montagne par un canal souterrain de 10 pieds (3,248) de largeur , de 20 pieds (6,497) de hauteur, et de soixante-dix toises de longueur, et l'on prolongea la rigole de la montagne au travers du percé, à une petite distance de cette voûte.

. Les eaux de la rigole se précipitent , par une cascade de 25 pieds (8,121) de haut , dans le ruisseau de Laudot, qui les porte à Saint-Féréol, trois mille toises plus bas, d'où elles vont se réunir à la rigole de la plaine.

Nous avons déjà dit que la rigole de la plaine commence auprès de Revel, un mille au nord de Saint-Féréol ; reçoit au Tonnazes , environ trois milles plus bas, à 3720 toises (7250,415) au-dessous de Saint-Féréol, les eaux du ruisseau de Laudot ; la réunion de ces eaux, lorsqu'elles sont grosses, pourrait être nuisible à la partie de la rigole de la plaine qui reste depuis les Tonnazes jusqu'à Naurouse, d'autant plus qu'elle est exhaussée à mi-côte sur une grande longueur. Pour prévenir les brèches que les eaux sauvages pourraient former à ses francs-bords, on a barré la rigole par une porte busquée placée au-dessous de l'embouchure de Laudot, et on vide toutes les eaux superflues dans la partie du ruisseau de Laudot, inférieure à la rigole, au moyen d'un réservoir et des épanchoirs à fonds.

Il y a encore un autre réservoir au-dessous des Tonnazes, à l'endroit où la rigole de la plaine est traversée par le ruisseau de Saint-Félix.

La longueur totale des rigoles qui ont été creusées à la main pour porter les eaux à Naurouse, est de 30060 toises (58588,031).

Cet exposé suffit pour faire connaître à ceux qui veulent faire exécuter de semblables projets, combien il faut de travaux préliminaires et de connaissances locales avant de passer à l'exécution.

On peut mettre le canal du Languedoc au nombre des grands travaux exécutés par la main des hommes ; mais le but en est manqué, en ce que la communication entre les deux mers est restée imparfaite, par les difficultés que présente la navigation de la Garonne. Pour obvier en partie à cet inconvénient, on proposa de prolonger le canal jusqu'à l'embouchure du Tarn ; mais ce projet n'a pas eu de suite.

Je donnai, en 1783, un projet de canal de Toulouse à Bayonne, qui aurait rendu parfaite la communication entre les deux mers ; j'avais établi le point de partage au-dessus de Tarbes, et le canal, en circulant au pied des Pyrénées, aurait amené à peu de frais toutes les productions de ces fertiles montagnes, et principalement les bois et les fers. Il aurait facilité le commerce avec l'Espagne, sur-tout le transport des laines. M. l'archevêque de Toulouse se rendit le protecteur de ce projet, et M. de Calonne, alors contrôleur-général des finances, à qui j'eus l'honneur de le présenter, l'accueillit avec promesse de s'en occuper. Mais les événemens désastreux qui se succédèrent avec tant de rapidité dans les années suivantes, ont suspendu toutes mes démarches, que j'ai en vain renouvelées depuis. (*Voyez*, pour le surplus des canaux de France, *Navigation*.)

Cailloux. s. m. En latin, *silex* : c'est la pierre à fusil. Le caillou n'est pas transparent dans toute son épaisseur ; mais il a une demi-transparence à sa surface, et il est poli dans toutes ses cassures.

Les cailloux, dans leur état naturel et ordinaire,

sont revêtus d'une enveloppe ou croûte pierreuse, à laquelle il n'a manqué que du temps pour prendre la même nature que le reste du caillou.

Les terres compactes, telles que la glaise bien serrée, la marne, la craie, les bols, peuvent, aussi bien que les pierres dont elles imitent quelquefois la dureté, se changer en cailloux; aussi voit-on beaucoup de cailloux dans ces sortes de terres, sur-tout dans la craie et dans la marne.

Les cailloux ont ordinairement une figure ronde ou arrondie, et leurs angles, quand ils en ont, sont abattus et émoussés. Si l'on pouvait supposer qu'ils ont tous roulé dans les rivières ou dans la mer, cette figure s'expliquerait tout naturellement; mais on ne peut admettre cette supposition. On trouve des cailloux ronds dans des lits de pierre d'une grande profondeur; il paraît qu'ils affectent la figure ronde, comme les cristaux affectent l'hexagone.

Cette pierre est excellente dans la construction des chemins ferrés; les Romains en faisaient usage, ainsi que nous le verrons à l'article *Chemin*.

Caniveaux. s. m. Sont les plus gros pavés qui, étant assis alternativement avec les contre-jumelles, traversent le milieu du ruisseau d'une rue ou d'un chemin pavé.

Camion. s. m. Ces petites voitures servent avantageusement à transporter les déblais de terre qu'on est obligé de faire pour régler les pentes des chemins. Les roues ne doivent pas avoir plus de 3 pieds $\frac{1}{2}$ (1,137) de diamètre de dehors en dehors. L'essieu traverse le camion à peu près par son milieu, un peu au-dessous du centre de gravité, et sa capacité est telle, qu'elle contient exactement une partie aliquote de la toise cube : le camion peut contenir $\frac{1}{17}$ de toise (0,2399) cube, ou un peu plus de sept pieds cubes lorsqu'il est bien conditionné : il peut coûter 72 francs.

Il y a deux manières de s'en servir : la première, de le faire tirer par des hommes; dans ce cas, il a un timon, deux traverses, dont une avec deux crochets de fer; deux hommes s'attellent par des bretelles, et s'appuyant sur la première traverse, exercent en la poussant une force double avec un effort plus simple.

L'autre manière est de les faire tirer par des chevaux : un seul cheval peut tirer facilement trois camions, et quelquefois quatre dans la belle saison; pour cela, on ajoute au derrière du camion une traverse, au milieu de laquelle est un anneau de fer, pour recevoir un crochet qui doit se trouver au bout du timon du camion que l'on veut ajouter, et qui pour lors n'a pas besoin de traverse pour l'attelage.

L'essieu, traversant le camion un peu au-dessous du centre de gravité, est retenu par un des côtés, au moyen d'un crochet, qui, lorsqu'il est levé, abandonne la caisse à son poids excentrique, et lui permet de se renverser sous le plus léger mouvement d'impulsion du conducteur.

Carmin. s. m. Couleur d'un rouge très-vif, dont on se sert pour le lavis des plans.

Pour faire le carmin, prenez cinq gros de cochenille, demi-gros de graine de chouan, dix-huit grains d'écorce d'autour, et autant d'alun de roche ; faites bouillir cinq livres d'eau de rivière dans un pot d'étain, ou de terre vernissée qui soit neuf : pendant qu'elle bout, versez-y le chouan, et, après trois ou quatre bouillons, vous la passerez par un linge : remettez cette eau bouillir, et alors versez-y la cochenille ; après quatre bouillons, pendant lesquels il faut toujours remuer, mettez-y l'autour, et un instant après l'alun, toujours en remuant : alors retirez le pot du feu, passez le tout promptement par un linge, dans un plat de faïence ou de verre. Au bout de huit jours que vous aurez laissé reposer, il faut verser l'eau par inclinaison. Le limon qui reste au fond du plat est le carmin : on le laisse sécher à l'ombre, en le garantissant de la poussière.

Si on laisse trop bouillir la liqueur, après que l'alun a été mis, on aura du cramoisi au lieu de carmin.

Carriers. s. m. Ouvriers qui travaillent dans les carrières à en tirer ou couper les pierres.

Les carriers se servent de marteaux de différentes grosseurs, qu'on appelle *mail*, *mailloche*, *pic*, etc. et d'un grand levier en fer que l'on appelle *barre* : quelquefois aussi on se sert de poudre à canon.

La mine que les carriers font pour éclater de gros morceaux de pierre, consiste en un trou cylindrique d'environ un pouce et demi de diamètre, et assez profond pour atteindre le centre de la pierre : on charge ensuite ce trou, comme on charge un canon, et on remplit le vide que laisse la poudre, d'un coulis de plâtre, après cependant y avoir introduit une aiguille de fer pour former la lumière. L'espace occupé par la poudre est la chambre de la mine ; il faut apporter un grand soin, pour en bien boucher l'entrée.

Carrière. s. f. Lieu d'ont on tire la pierre.

Les carrières qu'on ouvre, sur-tout près des grandes routes, peuvent occasioner de très-grands malheurs ; ce sont des espèces de piéges où les hommes et les animaux peuvent périr ; les ingénieurs ne peuvent donc trop tenir la main à l'exécution des réglemens, en obligeant les entrepreneurs à combler les carrières qu'ils ont été forcés d'ouvrir pour leurs travaux ; mais malheureusement on néglige beaucoup en France la police des routes, et l'on voit souvent des abîmes sur les bords des chemins.

Un arrêt du conseil, du 23 décembre 1690, fait défense d'ouvrir des carrières dans l'étendue et aux reins des forêts du roi, sans la permission de sa majesté.

Une autre ordonnance défend d'ouvrir des carrières , si ce n'est à quinze toises des grands chemins , et enjoint de combler de suite les trous abandonnés.

Ces réglemens ont été maintenus par différentes lois et par les gouvernemens successifs. Les ingénieurs doivent avoir soin de les rappeler dans leurs devis, et tenir la main à ce que les entrepreneurs s'y conforment. Voyez *Police des Routes.*

Carte. s. f. Description géographique d'un pays sur une ou plusieurs feuilles. Il y a différentes manières de faire cette description : celle qui s'opère par les triangles est la plus exacte , nous en verrons l'application à l'article *Triangle.*

Mais la carte géométrique d'un pays entraîne des dépenses si considérables, exige tant de temps; il y a d'ailleurs si peu de gens en état d'exécuter cet ouvrage , que l'on n'a que très-peu de cartes levées géométriquement qui soient exactes. Il faut cependant excepter celle de la France par M. Cassini, dont l'opération des triangles est d'une grande exactitude : les détails ne le sont peut-être pas autant.

M. Chevalier a proposé une méthode peu éloignée de l'exactitude géométrique. Le grand avantage de cette méthode est de pouvoir être pratiquée à peu de frais, et sans le secours de la géométrie. Il ne faut que du soin et de l'attention ; je vais en donner l'aperçu : elle m'a paru très-ingénieuse, et on peut faire les changemens que pourraient commander les circonstances particulières.

On appelle amplitude l'arc de l'horizon compris entre le point où le soleil se lève ou se couche à un jour quelconque, et le point où il se lève ou se couche lorsqu'il est dans l'équateur. Il est visible d'abord que l'amplitude est d'autant plus grande que le soleil est plus éloigné de l'équateur, ou à une plus grande déclinaison. On voit aussi, par les différentes positions de la sphère, que plus elle est oblique, ou plus un pôle est élevé pour un lieu, plus l'amplitude est grande, tout le reste étant égal. La déclinaison du soleil et l'élévation du pôle sont donc les deux élémens dont dépend la grandeur de l'amplitude : on construit des tables de la variation des amplitudes selon celle de leurs élémens.

Je suppose que le lieu où je suis, Paris, par exemple, soit au centre d'un assez grand cercle tracé sur un carton et divisé en 360 : comme je sais, par les tables, que l'amplitude solsticiale, la plus grande de toutes, est à Paris de 37 degrés, en négligeant les minutes, je prends sur mon cercle pour l'amplitude équinoxiale, ou nulle, le point d'où commencent les divisions, et le 37^e

degré suivant répond à l'amplitude solsticiale. Cet espace de 37 degrés répond à trois mois. Je le divise selon la table des amplitudes pour chaque jour de ces trois mois, ou plutôt de cinq jours en cinq jours, parce que les amplitudes ne changent pas sensiblement d'un jour à l'autre. J'en fais autant pour les amplitudes des autres neuf mois de l'année.

Je suppose aussi que le rayon de mon cercle représente une étendue de deux lieues : je le divise en huit parties égales, qui, par conséquent, valent chacune un quart de lieue, et par chacune de ces divisions je décris des cercles concentriques au premier : l'auteur appelle *Châssis* le carton où sont ces figures. Cela fait, à tel jour que ce soit où l'on pourra observer le lever ou le coucher du soleil, je mets sur les châssis deux fils de fer bien à plomb, l'un au centre, l'autre sur le point du cercle extérieur qui répond au jour choisi; je place le châssis bien horizontalement, je le tourne de manière qu'au moment du lever ou du coucher du soleil, l'ombre des deux fils de fer soit sur la même ligne droite, et je l'arrête ferme dans cette situation. Il est certain qu'elle est telle que toutes les divisions du cercle extérieur répondent exactement à celles de l'horizon, que le 9e degré, par exemple, depuis une amplitude équinoxiale est un pôle, etc., en un mot, que le châssis est bien orienté. Alors, si je

suis dans un lieu assez élevé pour découvrir une
étendue de deux lieues à la ronde, je dirige exactement à tel lieu que je veux, à un clocher, une
règle qui est mobile autour du centre des châssis,
et je suis sûr que ce clocher est à l'égard de Paris
dans l'opposition déterminée par la règle : au
sud-est, par exemple; par conséquent, il faut
que ce clocher soit écrit dans mon châssis sur
cette ligne. Il reste à savoir à quel point : or, il
faut d'abord supposer que je sais à peu près la
distance de tous les lieux qui ne sont pas éloignés
de plus de deux lieues du lieu que j'habite; et cette
connaissance est très-familière, sur-tout à la campagne, où se ferait le plus grand usage du châssis.
Comme il est divisé en quarts de lieue, je place
le clocher, selon sa distance connue, ou sur un
des cercles concentriques, ou entre deux cercles,
et je ne puis commettre à cet égard des erreurs
considérables.

Ce que j'ai fait pour Paris, l'auteur veut que
trente ou quarante personnes qui seront aux environs de Paris, éloignées les unes des autres de
deux lieues au plus, le fassent chacune pour le
lieu de sa demeure; non pas que chacun soit
obligé de faire son châssis, c'est une opération
qui demande la main d'un géomètre; mais un
géomètre l'ayant fait, il en envoie une copie à ces
trente ou quarante personnes, qui n'ont plus que
la peine de prendre les alignemens des lieux voi-

sins, ainsi que nous l'avons dit : et c'est ce que tout le monde peut faire. Les trente ou quarante petites cartes étant faites, on les remet entre les mains du géomètre, qui sait les assembler et qui en compose la carte des environs de Paris.

Comme on envoie le même châssis à tous ceux qu'on veut employer, on suppose que les amplitudes sont les mêmes pour des lieux peu éloignés ; ce qui n'est vrai que sensiblement. Aussi cette méthode de lever une carte ne peut avoir lieu que pour un petit pays, et il est bon que la ville ou le lieu principal sur lequel seul on règle les amplitudes soit au milieu du pays qu'on veut lever, afin que les petites erreurs des lieux particuliers se comparent les unes par les autres.

On pourrait, sans employer les amplitudes, orienter le châssis par le moyen de la méridienne du lieu, qui est ordinairement connue à la campagne ; mais elle ne l'est qu'assez grossièrement, et s'il fallait la trouver avec plus de précision, peu de gens y réussiraient. La méthode de s'orienter par les amplitudes avec un châssis tout fait, est plus sûre et ne présente aucune difficulté.

Carton. s. m. Se dit d'un contour chantourné sur une feuille de carton ou de fer-blanc, ou même sur du bois, pour tracer les profils des corniches et pour lever les panneaux de dessus l'épure : ces cartons sont très-nécessaires dans la construction des ponts pour la coupe des voussoirs.

Cassis. s. m. On appelle cassis un double revers de pavé pratiqué dans le bas-fond d'un chemin, qui sert à faire écouler les eaux à travers une chaussée : ces cassis sont d'un mauvais usage ; il ne faut les employer que lorsqu'on ne peut pas faire autrement. Sur toutes les parties de route où j'ai fait travailler, je les ai toujours détruits, pour les remplacer, autant que cela était possible, par des aqueducs.

Centre. s. m. Dans un sens général, marque un point également éloigné des extrémités d'une ligne, d'une figure, d'un corps, ou le milieu d'une ligne ou d'un plan par lequel un corps est divisé en deux parties égales.

— *d'un cercle.* C'est le point du milieu du cercle, situé de façon que toutes les lignes tirées de là à la circonférence sont égales.

— *de gravité.* Est un point situé dans l'intérieur d'un corps, de manière que tout plan qui y passe partage le corps en deux segmens qui se font équilibre, c'est-à-dire, dont l'un ne peut pas faire mouvoir l'autre. D'où il suit que si on empêche la descente du centre de gravité, c'est-à-dire, si on suspend un corps par son centre de gravité, il restera en repos.

On a coutume de concevoir toute la pesanteur d'un corps dans ce seul centre, sans qu'il y ait aucune pesanteur dans toutes les autres parties.

Soit le cube ABFECDGH (pl. XL) ; qu'on

conçoive une ligne tirée de A en G, et une de E en D, elles se couperont réciproquement en un point au milieu du cube ; qu'on conçoive ensuite que la pesanteur de toutes les parties tombe sur ce point, le corps aura bien alors la même pesanteur qu'il avait auparavant, mais elle se placera toute dans ce point : de sorte que ce point étant soutenu ou suspendu à quelque chose, toute la pesanteur tend par conséquent à tomber en ligne perpendiculaire à l'horizon de la même manière que toutes les autres pesanteurs. Si l'on soutient ce point, ou si on l'appuie à quelque endroit de cette ligne perpendiculaire, on soutient alors tout le corps ; mais dès qu'on cesse d'appuyer ce point, le corps cesse aussi d'être soutenu, et il faut nécessairement qu'il tombe et qu'il s'affaisse davantage que ce point tombé.

On pourra trouver de la même manière le centre de gravité dans les prismes et dans les cylindres, en prenant le milieu de la droite qui joint leurs bases opposées.

Dans les polygones réguliers, le centre de gravité est le même que celui du cercle circonscrit ou inscrit à ces polygones. Voyez *Pesanteur.*

Centripète, Centrifuge, adj. t. g. Si l'on suppose qu'un corps se meuve sur la circonférence d'un cercle, c'est-à-dire, sur un polygone, d'une infinité de côtés, il est évident que ce corps décrira à chaque instant un de ces petits côtés, et que par conséquent ce corps tendra dans tous les instans à s'échapper suivant leur direction : de cet effort il en résulte nécessairement un autre , celui de s'éloigner du centre ; c'est cet effort qu'on appelle *force centrifuge.*

Si l'on conçoit maintenant une force continuellement appliquée à ce corps, qui à chaque instant l'oblige à se détourner et à parcourir par ces détours infinis la circonférence du cercle , cette force ainsi appliquée continuellement s'appelle *force centripète.*

Il suit de ces deux notions qu'on peut prendre indifféremment la force centripète pour la force centrifuge , et réciproquement, puisque ces deux forces sont toujours égales entr'elles.

Par exemple, si l'on tourne une pierre mise dans une fronde , et qu'on vienne à lâcher la fronde , cette pierre cessera de se mouvoir dans une ligne qui touche le cercle dans lequel elle est tournée ; tandis qu'on tourne la fronde , la pierre fait continuellement effort pour s'échapper et s'avancer dans la tangente ; elle tire la main qui tient la fronde , et qui est comme le centre du cercle. La force que la pierre exerce contre la main , ou avec laquelle elle s'efforce de s'éloigner du centre , est connue sous le nom de *force centrifuge.*

Tandis qu'on tire la fronde avec la main , et qu'on la fait tourner, on tire la pierre à soi, c'est-à-dire , vers le centre du mouvement : cette force s'appelle *force centripète*, et on donne à ces deux forces le nom commun de *forces centrales*.

On donne le nom de *temps périodique* au temps que le mobile emploie pour faire dans sa ligne courbe une révolution autour du cercle.

Ce temps dépend de la vîtesse du corps, et il est à l'égard de deux corps qui se meuvent avec diverses vîtesses dans la même ligne courbe, en raison inverse des vîtesses.

Les forces centrifuges des deux corps qui se meuvent avec la même vîtesse, dans une distance égale du centre, sont entr'elles comme les grandeurs ou les pesanteurs des corps.

Si deux corps égaux ont le même temps périodique, mais qu'ils soient dans des distances différentes du centre, leurs forces centrifuges seront comme les distances du centre.

Si deux corps égaux sont mus dans la même distance du centre avec des vîtesses différentes, les forces centrifuges de ce corps seront comme le carré de ces vîtesses.

Si ces deux corps sont de grandeur inégale, leurs forces centrifuges seront en raison composée des grandeurs et des carrés des vîtesses.

Si les deux corps sont égaux, mais que leurs temps périodiques et leur distance du centre soient inégales, la force centrifuge du premier corps sera à celle du second comme la différence au centre, divisé par le carré de son temps périodique, et à la distance du second à son centre, divisé par le carré de son temps périodique.

Si, en supposant les corps égaux, les carrés des temps périodiques sont comme les cubes des distances, les forces centrifuges seront alors en raison inverse des carrés des distances.

Cette doctrine des forces centrales est, selon Mussembroek, d'un très-grand usage dans la physique, mais sur-tout dans l'astronomie : on peut en effet en tirer cette conséquence, que la terre doit tourner autour du soleil, et non le soleil autour de la terre. Mais, quoi qu'il en soit de ce fait astronomique, comme il reste toujours certain que l'un de ces deux corps fait sa révolution autour de l'autre, ils ont tous les deux une pesanteur qui les porte l'un vers l'autre, et qui les empêche de s'éloigner. Ils ressemblent en cela à deux corps attachés par un fil, dont l'un tourne autour de l'autre, et dont celui qui suit le mouvement de rotation a une force centrifuge, tandis que l'autre, autour duquel se fait la révolution, a une force centripète. Dès que la force centrifuge se trouve plus grande que la force centripète. Il faut que le corps autour duquel se fait la révolution soit poussé hors de sa place par l'autre corps. Par conséquent, si le soleil a beaucoup plus de force centrifuge que la terre n'a de force centripète, il faut que la terre soit poussée hors de sa place par le soleil, et qu'elle fasse sa révolution autour de cet astre. Lorsqu'on veut supputer quelle est la force centrifuge du soleil à l'égard de la pesanteur de la terre, si l'on suppose que le soleil tourne autour de la terre dans l'espace d'un jour, on trouvera que cette force est au moins comme 38,000,000 à 1. Comment est-il donc possible que le soleil puisse tourner autour de la terre? Mais si l'on suppose que notre globe tourne autour du soleil une fois en un an, la force centrifuge de la terre sera à la pesanteur ou force centripète du soleil, comme 1 à 292,500 : de sorte que la terre pourrait seulement faire retirer un peu le soleil de sa place, et continuerait toujours ainsi sûrement à se mouvoir autour de lui.

Huygens est le premier géomètre qui ait fait le calcul des forces centrifuges ; il a été suivi par Newton , Bernouilli, Kiel , etc. , qui ont tous répandu un plus grand jour sur cette matière. Nous renvoyons à ces auteurs.

Cercle. s. m. Figure plane , renfermée par une seule ligne qui retourne sur elle-même , et au milieu de laquelle est un point, situé de manière que les lignes qu'on en peut tirer à la circonférence sont toutes égales.

A proprement parler, le cercle est l'espace renfermé par la circonférence.

Toute partie de la circonférence est appelée *arc :* toute ligne droite terminée de part et d'autre par la circonférence est appelée *corde* ou *sou-tendante*.

Si la corde passe par le centre, on la nomme *diamètre*.

Toute ligne tirée du centre à la circonférence se nomme *rayon*.

Si du même centre on décrit plusieurs circon-férences, elles sont appelées *concentriques*.

Tous les rayons d'un cercle sont égaux, tous les diamètres le sont aussi.

Dans un cercle, les cordes égales soutiennent des arcs égaux, et des arcs égaux des cordes égales.

Tout cercle est supposé divisé en trois cent soixante degrés, chaque degré se divise en soixante minutes, chaque minute en soixante secondes, en tierces, etc.

On a divisé le cercle en trois cent soixante parties, à cause du grand nombre de diviseurs, dont le nombre trois cent soixante est susceptible.

On trouve l'aire d'un cercle en multipliant la circonférence par le quart du diamètre, ou la moitié de la circonférence par le rayon : on peut avoir l'aire à peu près, en trouvant une quatrième à mille, à sept cent quatre-vingt-cinq, et au carré du diamètre.

L'aire d'un secteur de cercle a pour mesure la moitié du produit de l'arc par le rayon.

L'aire de segment s'obtient en retraçant de l'aire du secteur celle du triangle correspondant.

Les cercles et les figures semblables qu'on peut y inscrire, sont toujours entr'elles comme les carrés des diamètres, ou, comme les géomètres s'expriment, les cercles sont entr'eux en raison doublée des diamètres, et par conséquent aussi des rayons.

Le cercle est égal à un triangle dont la base est la circonférence, et la hauteur le rayon : les cercles sont donc en raison composée de celle des circonférences et de celle des rayons.

La proportion du diamètre à la circonférence est, selon Archimède, à peu près de 7 à 22.

Cercle d'arpenteur. s. m. Instrument dont on se sert pour prendre les angles.

Ce cercle est un instrument très-simple, et cependant fort expéditif dans la pratique : il consiste en un cercle de cuivre et un index, le tout d'une même pièce.

Ce cercle est garni d'une boussole divisée en trois cent soixante degrés, dont la méridienne répond au milieu de la largeur de l'index. Sur le limbe, ou la circonférence du cercle, est soudé un anneau de cuivre, lequel avec un autre qui est garni d'un verre, fait une espèce de boîte pour y mettre l'aiguille aimantée ; cette aiguille est suspendue sur un pivot au centre du cercle : chaque extrémité de l'index porte une pinnule ; le tout est monté sur un pied avec un genou, afin de le tourner avec facilité. (*Voyez*, pour l'application, l'article *Levée des Plans.*)

Chaîne. s. f. De pierre, pilier de pierre, élevé à plomb dans un mur de maçonnerie, pour le fortifier.

— *chaîne* ou *barrière*. Chaînes de fer rond, d'un pouce de gros, qu'on attache au sommet d'une file de bornes espacées également : on peut les établir le long des quais; elles peuvent même quelquefois servir de parapet à un pont.

C'est aussi l'assemblage de plusieurs bouts de fil de fer d'environ un pied de long, liés les uns aux autres par des anneaux de cuivre, dont on forme une mesure de plusieurs toises ou mètres, pour servir, dans la levée des cartes, à toutes les opérations de géométrie pratique. Cette chaîne est trop connue pour entrer dans de plus grands détails sur sa mauvaise construction, et sur l'incertitude des mesures qu'elle donne ; mais je vais parler de celle que j'ai annoncée à l'article *Base*, construite en acier, par les ordres du major-général Roi, et exécutée par M. Ramsden, l'un des plus habiles artistes d'Angleterre.

Cette chaîne est construite sur les principes de celle d'une montre : chaque chaînon est composé de trois principales parties ; savoir, une longue bande, deux petites, ayant moitié de l'épaisseur de la première, avec des trous circulaires près

des extrémités de chacune, et des chevilles d'a-
cier fondu de la grosseur du diamètre des trous,
pour servir à réunir et attacher les chaînons
entr'eux. La surface intérieure des trous des petites plaques est rendue âpre et raboteuse avec
la lime, tellement que lorsqu'elles embrassent les
extrémités des deux grandes bandes consécu-
tives, les chevilles passées dans ces trous y sont
parfaitement serrées, et comme unies aux petites
plaques, tandis que les extrémités embrassées des
longues bandes, tournent librement autour de la
cheville dans le milieu de sa longueur.

A chaque dixième chaînon, l'articulation qu'on
vient de décrire est posé à angle droit avec les
articulations précédentes, c'est-à-dire, que les
petites plaques y sont posées horizontalement,
les cloux qui les traversent étant verticaux. Ces
articulations, dont l'objet principal était de rendre la chaîne propre à être réduite dans un petit
espace, en repliant sur elle - même à chaque
sixième chaînon, ont aussi servi à adapter sur
la surface horizontale qu'ils présentaient, de
petites pièces circulaires en cuivre, sur lesquelles on a gravé les chiffres 1, 2, 3, etc. jusqu'à 9, marquant les parties décimales de la longueur totale : ainsi l'articulation du milieu qui
séparait le 50ᵉ chaînon du 51ᵉ, portait le chiffre 5.

Cette chaîne a cent pieds de longueur, y compris les deux mains ou anneaux extrêmes de cui-

vre ; à l'extrémité de chaque main, il y avait des trous demi-circulaires, de même diamètre que les fiches ou petits piquets d'acier qu'on devait planter successivement dans le terrain, pour servir à compter le nombre des chaînes lorsqu'on mesurerait à la manière ordinaire.

L'usage de cette chaîne fit bientôt connaître combien sa construction était parfaite : elle pèse environ dix-huit livres ; et quand elle est pliée, elle se renferme aisément dans une boîte de quatorze pouces de long, huit pouces de large, et autant de hauteur.

Je finirai cet article par la description d'une chaîne propre à remplacer une corde de grue ou de cabestan, qui s'enroulera beaucoup plus facilement autour du treuil, et levera sans se fatiguer les plus grands poids : cet avantage est inappréciable dans plusieurs machines, sur-tout dans les pompes à feu et dans les machines hydrauliques, où l'humidité roidit et détruit bientôt les meilleures cordes.

La forme des mailles se conçoit aisément par la seule inspection de la figure 7, pl. v, où on voit la manière de les construire.

Il y a un grand défaut dans la confection de toutes les chaînes ; il provient du grand nombre de soudures qu'on est obligé de pratiquer pour fermer les mailles : d'ailleurs, les chaînes sont faites en général avec du fer de fonderie, de la qualité duquel on n'est pas toujours sûr, ce qui entraîne des accidens funestes par la rupture des mailles, sur-tout lorsqu'on les emploie dans les travaux des mines.

La Société d'encouragement de Londres a donné, il y a quelques années, une récompense à M. Hancock, pour la nouvelle chaîne dont je parle, et qui était débarrassée de ces inconvéniens.

La forme de ses mailles permet de ployer la chaîne en tous sens, et sa manière de préparer le fer, détruit l'inquiétude qu'on peut avoir sur sa solidité. A cet effet, il fait passer à la filière et à froid le fer destiné à la confection de ces mailles : la tension considérable qu'éprouve le métal fait que la moindre paille se découvre, et le plus léger défaut fait rompre le fil, ou plutôt la tringle.

L'épaisseur de trois huitièmes de pouce suffit pour en fabriquer une chaîne propre à enlever les plus grands fardeaux.

La bonté et la solidité des chaînes ont été constatées d'une manière authentique. M. Hancock en a fabriqué de toute dimension. Une chaîne de deux cent treize pieds, dont la tringle avait à peine trois huitièmes de pouce, mesure anglaise, ne pesait que deux cent seize livres ou environ, une livre par pied, et elle levait des poids de deux miliers avec aisance.

Chanfrein. s. m. Petite surface formée par

l'arête abattue d'une pierre, ou d'une pièce de bois.

Chantepleure. s. f. Espèce de barbacane ou ventouse, pour servir, dans un mur de soutenement en chaussée, à l'écoulement des eaux.

Chantignole. s. f. Petit corbeau de bois, sous une moise dans un pont de bois, etc., entaillé et chevillé, afin d'assurer une palée de pont. *Voyez* article *Pont.*

Chapeau. s. m. Une pièce de bois attachée avec des chevilles de fer, sur la couronne d'une file de pieux, soit dans un batardeau, soit dans une chaussée ou pont de charpente : en général, c'est la dernière pièce de bois horizontale ou de niveau, qui termine ou couronne un pan de bois.

Chapelet. s. m. Se dit d'une pompe qui va par le moyen d'une chaîne sans fin, garnie de godets ou de clapets qui trempent dans l'eau, et se remplissent avant que d'entrer dans un tuyau creux, d'où ils sortent par l'autre bout, et se vident dans le réservoir. Comme il est nécessaire que ces godets entrent un peu juste dans le tuyau montant, il se fait plus de frottement dans ces pompes que dans toutes les autres. Cette chaîne est écartée dans son chemin, et pour entrer perpendiculairement dans le tuyau montant et pour se vider dans le réservoir, il faut qu'elle tourne et s'accroche sur deux hérissons ou rouets à crocs, placés à ses extrémités ; son mouvement doit être plus accéléré qu'aux autres pompes, pour ne pas donner à l'eau le temps de descendre. (*Voyez* au mot *Epuisement*, où je traiterai plus particulièrement du chapelet et de toutes les autres machines qui peuvent le remplacer.)

Chariot. s. m. Je comprends dans cet article toutes les machines qui servent à traîner, comme charrette, brouette, traîneau, etc.

L'usage des voitures roulantes destinées à transporter de lourds fardeaux est si ancien, qu'il serait étonnant qu'elles n'eussent pas toute la solidité qui leur est nécessaire, et toutes les commodités qu'on en peut attendre.

On peut bien penser que les Egyptiens en firent usage dans les grands travaux qu'ils exécutèrent.

Je ne parlerai point des chariots ou chars qui servaient à transporter les hommes, et qui étaient connus chez les Romains sous le nom générique de *currus* ou *carrus* : ils s'appelaient *biges*, *triges* ou *quadriges*, selon le nombre de chevaux qui les tiraient, et qui étaient ordinairement attelés de front : on y en attelait même jusqu'à dix ; mais ces derniers attelages ne servaient que pour les cirques ou les triomphes.

On connaissait aussi le *rheda*, nom gaulois. Selon Quintilien, c'était un char à quatre roues: on s'en servait, comme on se sert aujourdhui des voitures publiques : il allait à huit chevaux, et quelquefois à dix. Ces chevaux étaient deux à deux.

Nous tenons donc de nos ancêtres l'art de voyager commodément ; mais ils n'avaient pas, comme nous, ces voitures suspendues sur des ressorts, qui nous balancent mollement, et nous empêchent de ressentir le choc des aspérités que présentent les voies publiques.

Je ne parlerai que des voitures ou machines propres à transporter les fardeaux, ce qu'on appelait chez les Latins *plaustrum*. C'était une espèce de charrette ou fourgon à deux roues, et quelquefois à quatre, qui servait à porter des charges.

Les anciens connaissaient aussi l'usage des petits chariots à une roue, que nous appelons *brouette*, et qui ne portaient, comme aujourd'hui, que de petites charges.

Les traîneaux étaient aussi connus des Grecs et des Romains; nous nous en servons aujourd'hui, et l'on a voulu même se persuader que leur usage était préférable à celui des voitures à roues. Je vais, à ce sujet, rapporter quelques réflexions de M. Couplet.

Un traîneau, sur un plan horizontal parfaitement dur et poli, sera mu par la moindre puissance, quelle que soit la charge du traîneau.

Une charrette dont les roues seraient parfaitement dures, polies et cintrées, roulant sur un plan horizontal parfaitement dur et poli , serait aussi mue par la moindre puissance , quelle que soit la charge de la charrette.

Mais il s'en faut beaucoup que les charrettes, les traîneaux et les chemins aient la perfection dont nous venons de parler.

Les roues des charrettes ne sont pas parfaitement rondes, les clous de leurs bandes y font même des éminences, qui obligent la charrette et sa charge à s'élever ; les chemins sont remplis de tant d'éminences et d'ornières , qu'on est obligé d'appliquer aux charrettes et aux traîneaux un nombre considérable de chevaux pour les traîner.

Ce nombre de chevaux ne peut donc point être déterminé par la charge seule de la voiture, il faut encore avoir égard aux chemins par lesquels elle doit passer.

En troisième lieu, il faut faire attention à la longueur des traits du dernier cheval de volée ; car nous ferons voir, dans la suite, que plus il faudra de chevaux pour le tirage , plus les traits de ce dernier cheval doivent être longs, pour qu'ils puissent résister à la charge qu'il aura à supporter.

La comparaison de la charrette et du traîneau mérite encore quelques attentions.

M. Duquet a présenté à l'Académie un modèle de charrette posée sur un terrain incliné , sur lequel il y avait des inégalités, comme il s'en trouve sur un chemin pavé, et cette charrette tirée par une certaine puissance n'a pu monter ce chemin incliné.

La même charrette, devenue traîneau par la suppression de ses roues et de son essieu, étant posée sur le même chemin, et tirée par la même puissance, a facilement monté le chemin.

L'auteur, fondé sur cette expérience, a prétendu que l'usage du traîneau était préférable à celui des autres voitures portées sur des roues ; mais au lieu de conclure comme il a fait, examinons ce qui est arrivé dans sa propre expérience.

1° La puissance (fig. 1, pl. x) qui a fait monter ce traîneau, agissait suivant une direction FB (fig. 2), presque parallèle au plan incliné CB, et cette même puissance qui n'a pu faire monter la charrette, agissait suivant une direction AB, fig. 1, inclinée au même plan CB.

2° Le traîneau n'étant autre chose que la charrette dont on avait ôté l'essieu et les roues, était beaucoup plus léger que la charrette : on avait donc donné au traîneau deux avantages sur la charrette.

On a donné le premier avantage au traîneau, en le tirant suivant la direction la plus avantageuse ; savoir, suivant la direction parallèle au plan.

On a donné au traîneau le second avantage sur

la charrette, en le faisant plus léger qu'elle : il n'est donc pas étonnant que la même puissance P qui a enlevé le traîneau n'ait pu enlever la charrette.

L'expérience même a fait voir que le traîneau n'avait point d'autres avantages sur la charrette, que ceux qu'on lui avait donnés ; car ayant ôté au traîneau le second avantage, c'est-à-dire, l'ayant chargé de roues et de l'essieu pour le rendre aussi pesant que la charrette, la puissance P qui n'a pu monter la charrette, et qui avait pu monter le traîneau sans être chargé des roues et de l'essieu, n'a pu monter le traîneau quand il en a été chargé, quoique le traîneau eût encore sur la charrette le premier avantage, qui est celui de la direction du tirage.

Si l'on est obligé de convenir que dans les chemins pavés le traîneau a un avantage réel sur la charrette, en ce que le traîneau glisse sur le pavé comme sur un plan, au lieu que la charrette a souvent ses roues enfoncées entre deux pavés, et est obligée de monter comme sur un plan ED perpendiculaire au rayon AF, et par conséquent plus roide que le plan général du pavé FGHI, que le traîneau toucherait en ces seuls points.

Il faut aussi avouer que la charrette a un autre avantage sur le traîneau, en ce que le frottement de l'essieu de la charrette dans le moyeu de ses roues est moindre, et plus facile à vaincre que le frottement du traîneau sur le pavé.

1° Le frottement dans le moyeu des roues est moindre, parce que la surface frottante est plus petite, et qu'elle peut être enduite de graisse qui fait l'office de rouleaux entre le moyeu et l'essieu; ce que l'on ne saurait faire dans le traîneau simple.

2° Le frottement de l'essieu dans le moyeu est plus facile à vaincre que celui du traîneau sur le pavé, quand même les frottemens seraient les mêmes; car on n'a aucun levier pour vaincre le frottement du traîneau contre le pavé, et l'on a presque tout le rayon de la roue pour vaincre le frottement qui se fait dans le moyeu : de sorte que la ténacité du frottement est à la force qui peut le vaincre, étant appliquée à la circonférence de la roue, comme le rayon de l'essieu est au rayon de la roue.

Cet avantage est si considérable, qu'il compense et au-delà les désavantages que trouve la charrette dans l'inégalité du pavé.

On voit tous les jours des charrettes attelées de trois chevaux porter autant de pierres qu'un traîneau attelé de sept à huit.

Un si grand avantage de la charrette sur le traîneau pourrait passer pour un paradoxe, si la charrette n'avait d'autres avantages sur le traîneau que la facilité de vaincre le frottement.

On est assez porté à croire que cet avantage

est compensé et détruit par les difficultés que la charrette trouve à passer par-dessus les éminences du pavé; mais cette difficulté même qu'elle trouve dans son chemin, se compense en partie par les avantages qui la suivent.

Si la charrette trouve quelques difficultés à monter l'éminence d'un pavé, elle trouve ensuite de la facilité à descendre de l'autre côté du pavé; elle acquiert même en le descendant, par son propre poids, une force capable de lui faire monter une partie de l'éminence du pavé suivant, et, cette force acquise, aidée de la puissance moyenne des chevaux, suffira pour monter ce pavé en entier, quoique cette puissance moyenne des chevaux ne soit point seule capable de le lui faire monter. Ainsi, une charrette en repos, prête à monter l'éminence d'un pavé, ayant reçu, pour la mettre en mouvement, un coup de collier plus vif que la force moyenne des chevaux, n'a plus besoin dans la suite que de cette force moyenne pour continuer son mouvement. La charrette trouve donc souvent des avantages dans les difficultés même qu'elle rencontre; ce qui n'arrive point dans le traîneau, qui a besoin d'une puissance presque toujours égale à celle qui a commencé à le mouvoir.

C'est donc une erreur de dire que le traîneau est plus avantageux que les voitures ordinaires.

Je ne prétends pas détruire les avantages du

traîneau ; je sais qu'il en a de réels : mais ces avantages ne consistent pas dans la facilité du transport des marchandises , ils consistent seulement
dans leur sûreté. Quantité de corps arrivent sans
accident au lieu de leur destination, qui ne pourraient soutenir les cahots d'une charrette.

Les réflexions de M. Couplet sur la charrette
et sur le traîneau , lui ont donné occasion de faire
quelques observations sur le tirage des chevaux
attelés, et je crois que c'est ici le moment d'en
donner un extrait.

Pour faire tourner et avancer une roue sur un
terrain supposé horizontal et uni , il faut que
tandis qu'un des rayons de la roue est posé verticalement sur ce terrain , où il est attaché par
tout son poids, une puissance appliquée au centre
de la roue, où est l'extrémité supérieure de ce
rayon, la tire à elle, de façon que l'extrémité inférieure se détache du point du terrain qui était le
point d'appui du rayon. Si la puissance tire obliquement , ce qui est le cas général , la perpendiculaire tirée du point d'appui sur cette direction
oblique sera, comme on doit le savoir, la distance
de l'action de la puissance au point d'appui, ou bien
le bras du levier par lequel elle agira : et plus ce
bras sera long , plus elle agira avantageusement.
Afin que ce bras du levier soit le plus long qu'il est
possible pour une direction oblique , il faut , le
point d'appui étant connu au sommet d'un angle

I. 20

formé par une horizontale et une verticale , et la direction oblique étant l'hypothénuse de cet angle droit ; il faut, dis-je, que cette hypothénuse fasse avec chacun des deux autres côtés un angle de 45 degrés : car alors il est démontré que la per-pendiculaire tirée du sommet de l'angle droit sur cette hypothénuse, sera plus grande que toute autre perpendiculaire tirée sur la même hypothénuse autrement posée : il est très-aisé de s'en convaincre même à l'œil.

La direction de la puissance étant selon cette hypothénuse supposée, il est bien certain qu'il n'y a qu'une moitié de son effort employée à tirer la roue horizontalement, et que l'autre moitié l'est, ou à porter une partie du poids de la roue et à la soulever, si la puissance agit de bas en haut, ou à presser cette roue contre le terrain et à l'y ap-pliquer plus qu'elle ne l'était déjà par son propre poids, si la puissance agit du haut en bas. Le le-vier est le plus avantageux pour produire un mouvement composé de l'horizontal et de l'un ou de l'autre de ces deux verticaux; mais quand on veut faire rouler une roue , ou ne lui donner qu'un mouvement horizontal, qui ne coûterait absolument rien , si le terrain était parfaitement uni, et qui ne demande de la force qu'à cause des inégalités de ce terrain et des frottemens qu'il faut vaincre , on est bien éloigné de chercher à soutenir une partie du poids de la roue , ou à l'appliquer davantage contre le plan. Il ne faut donc pas que la direction de la puissance soit oblique au plan, mais parallèle ; et comme alors cette puissance agit toujours perpendiculairement au rayon vertical à l'extrémité supérieure duquel elle est appliquée, ce rayon est son levier naturel et nécessaire.

Un cheval tire par son poitrail, et puisqu'il doit tirer parallèlement au terrain horizontal, l'élévation de ce poitrail sur le terrain doit être aussi celle du centre de la roue ou la longueur des rayons, et celle du levier de la puissance. De là il suit que tout le reste étant égal, le cheval le plus haut est le meilleur ; il permettra que la roue ait un plus grand rayon, si on la règle sur lui, et il se donnera à lui-même un plus grand levier. Il ne s'agit ici que des voitures qui n'ont que deux roues égales, comme les charrettes.

Si la charrette rencontre en son chemin quelque éminence d'une certaine hauteur verticale, par-dessus laquelle elle doive passer, la puissance des chevaux qui aurait suffi pour faire avancer la charrette horizontalement, ne suffira plus pour lui faire surmonter cette éminence ; M. Couplet détermine géométriquement quelle doit être en ce cas la puissance agissant toujours selon une direction horizontale. Cela se trouve aisément par le rapport des leviers, dont l'un est celui de la charge totale de la charrette, l'autre de la puis-

sance, tous deux ayant pour appui le point le
plus élevé de l'éminence, et étant supposés en
équilibre.

L'usage commun est que le centre de la roue
soit un peu plus bas que le poitrail du cheval :
moyennant quoi, le triage, qui ne perd guère
de son parallélisme au terrain, gagne pourtant
assez de direction verticale pour soutenir et soulever la charge de la charrette autant qu'il est nécessaire à la rencontre des obstacles médiocres.

Lorsqu'au lieu d'une charrette on place un
traîneau, alors le cheval ne peut plus tirer parallèlement au terrain : il tire de bas en haut, selon
une direction oblique, dans laquelle entre nécessairement du vertical, et par conséquent il soutient une partie de la charge du traîneau ; mais
aussi comme il le soulève d'autant, il en diminue
le frottement contre le terrain. Ce qu'il y a de
vertical dans cette direction oblique est d'autant
plus grand, que le traîneau a sa surface supérieure
plus élevée au-dessus du terrain et que les traits
du cheval sont plus courts ; car ils sont plus près
d'être verticaux. Si les traits étaient infiniment
longs, le tirage deviendrait parallèle au terrain,
et le cheval ne porterait plus rien de la charge
du traîneau.

Les charrettes les plus avantageuses pour le
tirage et pour la commodité ne sont pas celles
dont les roues sont les plus hautes, et où le ti-

rage donné de longueur tire suivant la direction
la plus avantageuse ; il faut tout combiner dans la
construction d'un instrument dont l'usage est fréquent : on a non seulement égard à la conservation et à la commodité des animaux qu'on emploie, mais encore au coût et à la solidité de la
voiture.

L'usage ne donne que six à sept pieds de diamètre aux plus grandes roues : par là le poitrail
du cheval se trouve un peu au-dessus du centre
de l'essieu, et par conséquent le tirage a pour
levier presque tout le rayon de la roue.

Une question qui a été traitée par plusieurs savans, et qui a un grand rapport avec la conservation des chemins, est celle de la forme la plus
convenable à donner aux jantes des roues : Doi-
vent-elles avoir de la ressemblance avec le cylindre ou le cône? Pendant très-long-temps les
jantes coniques ont été préférées, au grand préju-
dice des routes; mais enfin on a reconnu cette
erreur, et aujourd'hui les roues cylindriques sont
adoptées généralement. Il est par conséquent
inutile d'entrer dans des détails sur les motifs qui
ont déterminé ce changement si avantageux. On
sait que les propriétés du cylindre sont confirmées
dans la pratique par l'effet des rouleaux ou des
cylindres de fonte sur les promenades publiques
ou les allées des jardins. Ils les rendent compactes, dures, unies et imperméables aux eaux plu-

viales ; ils les mettent conséquemment à l'abri des dévastations des fortes gelées. Ils ne brisent ni ne broient le gravier, sur-tout la première fois qu'on les roule, et dès qu'on a aplani et uni la surface.

Si l'on coupe un cylindre transversalement en plusieurs tronçons, chaque tronçon possédera toutes ces propriétés ; et si les jantes d'une roue de voiture sont exactement de la même forme, elles doivent aussi les avoir : de sorte qu'en roulant sur une route, elles produiront le même effet que le cylindre avec lequel on aplanit les allées de jardin.

Quand on combine les roues avec les jantes cylindriques par un axe, la tendance de chacune étant de s'avancer en ligne droite, elles marchent dans cet état de combinaison avec autant d'harmonie et d'unité, que quand elles formaient des portions du cylindre primitif ; elles ont la même facilité dans le mouvement, facilité si favorable aux bêtes de trait ; elles possèdent aussi les propriétés dont nous avons parlé, et qui sont si utiles à l'entretien des routes. Il n'y a pas plus de frottement dans cette rotation simultanée de deux roues appliquées au même axe, que si chacune d'elles roulait séparément.

Enfin, toutes les propriétés du cylindre dépendant totalement de l'égalité de chaque portion de son diamètre, et conséquemment de l'égalité de vitesse dans chaque partie de sa circonférence, lui sont propres et particulières ; et il est impossible d'obtenir les mêmes avantages de toute autre forme dans la circonférence d'une roue. Examinons un instant l'effet des jantes coniques, en roulant sur des rues pavées : elles paraissent avoir été construites pour en assurer la destruction.

Supposons que le plus grand diamètre d'une large roue conique porte sur un pavé, et le plus petit diamètre sur un pavé adjacent : l'un sera poussé en arrière et l'autre en avant par l'effort des chevaux qui tirent le chariot ; et si cette force est assez considérable pour ouvrir le joint qui les rassemble, de manière que l'eau puisse s'y introduire, le mal est fait et s'étend bientôt à toute la chaussée. Cet effet des roues coniques a lieu d'une manière si peu apparente, qu'on s'en aperçoit à peine ; mais il n'existe pas moins. Les jantes cylindriques non seulement éviteront ces inconvéniens, mais contribueront même à l'amélioration des rues ou chaussées pavées, en produisant par-tout où la roue passera l'effet de la demoiselle, c'est-à-dire, en les rendant plus compactes et plus solides.

Je crois devoir placer ici l'Instruction envoyée aux ingénieurs, le 25 juin 1807, par M. le directeur-général des ponts et chaussées. Cette instruction confirme ce que je viens de dire, et prouve la vive sollicitude de l'administration des ponts et chaussées pour tout ce qui intéresse le service public.

« Depuis long-temps on s'afflige des effets que produisent sur les routes le chargement excessif et l'usage des roues à bandes et à jantes étroites.

« Les chaussées les plus solidement construites sont sillonnées par des masses qui ne portent que sur une surface étroite, et la font céder à la force de la pression.

« Le Gouvernement, qui ne néglige aucune des parties de l'administration publique, s'est occupé de la réforme de cet abus. Les lois du 29 floréal an 10, du 7 ventose de l'an 12, les décrets impériaux du 4 prairial de l'an 13 et du 23 juin 1806, ont introduit un nouveau système. Des expériences ont été faites avec soin ; elles avaient pour objet de trouver la largeur la plus convenable à donner aux jantes d'après les effets de la pression de divers points sur des surfaces données.

« Le résultat de ces expériences a fait connaître les dimensions qui réunissent le mieux les deux avantages qu'il fallait obtenir : diviser le poids sur une plus grande surface, et ne pas augmenter le frottement de manière à gêner la marche des voitures.

« Votre zèle et l'importance des mesures dont la surveillance vous est confiée, sont de sûrs garans des soins que vous mettrez à faire exécuter les lois sur le roulage.

« Quelques-unes de leurs dispositions ont donné lieu à des doutes que je désire faire cesser. Je vais donc entrer dans quelques développemens.

« Les lois du 29 floréal an 10 et du 7 ventose an 12 n'avaient reçu que peu d'exécution : elles annonçaient des ordres ultérieurs du Gouvernement ; le décret impérial du 23 mai 1806 est le complément de ces lois.

« L'article 8 de la loi du 7 ventose an 12 a ex-
« cepté des dispositions relatives aux jantes larges,
« les voitures employées à la culture des terres,
« au transport des récoltes et à l'exploitation des
« fermes. »

« Le Gouvernement a été chargé de régler le poids de ces voitures pour les cas où elles emprunteraient la grande route ; l'article 8 du décret du 23 juin 1806 a fixé ce poids à 4,000 kilogrammes au plus.

« De nombreuses explications ont été demandées sur ce que l'on devait entendre par voitures employées à la culture des terres, au transport des récoltes, à l'exploitation des fermes.

« Avant de décider sur les cas particuliers, il faut bien se pénétrer du but essentiel que l'on a voulu atteindre en proscrivant les roues à jantes étroites. On a regardé ce moyen comme le plus sûr pour empêcher la dégradation des routes ; et

certes l'agriculture est ici la première intéressée :
c'est donc la favoriser que de réduire les excep-
tions le plus possible.

« Je sais ce que l'on peut dire de l'état des chemins vicinaux, que les voitures en question sont
obligées de parcourir avant d'atteindre les grandes routes. Il est beaucoup de ces chemins , sans
doute , où , dans leur état actuel, les roues à
larges jantes circuleraient difficilement ; mais il
en est un plus grand nombre que l'usage seul de
ces voitures, commencé dans la belle saison,
rétablirait entièrement. C'est une grande erreur
de croire que le frottement dans un mauvais chemin est plus grand, et cause plus de résistance
avec de larges jantes qu'avec des jantes étroites.
Les jantes larges ne touchent le sol que par le
plan de leur circonférence , tandis qu'avec des
jantes étroites qui s'enfoncent dans les ornières ,
le frottement a lieu encore sur les deux faces des
bandes, et bien souvent sur les rayons.

« Dans le petit nombre de chemins où la largeur et la profondeur des ornières sont telles,
que les larges jantes elles-mêmes s'y enfonce-
raient, les prescrire sera forcer la commune à
de premières réparations, que cet état de choses
prouve être devenues indispensables, et qui seront faites une fois pour toujours.

« Je pense donc que , dans tous les cas, il est
essentiel de ne point user d'une tolérance dont

les effets seraient déplorables , et de ne point
étendre la mesure d'exception qui autorise certaines voitures à ne prendre de larges jantes que
lorsque leur poids, chargement compris, excède
4,ooo kilogrammes.

« On a voulu comprendre parmi les voitures
employées au transport des récoltes celles qui
transportent les grains, les farines, les fourra-
ges, etc., après que ces objets ont été livrés au
commerce. C'est évidemment une interprétation
abusive , et dont l'extension n'aurait plus de
bornes. Les vins de Bordeaux sont une récolte ;
ils pourraient donc arriver à Paris sur des voitures d'exception.

« Le transport des récoltes s'entend du transport de l'objet recueilli, du lieu de la culture chez
le colon ou chez le propriétaire.

« Quant aux voitures employées à la culture des
terres, à l'exploitation des fermes, on a demandé
si ces voitures ne pouvaient pas occasionelle-
ment servir à des transports, sans être assujéties
à avoir de larges jantes. Je ne le pense pas : elles
ne sont exceptées que lorsqu'elles servent à la
culture ou à l'exploitation ; et les fermiers ou les
propriétaires qui voudraient, dans certains cas
ou dans certaines saisons , employer leurs voitures à des transports quelconques, devront en
avoir de deux espèces, ou mieux encore employer
peu à peu dans leurs travaux les voitures à jantes

larges. Plusieurs cultivateurs s'en servent déjà,
et se félicitent de ce que leurs prés, leurs champs,
leurs bois éprouvent moins de dégâts, de ce que
leurs voitures nouvelles passent dans des lieux où
les anciennes s'enfonçaient sans pouvoir les franchir.

« La contravention relative à la longueur des essieux n'entraîne point le bris des roues, qui ne
remédierait point à ce vice de construction, et
qui d'ailleurs n'est point ordonné par l'article premier du décret du 23 juin, puisque dans la loi
du 7 ventose an 12, que rappelle cet article, la
circulation n'était interdite que pour les contra-
ventions à la largeur des jantes.

« Il en sera de même pour les clous à tête de
diamant, ou pour ceux qui ne seraient pas rivés
comme le prescrit l'article 18; mais vous obser-
verez, à ce sujet, qu'un abus plus grand encore
que celui des clous à tête de diamant paraît s'introduire : c'est celui des bandes ayant deux parties
saillantes dans toute leur circonférence, et très-
étroites, qui tendraient à tailler et broyer les
pavés ou les matériaux employés sur les routes.
Ces jantes doivent être proscrites et les contra-
ventions punies des mêmes peines prononcées
contre les jantes étroites.

« Pour faciliter les diverses vérifications prescrites, j'ai donné des ordres afin qu'il vous soit
envoyé des jauges dans les dimensions réglées.

« Il sera essentiel que vous fassiez fabriquer un certain nombre de ces jauges, afin qu'elles se multiplient et qu'elles deviennent une règle aussi connue qu'elle doit être générale.

« L'article 26 distingue parfaitement les voitures militaires, qui sont exceptées, de celles des entrepreneurs des transports militaires, qui doivent se conformer à ce que prescrit la loi. »

On a imaginé, pour entretenir et aplanir les chemins, un chariot porté sur deux rouleaux posés de front et parallèlement l'un à l'autre, qui tournent sur deux pivots comme la roue d'une brouette. Ces rouleaux sont de fer fondu ; ils ont deux pieds six pouces de diamètre ; ils sont creux, garnis par-dedans de fortes planches, et traversés par un fuseau de fer, sur l'extrémité duquel portent les quatre planches qui soutiennent le corps de la charrette : quoiqu'elles n'aient que deux pouces d'épaisseur, elles sont si bien emboîtées, qu'on peut mettre dessus tel fardeau que l'on veut. Les bouts des pivots tournent dans une crapaudine carrée, de manière qu'on peut les graisser aisément ; mais il faut le faire souvent, surtout à l'égard des pivots intérieurs, qui travaillent le plus : ces rouleaux facilitent le mouvement de la charrette, lorsque le terrein est ferme et uni, et aplanissent et affermissent les chemins par lesquels ils passent, de même que les ornières. Il est vrai que ces rouleaux sont bas, mais la petitesse des pivots diminue le frottement; ce qui est un avantage considérable.

Il y a derrière chaque rouleau un coutre, dont l'usage est de détacher l'argile qui peut s'y être attachée.

Le corps de la charrette n'étant élevé que de deux pieds (0,812) six pouces au-dessus de la terre, en devient plus aisé à charger.

Les rouleaux, en y comprenant les pivots, ne pèsent guère plus que la moitié des roues ordinaires : on peut s'en servir avec un seul timon, et les employer à différens usages, en faisant quelques changemens au corps de la charrette.

Il est donc certain que les roues cylindriques conviennent le mieux pour l'usage des voitures sur les grandes routes ; mais une considération importante et presque toujours négligée dans les voitures de commerce, est la nécessité de faire coïncider, autant que faire se peut, le centre de gravité de la voiture et de sa charge avec celui du cheval qui traîne. Dans la disposition actuelle, une portion de l'effort est destinée à des fonctions qui surchargent celle du tirage. La mode a heureusement corrigé ce défaut dans les voitures de luxe : dans celles de commerce ou de travaux, il existe dans toute son intégrité. Ce serait cependant une construction facile et peu dispendieuse, celle de placer l'échantignole dessus l'essieu et le brancard en-dessous, en assurant le tout par des boulons et les équerres convenables. Par cette disposition, le plancher de la voiture pourrait être baissé à volonté ; le chargement serait plus facile et la voiture moins versante. Cet abaissement a toutefois des limites ; elles sont fixées par l'enfoncement des roues dans les terres mobiles, et par la profondeur des torrens guéables. L'élévation du centre de gravité nuit à l'animal qui traîne et à la conservation des roues et des chemins. Il serait peut-être essentiel que les lois prescrivissent des dispositions pour cet objet, que je crois presqu'aussi important que celui de prévenir l'incision occasionée par des jantes trop étroites lorsqu'elles supportent de grands fardeaux. *Voyez* le décret impérial du 23 juin 1806, *Police des routes.*

M. de Fossombroni publia en 1796 un mémoire sur le principe des vîtesses virtuelles. Je ne rapporterai point toutes les hypothèses de ce savant, qui n'entrent point dans le plan de mon ouvrage ; mais il termine son mémoire en proposant deux changemens applicables au mécanisme des voitures de commerce, changemens que je crois fondés au moins dans la première espèce.

Il pense que l'essieu doit adhérer au système des roues et tourner avec elles. La préférence qu'il donne à cette méthode sur celle de faire tourner les roues autour d'un axe immobile est motivée par le raisonnement suivant : lorsque l'essieu est attaché au cadre du chariot et qu'il traverse une roue qui tourne sur lui, celle-ci est essentiellement sollicitée au mouvement par la pression que l'essieu exerce sur un point de la demi-circonférence inférieure dans la boîte qui embrasse la fusée ; que si l'axe fixée dans la roue traverse une cavité circulaire pratiquée dans le chariot, les roues reçoivent alors la principale impulsion de rotation par la pression que le corps de la voiture exerce sur un point plus élevé dans la circonférence de l'axe. Or, dans cette deuxième hypothèse, la distance entre deux points plus ou moins élevés à l'horizon, étant dûment comparée avec le rayon de la roue, fournit un avantage assez remarquable dans plusieurs circonstances.

Le second changement projeté par M. de Fossombroni est relatif à la disposition des roues : il propose l'idée d'un chariot à trois roues ; je ne parlerai point de ce changement, qui ne me paraît ni fondé, ni utile.

Je finirai cet article par la description d'un petit chariot qui offre un moyen économique de transporter les pierres taillées.

Ce chariot est de l'invention de M. Giraud, architecte, qui paraît l'avoir employé utilement dans différens ateliers.

On sait, dit M. Giraud, que les chariots ordinaires sont très-lourds, qu'ils forment des ornières dans les chantiers, que les roues s'y enfoncent, sur-tout en temps de pluie, au point de ne pouvoir les en tirer qu'à force de bras et souvent même à l'aide de chevaux : on sait encore qu'un chariot de cette espèce coûte de 150 à 200 francs et quelquefois plus. On peut se procurer le petit chariot pour 50 à 60 francs, selon les dimensions, et il fait un service presque double du précédent. Avec lui on va chercher les pierres dans le chantier, on les pose facilement sur son plateau, on les conduit en un clin-d'œil auprès du bâtiment ; la chèvre ou la grue l'enlève avec elles jusqu'à la hauteur où elles doivent arriver ; il les mène sur la place sans effort, sans secousse, sans danger ; on n'a pas besoin de les lancer, et on économise les deux tiers du temps que les procédés connus nécessitent.

J'en donne l'explication. *Voyez* la pl. XXXI.

A. Plateau de 4 pieds (1,30) de long, 2 pieds (0,65) de large et 2 pouces (0,50) d'épaisseur.

B. Rouleaux de bois dur, tels que de frêne, de gayac ou d'orme : ils auront 5 ou 6 pouces (0,135 ou 0,162) de diamètre, et en longueur celle de la largeur du plateau.

C. Supports en fer à cheval au-dessous du plateau, et à pattes sur la face, entaillés et fixés avec des vis à tête carrée d'un bout et à l'écrou de l'autre. Ces supports seront percés sur leur hauteur, à une distance telle que le bout de l'essieu de fer, carré dans la longueur du rouleau, et arrondi à ses extrémités comme les essieux des voitures, laisse un intervalle de 6 lignes (0,013) de jeu entre le plateau et le

I. 21

rouleau. Le tout sera garni d'un coussinet en cuivre.

D. Barre à queue, au-dessous du plateau.

E. Boulon à tête carrée et à écrou, pour consolider les barres à queue.

F. Plates-bandes de fer, coudées à talon, entaillées et attachées avec des vis, pour résister aux coups de pierre, préserver le chariot de leurs secousses, et empêcher l'écartement du plateau.

G. Poignées de fer à crochet entaillées aux quatre coins du plateau, servant à attacher les bricoles pour le roulage des pierres jusqu'au bâtiment, et à les conduire sur place quand elles sont arrivées sur le tas.

H. Brayer, ou cordage, passant sous le plateau entre les barres à queue et les rouleaux, et dont les quatre bouts se réunissent, en forme d'encensoir, à l'*S* fixé au gros câble de la chèvre ou de la grue.

I. Gros câble.

K. Pierre taillée, posée dans le plateau, et montant sur le tas avec le chariot.

Châssis. s. m. Espèce de carré composé de quatre tringles de bois assemblées, dont l'espace intermédiaire est divisé par des fils en plusieurs petits carrés, semblables aux mailles d'un filet. Il sert à réduire les dessins du grand au petit, et du petit au grand. Voyez *Calquer.*

Châtaignier. s. m. Cet arbre, par sa nature et son utilité, doit tenir le premier rang parmi les arbres destinés à la charpente, et ce n'est qu'au chêne seul qu'il doit céder, quoiqu'à quelques égards, il ait des qualités qui manquent au chêne. L'accroissement du châtaignier est du double plus prompt, il jette plus en bois, il réussit à des expositions et dans des terrains moins bons, et il est bien moins sujet aux insectes : on voit beaucoup d'anciennes charpentes en châtaignier qui semblent sortir des mains de l'ouvrier.

Chauffournier. s. m. Le chauffournier est l'ouvrier qui prépare la chaux vive, en faisant calciner des pierres propres à se convertir en chaux, dans un four pratiqué pour cet usage.

Pour construire ce four, on commence par jeter des fondemens solides, qui embrassent un espace de douze pieds en carré ; on élève ensuite sur ces fondemens la partie de l'édifice qu'on nomme proprement le *four* ou la *tourelle.* A l'extérieur, la tourelle est carrée, et ce n'est qu'une continuation des murs dont on a jeté les fondemens ; ces murs doivent avoir une épaisseur capable de résister à l'action du feu qu'on doit y allumer à l'intérieur : la tourelle a la figure d'un sphéroïde alongé, tronqué par ses deux extrémités ; elle a 12 pieds (3,898) de hauteur, quatre pieds et demi de diamètre au débouchement qui est sur la plateforme, c'est-à-dire, à la distance de neuf pieds au milieu, et 6 pieds (1,949) au fond : on unit la maçonnerie de quatre pieds-droits avec celle de la tourelle ; on pratique un trou d'un pied de diamètre, qui répond au milieu d'une petite voûte de 4 à 5 pieds (1,624) de hauteur, sur 2 pieds (0,650) de largeur, ouverte des deux côtés du nord au sud, et descendant au-dessous du niveau du terrain de 6 (1,949) à 7 pieds (2,274) : on appelle cette voûte l'*ébraisoir*. Pour pénétrer dans l'ébraisoir, on déblaie la terre de deux pieds à son entrée, en pente douce et dans une largeur convenable, et on élève toute cette terre en glacis, afin de pouvoir monter facilement au haut de la plate-forme. Depuis le rez-de-chaussée jusqu'au haut de la plate-forme, on pratique une petite porte cintrée de 5 pieds (1,624) de hauteur sur deux de largeur, pour entrer dans la tourelle.

Le four étant ainsi construit, on amasse à l'entour les pierres qu'on se propose de convertir en chaux, on choisit les plus grosses et les plus dures, et l'on forme au centre de la tourelle une espèce de voûte sphérique de six pieds de hauteur, laissant entre chaque pierre un intervalle de deux ou trois pouces.

Autour de cet édifice, on place d'autres pierres, et l'on continue de remplir la tourelle, en observant de placer toujours les plus grosses et les plus dures le plus proche du centre, et les plus petites et les moins dures sur des lignes circulaires plus éloignées, et ainsi de suite : en sorte que les plus tendres et les petites touchent la surface convexe de la tourelle. On achève le comblement de la tourelle avec de petites pierres environ de la grosseur du poing, qui proviennent des éclats qui se sont faits en tirant la pierre de la carrière, ou qu'on brise exprès avec la masse. On maçonne ensuite grossièrement en dehors la porte de la tourelle à hauteur d'appui, en sorte qu'il ne reste plus que le passage d'une botte de bruyères, qui a ordinairement 18 pouces (o,487) en tout sens. On finit ce travail par élever autour d'une partie de la circonférence du débouchement une espèce de mur en pierres sèches du côté opposé au vent : après quoi il ne reste plus qu'à y mettre le feu.

Chaussée. s. f. On appelle chaussée toutes sortes de chemins pavés ou non pavés, pourvu qu'ils soient bordés de fossés ou de berges, ou de murs de soutenement pour les retenir au-dessus du niveau de la campagne. Les levées de terre et turcies qui servent de chemins, et qui empêchent les rivières d'inonder les plaines, sont appelées aussi *chaussée;* mais le terme de chaussée est particulièrement applicable à l'espace bombé qui est entre les revers ou les accotemens dans une grande route, et qui est en pavé ou empierré. Voyez *Chemin.*

Chaux. s. f. Produit de la calcination des pierres et des terres calcaires.

La pierre calcaire est opaque, grenue, d'un blanc jaunâtre : elle renferme souvent des coquilles ; elle n'est point susceptible de poli ; elle est insoluble dans l'eau.

Plusieurs naturalistes pensent que la pierre

calcaire doit sa solidité et la cohérence de ses parties à une espèce de cristallisation spathique, qui a cimenté ensemble les débris des corps organisés soumarins auxquels elle doit son origine.

Les caractères extérieurs de la pierre calcaire en général sont de ne point faire feu avec le briquet, de faire effervescence avec les acides, de devenir chaux vive par la calcination, d'absorber une certaine quantité d'eau quand on l'humecte, de prendre la consistance de pâte sans avoir jamais la ductilité de l'argile et de se désunir en séchant.

Au chalumeau cette pierre se calcine, devient chaux, et acquiert la propriété de se dissoudre dans l'eau.

Les marbres ont pour base la terre calcaire, mais mêlée d'argile et de chaux de fer, excepté les marbres blancs, qui sont d'une seconde formation.

La chaux, c'est-à-dire, la terre qui, combinée avec l'*acide aérien* ou l'air fixe, constitue la terre calcaire, dépouillée de cet acide, ne contenant plus d'eau et réduite à son état de simplicité, est une substance blanchâtre; mise dans la bouche, elle développe une saveur urineuse, elle verdit même le sirop de violette, et ne fait aucune effervescence avec les acides; exposée à l'air, elle en attire l'humidité, et elle attire aussi l'*acide aérien*, disséminé dans l'atmosphère; l'humidité qui la pénètre la fait fondre, elle se gonfle, et elle se

réduit en poudre ; son poids augmente , et son
union avec l'*acide aérien* la rend effervescente
avec les acides ; elle repasse ainsi naturellement
à l'état de terre calcaire, et de chaux vive qu'elle
était elle devient chaux éteinte.

Si l'on verse une grande quantité d'eau sur de
la chaux vive , il se produit un degré de chaleur
considérable avec gonflement et bouillonnement;
le calorique qui, pendant la calcination, s'est combiné avec la chaux , se dégage , échauffe l'eau , et
la réduit en vapeur. Nous avons vu plus haut la
disposition du four et l'arrangement des pierres
préparées pour être cuites. Les choses ainsi disposées , on brûlera un quarteron ou deux de
bruyères pour ressuyer la pierre. Cinq à six
heures après , on commencera à chauffer en
règle : pour cet effet , le chauffournier dispose
avec sa fourche sur l'âtre de la tourelle une dou-
zaine de bottes de bruyères, il y met le feu , et
lorsqu'elles sont bien enflammées, il en prend une
treizième qu'il place à la bouche du four, et qui
le remplit exactement ; le feu, poussé par l'action
de l'air extérieur qui entre par les portes de l'é-
braisoir, se porte dans la tourelle par la lunette
pratiquée au centre de son âtre , saisit la bourrée
placée sur la bouche du four, coupe son lien, et
l'enflamme : alors le chauffournier la pousse dans
l'âtre avec son fourgon , l'éparpille , et en remet
une autre sans interruption de mouvement à l'em-

bouchure du four qu'elle ferme. Comme la précédente, le feu atteint pareillement celle-ci et la délie, et le chauffeur, avec son fourgon, la pousse pareillement dans la tourelle, et l'éparpille sur son âtre; il continue cette manœuvre avec un de ses camarades qui le relaie, pendant douze heures ou environ, jusqu'à ce qu'ils aient consumé douze à quinze cents bottes de bruyères. On connaît que la chaux est faite quand il s'élève au-dessus du débouchement de la plate-forme un cône de feu de 10 (3,248) à 12 pieds (3,898) de haut, vif et sans presque aucun mélange de fumée, et qu'en examinant les pierres, on leur remarque une blancheur éclatante.

On reconnaît que la chaux est bien cuite si la pierre est devenue d'un tiers plus légère après la calcination, si elle est sonore quand on la frappe et si elle bouillonne immédiatement après avoir été arrosée.

Il y a deux espèces de four à chaux : les uns sont à grande et vive flamme : on y brûle du bois, des bruyères, des genêts, du chaume, etc. : les autres ont un feu modéré et moins flambant, qu'on entretient avec la tourbe, la houille et toute autre espèce de charbon fossile, entremêlé par couche avec des pierres.

On a quelquefois confondu le plâtre avec la chaux comme ayant une même origine ou ayant la qualité des produits de la calcination, leur consistance rare et friable, leur miscibilité réelle avec l'eau et la qualité dissolvante des soufres ; mais ils ont des caractères bien distinctifs. La plupart des pierres gypseuses sont réduites en plâtre par un feu fort léger et très-inférieur à celui qu'exige la calcination des matières calcaires ; la chaux est soluble dans tous les acides, et le plâtre ne se dissout dans aucun d'eux ; le plâtre avec de l'eau pure se durcit, ce que ne fait pas la chaux, à moins qu'on n'y mêle du sable : le plâtre se durcit plus promptement que la chaux, et si on ajoute au plâtre des matières limoneuses, il devient plus dur que la chaux. La chaux ne se détruit pas par un feu violent, et quand elle est éteinte à l'air, elle reprend sa première qualité si on la fait rougir au feu : le plâtre, au contraire, est tellement détruit par un feu violent, qu'il perd son gluten, en sorte qu'il ne se lie plus avec de l'eau ; il ne reprendra pas non plus sa première qualité par une seconde calcination.

Les maçons éteignent la chaux dans de larges creux qu'ils nomment fourneaux ; ils versent de l'eau dessus, agitent la chaux avec des perches terminées par une espèce de masse ; lorsque ce mélange est en consistance de bouillie, ils le font couler dans de grands creux, qu'ils couvrent pour préserver la chaux d'une trop grande humidité.

La chaux réduite en pâte avec de l'eau ne prend point de consistance en se desséchant ; mais si on la mêle avec trois parties de recoupes calcaires, il en résulte une pierre solide ; si, au lieu d'employer de la pierre grossièrement divisée on a fait usage de marbre blanc en poudre, on obtient un stuc calcaire susceptible de poli ; si l'on mêle du sable avec la chaux éteinte, il en résulte le mortier. Voyez *Mortier.*

J'ai cru devoir donner tous ces détails sur la nature de la chaux et sa cuisson ; un ingénieur ne peut être trop instruit sur ces objets : c'est de l'ensemble des bons matériaux que dépendent les bonnes constructions.

Chemin. s. m. Quoique l'origine des grands chemins soit ensevelie dans la plus profonde antiquité, il n'est pas moins naturel de penser qu'il y en a eu dans les premiers âges du monde, et qu'ils se sont augmentés à proportion que les établissemens des hommes se sont mutipliés et étendus d'un pays à un autre. Les besoins communs leur ont successivement fait connaître la nécessité de les conserver, d'où l'on peut présumer qu'il y a eu, dans tous les temps, une administration de cette partie ; mais celle des temps reculés nous est entièrement inconnue.

Ce n'est que dans les beaux jours de la Grèce que l'on commença à sentir l'importance que l'on devait attacher aux grands chemins. Le sénat d'Athènes s'en réservait la surveillance ; Lacédémone, Thèbes, et d'autres principales villes, ne la confiaient qu'aux plus grands personnages, qui avaient sous eux un grand nombre d'officiers pour les aider dans ces importantes fonctions. Les Grecs reconnaissaient des dieux tutélaires, des voies publiques, et leur décernaient un culte superstitieux. Mercure, particulièrement, était honoré comme dieu des voyageurs, et on ne se mettait point en route sans avoir adressé ses prières à ce dieu protecteur des chemins; ce qu'il y a de singulier, c'est qu'il était aussi le dieu protecteur de ceux qui détroussaient les voyageurs. Mais les travaux et les dépenses que les Grecs auraient pu faire pour ces ouvrages, n'ont jamais répondu à toutes ces belles prérogatives. Nous ne trouvons nulle part qu'ils se soient attachés à la solidité ni aux embellissemens des grands chemins; ils ne les ont pas même fait paver, quoique les Carthaginois leur en eussent donné l'exemple.

Loin de négliger cet exemple, les Romains en ont profité avec un tel avantage, que rien n'a mieux fait connaître la grandeur et la puissance de ce peuple que les ouvrages des grands chemins : l'histoire nous en donne la tradition. Ni le temps, ni les conquérans dévastateurs n'ont pu en anéantir entièrement les preuves : ces chemins subsistent encore en partie pour nous servir de modèles et d'encouragement.

Les Censeurs ont été les premiers magistrats qui aient fait travailler aux grands chemins : c'est en cette qualité qu'Appius, surnommé l'*Aveugle*, fit faire la Voie Appienne. Les Voies Claudienne, Cassienne ont pris le nom de celui des censeurs qui y fit travailler.

Les Consuls s'emparèrent ensuite de l'administration des chemins, la regardant comme un des plus beaux privilèges de leur place. Les Voies Flaminienne et Œmilia furent construites par les ordres de Flaminius et de Lepidus, consuls.

Par la suite on créa des Commissaires, sous le nom de *Curatores viarum*, dont les seules fonctions étaient de veiller à la construction des grandes routes et à leur entretien. Jules-César fut, je crois, un des premiers honoré de ce titre; et on n'éleva par la suite à cette dignité que les hommes du plus grand mérite. Cette charge était si honorable, que Pline le jeune, tressaillit de joie en apprenant que Cornutus Tertullus, son ami, avait été constitué Curateur de la Voie Emilienne.

Les chemins des Romains ne s'étendirent pas d'abord au-delà de l'Italie, c'est-à-dire, au-delà de cette partie de terre environnée de la mer, à prendre depuis le Rubicon du côté de la mer Adriatique, jusqu'à la rivière d'Arne. Mais lorsque leurs conquêtes eurent agrandi le territoire de l'Empire, l'administration des chemins s'étendit comme l'Empire, et fut alors confiée aux gouverneurs des nouvelles provinces. Les chemins d'Italie furent faits du temps de la souveraineté du

peuple romain, et la plus grande partie des chemins des provinces ne furent exécutés que depuis
le règne d'Auguste.

Les honneurs rendus à ceux qui s'occupaient
de l'entretien des grands chemins les conduisaient, pour ainsi dire, à l'immortalité. Ces chemins prenaient ordinairement le nom de leur
auteur. On fit dresser en l'honneur de César-
Auguste, pour avoir réparé la Voie Flaminienne,
depuis Rome jusqu'à Rimini, deux arcs de triomphe, qui furent placés aux deux extrémités de son
ouvrage, l'un dans Rome sur le pont d'Antibes,
et l'autre à Rimini.

Plusieurs de ces monumens élevés à la mémoire des Empereurs qui se sont occupés des travaux publics, sont encore debout, pour attester
la reconnaissance des peuples.

Les mêmes honneurs furent accordés aux successeurs d'Auguste, Vespasien et Trajan, pour les
mêmes motifs. Ce n'était point aux vainqueurs du
monde qu'on élevait ces arcs de triomphe, c'était
aux réparateurs des grandes routes.

Lorsque Auguste eut réuni sous sa domination
tous les peuples connus, il lui restait encore à
vaincre plusieurs petites nations qui habitaient
les montagnes, pour ainsi dire, à la porte de
Rome. Les habitans de la vallée d'Aouste, connus
alors sous le nom de *Salessiens*, étaient une de
ces peuplades qui n'avaient jamais été vaincues,

parce qu'elles étaient défendues par des rochers inaccessibles ; mais Auguste qui voulait donner la paix au monde , résolut de faire pratiquer des chemins dans les montagnes pour y conduire les troupes et subjuguer ces peuples indomptés : les légions même furent employées à pratiquer ces chemins et à protéger les ouvriers. Ces chemins furent enfin tracés , taillés dans les montagnes dont la cime perçait les nues : on les suivit jusque sur la pente des monts qui descendent vers la France , et on les paracheva jusqu'à Lyon. La plus large de ces voies passait par la Tarentaise , dont les habitans s'appelaient *Centiones ;* et la plus étroite , par les monts Apennins , qui font partie des Alpes. Tous ces petits peuples furent bientôt détruits ou subjugués. Ce fut la dernière guerre que fit Auguste. Le peuple romain fit, par reconnaissance , élever à sa gloire un arc de triomphe au lieu le plus éminent des Alpes, entre le grand et le petit mont, appelé aujourd'hui *Saint-Bernard,* lieu où , après vingt siècles écoulés , un nouveau César a fait pratiquer des routes et élever des monumens qui surpassent autant en beauté et en grandeur tout ce qu'a fait Auguste, que le héros français surpasse l'empereur romain en gloire et en génie.

Agrippa , gendre d'Auguste et le premier de l'Empire , avait ce génie qui porte l'homme aux grandes entreprises ; il s'occupa principalement de la construction des grands chemins dans les Gaules, et ce fut de Lyon qu'il les fit partir, pour les diriger vers les extrémités des provinces gauloises. Quatre de ces grands chemins sont surtout remarquables par leur étendue et la difficulté de leurs passages. Le premier traversait les montagnes d'Auvergne jusqu'au fond de l'Aquitaine ; le second passait le long du Rhin, et continuait jusqu'à l'Océan ; le troisième passait à travers la Bourgogne, la Champagne et la Picardie jusqu'à l'Océan occidental ; le quatrième par la Gaule narbonnaise jusqu'au rivage de Marseille : la plupart de ces chemins subsistent encore aujourd'hui, tant ils étaient solides et bien construits.

Les chemins que les Romains firent construire en Angleterre lorsqu'ils s'en furent rendus les maîtres, étaient si étonnans par leur grandeur et leur construction, que dans la suite on a cru que c'était l'ouvrage des géans : il en est de même de ceux d'Espagne.

Il y avait aussi des chemins de communication de l'Italie aux provinces orientales de l'Europe par les Alpes et la mer de Venise : Aquilée était la dernière ville de ce côté : c'était le centre de plusieurs grands chemins, dont le principal conduisait à Constantinople. D'autres moins considérables se répandaient dans la Dalmatie, la Croatie, la Hongrie, la Macédoine, etc. L'un de ces chemins s'étendait jusqu'aux bouches du

Danube, arrivait à Tornes, et ne finissait qu'où la terre ne paraissait plus habitable.

Telle était la correspondance des routes en deçà et en delà du détroit de Constantinople, qu'on pouvait aller de Rome à Milan, à Aquilée; sortir de l'Italie, traverser l'Esclavonie, arriver à Constantinople, parcourir la Natolie, la Gallicie, la Souri ; passer à Antioche, dans la Phénicie, dans la Palestine, dans l'Egypte, à Alexandrie ; aller chercher Carthage à Clysenos ; s'arrêter à la mer Rouge, après avoir fait deux mille trois cent quatre-vingts de nos lieues de France.

Quels travaux, à ne les considérer que par leur étendue ! mais quel étonnement, quelle admiration n'excitent-ils pas quand on embrasse sous un seul point de vue et cette étendue et les difficultés à vaincre ! Des forêts ouvertes, des montagnes coupées, des collines aplanies, des vallons comblés, les marais desséchés, des ponts élevés, etc.

Les vainqueurs du monde ne purent point, à leur tour, résister aux efforts des peuples qui se soulevèrent contre eux, et l'Empire romain fut écrasé sous le poids de sa grandeur. Ce fut là, comme on peut le penser, l'époque de la décadence de l'administration des grands chemins. Les nouveaux conquérans négligèrent leurs réparations ; les ponts tombèrent faute d'entretien, ou furent démolis par les barbares ; et les Français qui survinrent, fondèrent leur empire sur les débris de ce colosse politique, dont l'existence n'était plus qu'un songe. Il ne faut pas s'attendre à voir les Français s'occuper de la construction et de l'entretien des chemins ; un peuple conquérant est, par caractère, dévastateur ; il ne se plaît que dans les ruines. Charlemagne est le premier de nos rois qui ait donné une attention plus particulière aux grands chemins. Après avoir conquis l'Allemagne, l'Italie, une partie de l'Espagne, il sentit la nécessité d'établir des communications faciles dans toutes les parties de son vaste empire : c'est pourquoi il s'appliqua à relever les anciennes voies militaires, et chargea les plus grands seigneurs de sa cour du soin d'en surveiller les travaux. Il employa, comme les Romains, ainsi que nous allons le voir, les troupes et les peuples à la construction des chemins ; mais ces travaux si importans cessèrent avec son règne. Louis-le-Débonnaire et quelques-uns de ses successeurs voulurent suivre le même plan ; mais ils n'avaient pas le génie de Charlemagne ; et d'ailleurs, des guerres étrangères, des guerres intestines firent tout tomber dans la confusion.

Philippe-Auguste avait senti, ainsi que Charlemagne, la nécessité de refaire les chemins et de les réparer. Il envoya dans les provinces des commissaires pour surveiller cette partie d'administration ; mais comme ces commissaires ne rem-

plirent pas ses vues, il les supprima, et la surveillance des ponts et chaussées fut rendue aux
juges ordinaires qui en connaissaient auparavant:
mais les grandes routes ne furent pas mieux ad-
ministrées par les tribunaux que par les commissaires ; et sous Charles VI les dégradations des
chemins, des canaux, des ponts, furent portées
à un tel excès, qu'il n'existait, pour ainsi dire,
plus de communication entre les provinces. Les
seigneurs, les moines, qui jouissaient presque
tous des droits de péage, recevaient sans faire
aucune réparation. Ce fut à peu près vers ce
temps-là que les trésoriers de France commencèrent à connaître des réparations des chemins et
des ponts. Une ordonnance de Louis XII prescrivit à tous les tribunaux de contraindre, par
tous les moyens, les propriétaires des péages,
pavages et barrages, à l'entretien des chemins,
ponts, etc. Enfin en 1583, la connaissance et la
surveillance des ponts et chaussées fut attribuée
aux juges des eaux et forêts, sans qu'ils fussent
mieux entretenus. La corvée était cependant déjà
établie, c'était le seul moyen qu'on pût employer
alors pour l'entretien des routes. Les choses res-
tèrent à peu près dans cet état jusqu'au règne de
Henri-le-Grand, qui s'occupa particulièrement
de cette partie essentielle. Aussitôt qu'il se vit
paisible possesseur de ses états, il commença par
créer un grand-voyer de France, pour adminis-

trer sous ses ordres. Ce prince s'attacha ensuite à
établir un bon ordre dans le maniement des
fonds , mais il mourut trop tôt ; Louis XIII ne
pouvait mieux faire que de suivre les intentions
de son prédécesseur , et pour assurer l'emploi
des fonds affectés dans chaque province aux travaux des ponts et chaussées , il créa des offices
de trésoriers-généraux.

Leurs fonctions étaient de passer les adjudica-
tions, d'assister au toisé et à la reddition des ouvrages , d'en tenir registre, etc. Ces offices furent
supprimés, et en 1713 il fut créé seulement quatre
offices de trésoriers-généraux , quatre de contrô-
leurs-généraux des ponts et chaussées , et un office de directeur-général ; on augmenta le nombre
des ingénieurs provinciaux et on nomma des ins-
pecteurs-généraux pour visiter l'état des chemins,
des ponts, et de tous les travaux publics, et en
rendre compte.

Depuis cette époque jusqu'au moment où l'administration des ponts et chaussées a pris un
nouvel essor sous le règne du héros qui joint à la
gloire des conquérans la sagesse d'un législateur,
il y a eu peu de changemens. Aujourd'hui , cette
administration est composée d'un directeur-général, d'un conseil formé par MM. les inspec-
teurs-généraux, dont la résidence est à Paris ; de
cinq inspecteurs-divisionnaires, appelés à cet effet
à Paris, et d'un secrétaire-ingénieur en chef.

Les ingénieurs forment un corps composé d'inspecteurs divisionnaires, ayant un certain nombre de départemens sous leur surveillance; d'ingénieurs en chef, dont le nombre égale celui des départemens, et d'un grand nombre d'ingénieurs ordinaires qui surveillent les travaux sous les ordres des ingénieurs en chef.

Le centre de tous les grands chemins établis dans l'empire romain était la colonne milliaire, qu'on appelait *milliarium aureum*, plantée au milieu de Rome. De là les chemins se divisaient en un grand nombre de branches qui s'étendaient, ainsi que je l'ai déjà dit, dans toutes les parties de l'empire romain.

Ceux d'Italie, à en juger par ce qui en reste aujourd'hui, étaient mieux construits que les autres; on le voit, sur-tout, dans les Voies Flaminienne et Appienne : ces deux routes et la Voie Emilienne étaient les plus grandes de l'Italie. Quoique la Voie Appienne ait environ deux mille ans, elle subsiste encore dans son entier, pendant l'espace de plusieurs milles du côté de Fondi, sans parler de plusieurs autres endroits où l'on en trouve des parties très-considérables.

Les pierres qui pavent cette voie sont de couleur de fer, d'une dureté qui passe celle du marbre; leur forme est taillée irrégulièrement en pentagone et hexagone d'un, deux, et même trois pieds de longueur: elles sont si bien jointes, qu'en plusieurs endroits on ne saurait faire passer entre deux pierres la pointe d'un couteau. Ces pierres ont environ un pied d'épaisseur.

Ces chemins sont généralement plus élevés que le terrain voisin ; dans certains endroits on a coupé des montagnes et même de grandes roches : cela se voit principalement à Terracine, où le rocher coupé a près de cent-vingt pieds de haut ; on a laissé en bas pour chemin la roche plate, mais sillonnée, afin que les pieds des chevaux y puissent tenir sans glisser.

Cette solidité merveilleuse de la Voie Appienne et des autres voies romaines vient non seulement de la grosseur et de la dureté des pierres bien placées, mais aussi du grand massif qui les soutient. J'ai observé entre Velettis et Sermoneta (dit le père Monfaucon dans ses *Antiquités*), une partie de la Voie Appienne dont on avait ôté toutes les grandes pierres de dessus ; ce qui me donna lieu de considérer à loisir la structure de ce massif : le fond en est de moellon ou de blocaille mise en œuvre avec un ciment très-fort et qu'on a grand peine à rompre. Au-dessus est une couche de gravois cimentés de même, entremêlés de petites pierres rondes ; les grosses pierres qui faisaient le pavé s'enchâssaient aisément dans cette couche de gravois encore molle. On y trouvait la profondeur nécessaire pour ces pierres, d'épaisseur inégale comme nous avons dit ; ce qui n'aurait pu se faire si ce grand pavé de pierres avait été posé immédiatement sur le moellon : tout ce grand massif, avec les pierres, pouvait avoir environ trois pieds de haut.

Dans certains lieux, ces grands chemins avaient des bords pour les gens à pied : je ne crois pas que ce fût général, car j'ai vu plusieurs chemins entièrement conservés, où il n'y a aucun vestige de ces bords, qu'on appelait *margines*. Leur largeur est de moins de deux pieds, et leur hauteur d'un pied et $\frac{1}{2}$ (0,487) ou environ. Ces bords servaient pour les gens de pied, et peut-être pour monter à cheval : les étriers n'étaient point encore en usage ; la largeur ordinaire de ces chemins est d'un peu moins de 14 pieds (4,548) : ce n'est précisément que ce qu'il fallait pour deux chariots.

Les autres grands chemins hors de l'Italie, étaient différemment construits ; il en reste encore des traces en plusieurs endroits, et même une bonne partie de ces chemins s'est conservée dans la Gaule qu'on appelait *Belgique :* ils sont beaucoup plus larges que ceux de l'Italie.

Pour construire ces chemins, suivant Bergier, on commençait par tracer deux sillons au cordeau ; ces parallèles fixaient la largeur du chemin. On creusait l'intervalle qui se trouvait entre ces parallèles, et on étendait les couches des matériaux du chemin dans cette profondeur ; on commençait par y jeter un ciment de chaux et de sable de l'épaisseur d'un pouce ; sur ce ciment on posait en première couche des pierres larges et plates de 10 pouces (0,271) de hauteur , assises les unes sur les autres et liées par un mortier très-dur ; pour la seconde couche une épaisseur de 8 pouces (0,487) de petites pierres rondes avec des tuiles , des moellons , platras et autres décombres d'édifice, le tout battu dans un mortier mêlé de ciment ; pour troisième couche , un pied d'épaisseur d'un ciment fait d'une terre grasse mêlée avec de la chaux. Ces matières intérieures formaient depuis trois pieds jusqu'à trois pieds et demi d'épaisseur. La surface était de gravois liés par un ciment mêlé de chaux , et cette croûte a pu résister jusqu'à présent en plusieurs parties de l'Europe.

Ces chemins étaient souvent élevés sur les terres voisines de 10 (3,248), 15 (4,873) et 20 pieds (6,497) d'épaisseur, et dans les alignemens de cinq à six lieues de longueur , ainsi qu'on en voit beaucoup dans la Belgique ; on dirait, à les voir de loin , dit Bergier , que ce sont des cordons verdoyans, étendus à perte de vue à travers les champs : car les talus de ces levées sont partout couverts d'herbe ou de mousse.

Tous ces grands travaux furent exécutés par quatre espèces d'hommes, en les considérant selon leur état ; savoir, les légionnaires, les peuples provinciaux, les artisans, les esclaves ou les criminels. Au-

guste, obligé pour maintenir la paix d'avoir toujours sur pied ving-cinq légions, et persuadé que
l'oisiveté énerve les soldats, les occupait en
faisant exécuter, conjointement avec la partie du
peuple appelée aux travaux, ces chemins et ces
ponts dont l'existence nous étonne encore; les
maçons, les tailleurs de pierre, les forgerons et
une foule d'autres artisans étaient aussi occupés
chacun selon leur état : les criminels, la dernière
classe des ouvriers, étaient condamnés à travailler
à part et pour toute leur vie aux réparations des
grands chemins.

Les fonds pour la perfection des chemins
étaient si assurés et si considérables, qu'on ne se
contentait pas de les rendre commodes et durables, on les embellisait encore ; il y avait des colonnes d'un mille à un autre qui marquaient les distances, des pierres pour asseoir les gens de pied
et aider les cavaliers à monter sur leurs chevaux,
des ponts, des temples, des arcs de triomphe,
des mausolées, etc.

Telle est l'idée qu'on peut prendre en général de
ce que les Romains ont fait peut-être de plus sur-
prenant. Les siècles suivans et les autres peuples
de l'Univers offrent à peine quelque chose qu'on
puisse opposer à ces travaux, si l'on en excepte
le chemin commencé à Cusco, capitale du Pérou,
et conduit par une distance de cinq cents lieues,
sur une largeur de 25 (8,121) à 40 pieds (12,994)

jusqu'à Quito. Les pierres les plus petites dont il était pavé avaient 10 pieds (1,0552) en carré ; il était soutenu à droite et à gauche par des murs élevés au-dessus du chemin à hauteur d'appui : deux ruisseaux coulaient au pied de ces murs, et les arbres plantés sur leurs bords formaient une avenue immense.

Les Chinois, qui n'ont pas eu les Romains pour modèles, n'ont pas moins apporté une attention particulière à cette partie de leur administration, et n'ont rien négligé pour rendre leurs grandes routes belles et commodes. Une multitude d'hommes sont sans cesse employés à les rendre unis et souvent à les parer. Ils ont ouvert des chemins par-dessus les plus hautes montagnes, en perçant des rochers, en aplanissant les sommets et en remplissant des vallées profondes. Dans quelques provinces les grandes routes sont autant de promenades, bordées de grands arbres et quelquefois de murs élevés de 7 (2,274) à 8 pieds (2,599), pour empêcher les voyageurs de passer à cheval dans les terres; on y laisse des ouvertures qui conduisent aux villages.

Sur ces routes, on trouve à certaines distances des lieux de repos pour ceux qui voyagent à pied. La plupart des mandarins qui sont rappelés de leurs emplois cherchent à se distinguer par des ouvrages de cette nature ; on rencontre aussi des temples ou des couvens de bonzes, qui offrent pendant le jour une retraite aux voyageurs. Il se trouve des personnes charitables qui y font distribuer pendant la belle saison, du thé aux pauvres voyageurs, et pendant l'hiver une sorte d'eau composée où l'on a fait infuser du gingembre. Les hôtelleries sont très-vastes et très-belles sur les grandes routes : on y trouve aussi à des distances égales une sorte de tour carrée, faite en terre, avec des guérites pour des sentinelles, et des étendards qu'on lève pour signal dans les cas d'alarmes. Une loi expresse ordonne d'élever des tours de l'espèce de celles dont je viens de parler, de cinq lys en cinq lys, c'est-à-dire, à chaque demi-lieue ; on y établit une garde de soldats, qui est continuellement sous les armes, pour observer ce qui se passe aux environs, et prévenir toutes sortes de désordres.

Magalhens observe que les Chinois ont des itinéraires imprimés qui contiennent les routes, l'ordre des postes, et les distances d'une ville à l'autre. Dans ce livre, tous les grands chemins de la Chine sont divisés en onze cent quatre-vingt-cinq ; ils ont des hôtelleries royales : ces hôtelleries portent le nom de *ye* ou de *chin*, qui signifie lieu de plaisir et de repos. On n'en pourrait pas dire autant des auberges qui sont sur nos grandes routes.

Qu'il me soit permis, avant de terminer cette note historique sur les grands chemins, de placer quelques idées qui me sont inspirées par la grandeur des travaux que les hommes ont entrepris et exécutés pour établir entr'eux une liaison, une correspondance à laquelle la nature semble s'être opposée.

J'ai lu quelque part que l'idée du chaos est une idée nécessaire qui se présente d'elle-même à notre imagination.

L'ordre apparent qui règne dans l'univers est sans doute admirable, mais il laisse toujours apercevoir qu'il est fils du chaos.

Selon les historiens les plus anciens, notre planète n'a pas toujours eu la forme ni la fécondité qu'elle a aujourd'hui ; c'était une masse informe composée de différens élémens, de différentes matières *arrangées* sans ordre, et cela n'est pas difficile à croire, puisque ce désordre dure encore. Les élémens sont confondus, les montagnes sont suspendues sur nos têtes, les abîmes sont sous nos pieds, les eaux dévorent la terre, les terres se reportent dans d'autres parties, l'axe du globe change son inclinaison, les climats sont incertains, tout nous indique que les zones glaciales ont été brûlées par les rayons du soleil ; cette différence de plantes et d'animaux de toute espèce ; cette multitude d'hommes blancs, noirs, jaunes, grands, petits ; tout enfin nous rappelle l'idée de la confusion. Puis-je me reposer sur l'ordre qui règne dans la nature, quand je couche sur un volcan enflammé, quand un vent impétueux désole mes moissons, déracine mes arbres, et emporte mes maisons ; lorsque je vois un fleuve changer dans un instant son cours et entraîner, en grossissant ses eaux, des peuplades immenses ; lorsqu'un orage qui porte dans ses flancs la foudre et la grêle, vient inonder mes champs, tuer mes bestiaux, anéantir mes récoltes, frapper de mort d'innocentes victimes ; lorsqu'enfin tous les fléaux imaginables viennent troubler ma tranquillité et faire la guerre à mon existence ? La nature n'a-t-elle pas mis des obstacles aux communications que les hommes doivent avoir entr'eux ? les mers, les montagnes, les fleuves, ne séparent-elles pas les nations ? Mais l'homme a partout vaincu la nature ; il a fait, pour ainsi dire, disparaître ces restes du chaos, et son génie, aussi puissant que la Divinité, a su enchaîner les élemens, fixer des limites aux eaux par des digues ; il a fait disparaître les montagnes qui s'opposaient aux progrès de la société, par la construction de ces chemins qui traversent en tous sens la terre ; il a franchi les fleuves par le moyen des ponts, ouvrages aussi hardis qu'étonnans ; les abîmes même des mers n'ont pu l'arrêter, et la navigation porte l'homme d'un bout du monde à l'autre. Mais à qui l'homme doit-il ces bienfaits ? A quelques êtres privilégiés qui, par la force seule de leur génie et de leurs profondes méditations, ont analysé les élémens, fixé leur pouvoir, et détruit ces restes du chaos, dont la nature paraissait hérissée. Ah ! qu'on doit d'admiration, d'estime et de reconnaissance à ces hommes de génie qui ont tant fait pour le bonheur des hommes! mais on a dressé des autels aux conquérans qui ont désolé la terre; leur nom est immortel, et l'on n'a pas le moindre souvenir des bienfaiteurs de l'humanité, qui, les premiers, ont tracé des routes, construit des ponts, franchi les mers; leur nom est ignoré, leurs travaux seuls sont immortels, et nous jouissons en ingrats de leurs bienfaits. Puissent nos petits-nveeux n'avoir pas la même ingratitude, et se ressouvenir des Riquet, des Vauban, des Bélidor, des Perronet, etc. !

Mais revenons encore aux Romains. La police des routes fut maintenue avec vigueur chez ce peuple, jusqu'aux conquêtes que les Barbares firent sur ce vaste empire : bientôt il ne resta plus de ces immenses travaux que ce que le temps même et ces farouches conquérans n'ont pu détruire.

Nos chemins modernes n'ont rien qui puisse être comparé à ceux des Romains, soit pour la direction, la construction ou l'entretien. Dans la plaine, ils vont en serpentant, de manière que, pour parvenir d'un lieu à un autre, éloigné de dix lieues, il faut en parcourir quinze, sans qu'on puisse en apercevoir la nécessité. Voyez *Alignement.*

Dans les montagnes, ils sont d'une rapidité effrayante, et l'on ne voit pas de ces grands travaux qui cherchent à surmonter les obstacles, pour épargner des fatigues aux voyageurs ; on ne voit rien qui ressemble au percement du mont Apennin, en Italie, dont j'ai déjà parlé au mot *Alignement*, si ce n'est, dans le moment où j'écris, les routes que le génie de l'Empereur a prescrites aux ingénieurs pour traverser les Alpes.

Telle est la route du mont Cénis. Sa longueur est de 36,934 mètr. de Landsbourg à Suse ; les plus fortes pentes n'excèdent pas 6 pouces (0,806) par toise ; plusieurs parties sont de niveau, pour former des palliers qui servent de repos.

Plus de 20,000 mètres de longueur ont été coupés en escarpemens dans des rochers de granit, de schiste ou de poudingues. Une grande partie de cette route se trouve soutenue par des murs d'une grande élévation, percés d'aqueducs pour l'écoulement des eaux. On doit planter, le long de cette route, des sapins, des mélèses, qui serviront à diriger les voyageurs dans le temps des neiges. Ainsi, le génie de l'homme aura vaincu l'intention de la nature, et ces travaux seront immortels comme le prince qui les a ordonnés.

D'autres routes aussi étonnantes sont celles du mont Genèvre, faisant partie de la route d'Espagne en Italie ; du Simplon, où l'on a fait des travaux immenses en construction de murs, en déblais et en escarpemens tant à ciel ouvert, qu'en galeries, en aqueducs sous les avalanches, et plus de deux cents ponts tant grands que petits.

On distinguait, chez les Romains, trois sortes de chemins principaux ; savoir, les chemins militaires ou chemins publics, *viæ militares*, ou *viæ publicæ*, qui allaient de Rome à toutes les grandes villes de l'empire.

Les chemins qu'on appelait *viæ vicinales*, qui allaient d'une ville à un bourg ou village, et les chemins privés, *viæ privatæ* ou *agrariæ*, qui servaient de communication pour aller à certains héritages : ce que nous appelons *chemins communaux*.

Les modernes ont à peu près la même division. Les chemins à la charge du Gouvernement sont divisés en trois classes : la première est celle qui renferme les chemins appelés autrefois *chemins royaux*.

La largeur de ces chemins a été réglée définitivement, par l'arrêt du conseil du 3 mai 1720, à 60 pieds, et celle des autres chemins publics à 36 pieds. On n'observe pas toujours cette largeur ; mais je renvoie ce que j'ai à dire, à cet égard, à l'article *Police des routes*.

Je vais donner les différentes manières de construire les chemins, selon la nature des lieux où ils passent.

On les construit dans la plaine ou à mi-côte ;
la forme des chemins est bombée, plate ou creuse.

La partie du chemin qu'on appelle *chaussée* est
faite en pavé ou en empierrement.

Nous allons parcourir successivement ces différentes constructions.

Un ingénieur ne doit jamais commencer à tracer une route sans avoir préalablement parcouru
plusieurs fois toute la longueur du pays par différens endroits. Lorsqu'il en a déterminé la direction, il doit fixer les principaux lieux par où elle
doit passer, en mesurer les distances, exprimer,
dans la mesure des toises courantes, la qualité
du terrain, sa disposition, les lieux difficiles, les
rivières et ravines qu'il y a à traverser, les ponts,
chaussées, murs de soutenement qu'il y aura à
faire, leur dimension, etc. etc., afin que, sur
ce détail, on puisse faire sur-le-champ une estimation juste de la longueur de la route et des
travaux à ordonner.

Cette estimation faite, on doit dresser le devis, où l'on détermine la nature de tous les travaux et ce qu'ils coûteront.

Dans la plaine.

La position, la longueur et la largeur du chemin étant déterminées, on trace dans cet espace
des fossés propres à recevoir la fondation des
murs qui doivent soutenir le terrain. Si l'on juge

nécessaire d'établir des murs de soutenement pour la plus grande solidité du chemin, et au delà des murs on dispose un espace propre à faire un fossé, afin de servir à la suite des eaux de pluie, et tenir la chaussée desséchée. M. Trésaguay, dans son *Mémoire sur les chemins*, propose la suppression des fossés, en mettant le chemin au dessus du sol de la plaine, de 18 ou 20 pouces (0,49 ou 0,54) de hauteur, et en formant une levée de la largeur prescrite et uniforme. Je ne puis être de l'avis de cet ingénieur. Je regarde les fossés comme absolument nécessaires à la conservation des routes, sur-tout lorsque l'on ménage une pente insensible à l'écoulement des eaux, et de petits fossés de dérivation, pour diriger les eaux dans les terres.

La terre que l'on tire du fossé et celle qui fait place à la fondation des murs, doivent être jetées dans le milieu du chemin entre les deux murs : en sorte qu'elle fasse une pente fort douce de chaque côté : c'est le bombement du chemin. Cette pente doit être réglée par un piquet planté dans le milieu de la chaussée. Après avoir déterminé la hauteur des murs de soutenement par d'autres piquets plantés au dessus du rez-de-chaussée de la plaine, on aligne la hauteur des pentes qui doivent terminer l'aire du chemin.

Les Romains, dans leurs grands chemins, qui pour la plupart avaient 60 pieds de large (19,490),

donnaient 20 pieds au pavé du milieu (6,497) :
en France, nous n'en donnons que 18 (5,85),
ce qui n'est pas suffisant ; car lorsque deux voitures, sur-tout les diligences, se rencontrent,
il faut presque toujours que l'une de ces deux
voitures et souvent toutes les deux mettent
une roue sur l'accotement ; dans les chemins
pavés, il se pratique un resaut entre la bordure
et l'accotement, resaut qui fait très-souvent verser les voitures, sur-tout lorsqu'elles sont sur
des roues élevées. J'ai versé deux fois dans ce
cas-là.

La maçonnerie des murs de soutenement doit
être fondée quelques pouces plus bas que le fond
du fossé qu'on doit faire, afin d'éviter que les
fondations ne soient dégravoyées par le courant
des eaux du fossé. Dans l'emploi des matériaux,
on observera de conserver les plus grosses pierres, et les plates pour le fondement des murs,
assises seulement sur le terrain sans mortier, et
sur cette assise on posera le mortier pour y ranger
la seconde assise. Le mur de soutenement doit
être couronné de pierres plates, couchées de
champ.

Sur cet intervalle de 60 pieds (19,490), on
prend pour la chaussée 18 pieds (5,85), pour les
accotemens de part et d'autre 24 pieds (7,796),
et le surplus sert pour les fossés et les berges.
Lorsque l'espace déterminé pour la chaussée est

préparé, on pose le couchis, qui est le sable ou le terrain graveleux.

Chaussée pavée.

On se sert en France de trois sortes de pavés : la première espèce et la plus belle est celle de grès ; ce sont des pierres taillées à éclats avec le marteau, de 7 (0,189) à 8 pouces (0,217) en tous sens, qui forment comme autant de dez, dont on pave en plusieurs endroits les chaussées, et particulièrement du côté de Paris.

La deuxième espèce est celle des cailloux de rivière.

La troisième, celle des pavés à pierre de rencontre.

Tous ces pavés se posent sur la forme de la chaussée, préparée et alignée sur un couchis de sable de sept à huit pouces d'épaisseur. Le sable de rivière est préférable à celui de mine.

On doit battre, auparavant, l'aire de la forme sur laquelle le pavé doit être assis, et le bombement de cette forme doit être celui que l'on doit donner à la chaussée en pavé : ce bombement est ordinairement de 6 pouces (0,162) dans la plaine.

Lorsque la forme est bien dressée, on pose le pavé : à mesure qu'on le pose, le paveur en fossoie la place avec la paume de son marteau, pour les ranger les uns suivant la disposition des autres, et être ensuite battus avec la hie, après en avoir garni les joints avec du sable ; ce qui leur donne enfin une consistance qui les rend capables de supporter le rouage des plus pesantes voitures.

Les bordures du pavé doivent être posées en carreaux et boutisses alternativement, chacune de 15 (0,406) à 18 pouces (0,407) de long, de 12 (0,325) à 15 pouces (0,406) de large, et d'un pied (0,325) de hauteur environ. On doit assurer l'aire du pavé par des traverses en pavés de même échantillon que les bordures ; ces traverses parcourent le chemin tantôt en écharpe, et tantôt carrément sur sa largeur, suivant la disposition des lieux : contre ces traverses on plante le pavé ou cailloux, et quand par l'usage les pavés se désunissent, la suite de la désunion ne peut pas se faire sentir au-delà des traverses, qui doivent être espacées de 2 toises (3,898) au plus.

Chaussées d'empierrement.

Lorqu'on n'a point de pavé, les chemins se construisent en empierrement, et c'est, je crois, la meilleure construction quand elle est suivie avec soin.

La largeur de la route doit être préparée, ainsi que je l'ai indiqué plus haut, en laissant 12 pieds (3,896) d'accotement de chaque côté de la chaussée, en creusant le lit d'empierrement de douze pouces (0,32), bombé de 6 pouces (0,162).

Cette même pente prolongée dans les accotemens pour faciliter l'écoulement des eaux, on
établira de chaque côté de la chaussée un rang de
fortes bordures suivant les pentes que je viens
d'indiquer; les pierres auront au moins 10 (0,271)
à 12 pouces (0,325) de largeur, sur 8 (0,217) à
9 pouces (0,244) d'épaisseur. Elles seront posées de droit alignement en dehors, et inclinées
à quarante-cinq degrés du côté de l'encaissement. Cette méthode d'incliner les bordures vers
l'intérieur n'est pas suivie par les ouvriers qui,
au contraire, les inclinent en dehors. C'est cependant de cette inclinaison que dépendent la bonne
tenue des bordures et la solidité de la chaussée.
Ces bordures sont ensuite recouvertes par le cailloutis de la seconde couche, de manière qu'il n'y
ait que leurs arêtes extérieures d'apparentes, et
qu'elles s'accordent parfaitement avec le dessus
de la deuxième couche. On observera de laisser
de 9 pieds (2,924) en 9 pieds (2,924) une de
ces bordures qui ait au moins 9 pouces (0,244)
en dehors de l'encaissement, pour repousser les
roues des voitures et les empêcher de faire des
rouages le long des bordures.

On posera ensuite la première couche dans le
fond de l'encaissement en arrangeant les pierres
à la main, de champ, en liaison sans vide et de
manière que leurs surfaces les plus planes soient
en bas et leurs pointes en haut, ensuite on rem-

plira successivement les interstices jusqu'à l'épaisseur prescrite pour la première couche, qui doit être au moins de vingt-cinq à trente centimètres, et l'on battra le tout à la masse, de façon que les pierres de la surface n'excèdent pas la grosseur de 3 pouces cubes (0,000060), et que la première couche conserve toujours son épaisseur de 9 pouces (0,244) au moins après le battage.

La seconde couche sera faite avec la pierre la plus dure que l'on pourra trouver dans les carrières ; elle sera cassée à la grosseur d'un pouce cube (0,000020) sur une pierre servant d'enclume, et régalée ensuite sur la première couche avec la pelle pour former régulièrement le bombement prescrit, de manière que la plus haute épaisseur au milieu soit de 18 pouces (0,49), compris le bombement ; 12 pouces (0,32) aux bordures, ce qui produit 21 pouces (0,57) d'épaisseur réduite. L'ingénieur Tresaguay a prétendu que cette épaisseur des chaussées pouvait être réduite à moitié de dépense en faisant les chaussées d'une même épaisseur d'une bordure à l'autre, et qu'avec un entretien suivi elles résisteraient long-temps ; on ne peut pas sans cesse et chaque année réparer entièrement les routes, et l'événement a prouvé que cette construction, faite avec une économie toujours funeste et dont il ne devrait jamais être question pour ces sortes de tra-

vaux, ne valait rien, puisque quelques années de
la révolution ont entièrement détruit ces routes,
tandis que les siècles n'ont pu anéantir celles des
Romains.

Les chaussées en empierrement, lorsqu'elles
sont construites avec soin, sont très-solides et n'ont
point de ces resauts qui brisent les voitures et
tourmentent les voyageurs. Je me suis bien trouvé
aussi de faire répandre sur cette dernière couche
dont je viens de parler, du sable ou du détrui-
ment des pierres de carrières, lorsqu'il s'en trouvait à ma portée. Ce sable se mêlait dans les interstices, qu'il achevait de remplir, et formait une
espèce de croûte imperméable à l'eau.

Lorsque l'on rencontre dans la projection des
routes des terrains aquatiques, comme étangs,
lacs, etc., on ne peut trop prendre de précaution.

Il faut, 1° commencer par tracer la route par
des pieux plantés dans l'eau et espacés de 2 (3,898)
à 3 toises (5,847); 2° faire un profil de la profondeur de l'eau sur la longueur de la route,
pour marquer et supputer la dépense qu'entraî-
neront les fondations dans ces lieux de mauvaise
consistance, jusqu'à la superficie des plus hautes
eaux; 3° reconnaître, par le secours des sondes,
les lieux qui ont le plus de consistance, pour les
fonder avec moins de dépense, sans cependant
rien sacrifier sur la solidité et la vraie direction.

Il faut commencer ces sortes de travaux dans le temps que les eaux sont les plus basses.

On borde la chaussée d'un rang de palplanches à rainures, battues à refus de mouton, et leurs têtes assurées par deux longrines arrêtées de distance en distance par des liens ou étriers, qui prendront dans le dessous du chemin. Le derrière des palplanches doit être garni, sur toute l'aire du chemin, de fascines, sur lesquelles on poussera une hauteur de remblai, bordée derrière les palplanches aussi d'un parement de fascines.

Le terrain, dans cet endroit, peut se trouver d'une si mauvaise consistance, que les fascines seules dans le fondement ne suffiraient pas pour soutenir l'effort des terres et des décombres qu'on mettrait au-dessus. Pour lors, sur le travers du chemin, on peut ranger de longs saucissons, au-dessus desquels on placera sur la hauteur de 5 (0,135) à 6 pouces (0,162) un lit de gravier ou de bonne terre, qui assurera très-parfaitement l'aire de la voie.

L'usage de la route exige quelquefois qu'on y établisse des bords qui soient de plus de durée que ceux faits avec des fascines : alors on place sur les étriers qui couvrent les palplanches un à deux rangs de madriers de 3 (0,081) à 4 pouces (0,108), sur 2 (0,650) à 3 pieds (0,975) de large. On peut les placer dessus un mur dont le parement sera construit selon la durée qu'on voudra donner au chemin.

Quand le terrain est profond et de mauvaise consistance, on établit la chaussée sur un grillage qui, tantôt est piloté, et tantôt garni seulement, sur le devant des pilots, de bordages ou de palplanches.

Après avoir établi cette base on garnit les vides ou chambres, de grillages, tantôt de pierres, et tantôt de fascines, suivant les circonstances et selon la facilité de se procurer des matériaux : cela se fait jusqu'à la hauteur des eaux de l'étang ou du lac, afin d'établir dessus les bordures telles qu'elles doivent être pour soutenir fortement les terres qu'on portera sur la voie.

Chemins à la montage et à mi-côte.

Lorsque vous sortez de la plaine pour traverser une ou plusieurs montagnes, les rampes ne peuvent pas toujours être en droite ligne ; et si l'ingénieur a pour objet de conduire sa route au sommet, il doit profiter de tous les moyens que les sites lui permettent pour adoucir les rampes et sauver aux voyageurs, non seulement les dangers réels, mais même les simples apparences du danger.

Le chemin, dans ces lieux, est bordé pour l'ordinaire, du côté du bas de la rampe, par un mur de soutenement. Tantôt, suivant la disposition du terrain , on se contente de faire toute la tranchée dans le solide de la montagne ; tantôt traversant les rochers , on établit de l'un à l'autre des décharges et des cintres surbaissés pour supporter les murs de soutenement. Si on ne peut y établir une route ni par un mur de soutenement, ni par une charpente , on perce le rocher qu'on rencontre ; et cette méthode est la plus certaine.

Les murs de soutenement pratiqués pour supporter le chemin sur la rampe d'une montagne , sont faits quelquefois à pierre sèche : ceux qui sont faits à chaux et à sable ne sont pas toujours les meilleurs, parce que le mortier qui ferme le joint des pierres , empêche les eaux de se filtrer au travers des terres, qui les retiennent comme une éponge.

Les eaux, dans le temps de pluies qui descendent de la rampe de la montagne, s'imbibent dans le terrain, remplissent le fondement des murs , désunissent le mortier, sourcillent enfin entre les joints, et entraînent par là les murs par l'effort des terres qu'ils soutiennent.

Quelque précaution que l'on prenne pour pratiquer des barbacanes ou chantepleures pour l'écoulement des eaux , s'il se rencontre des sources dans cet endroit de la montagne , toutes ces précautions ne donneront pas à la route une parfaite solidité.

Un mur de soutenement fait en pierre sèche,

sans aucune liaison entre les joints, est donc à préférer à une bonne maçonnerie, en ce que les eaux s'échappent entre les pierres, et que la route est plus tôt desséchée.

Les murs de soutenement en pierre sèche doivent être assis en bon fonds. Il faut leur donner une pente de quelques pouces du côté du haut de la montagne, afin qu'ils soient parfaitement bien assis dans le sol; ensuite on les élevera à plomb du côté des terres ou du remblai, et en dehors on lui donnera un talus du cinquième de la hauteur. La largeur par le haut doit être pour le moins de 2 pieds (0,630), élevée et couronnée de pierres plates couchées de champ, sur environ les deux tiers de la largeur du mur. L'arrangement des pierres doit être tel, que les plus grosses et les plates soient établies dans son fondement, les longues à son parement; ce qui formera une espèce de boutisse, et les plus petites dans le corps du mur : le derrière des murs doit être garni des moyennes.

Les terres seront ensuite rangées derrière avec la pelle ; on les fera descendre du haut de la montagne, et les pierres qu'on trouvera parmi les déblais seront couchées derrière les murs.

Le remblai des terres doit se faire jusqu'à la hauteur des murs de soutenement.

Il n'est pas toujours nécessaire de soutenir le chemin sur la rampe d'une montagne par des murs : quelquefois le terrain de la montagne est tel, qu'il suffit de faire la voie plus large, afin que si les pluies causent des éboulemens, la route ait encore sa largeur ; il faut alors soutenir, autant qu'il est possible, les terres par des haies vives et des arbres, dont les racines remplaceraient par la suite le mur de soutenement.

S'il se rencontrait, comme cela arrive quelquefois, des escarpemens de rochers laissant un ravin à franchir, il faut, si la distance le permet, établir des décharges ou cintres, qui, partant d'un roc à l'autre, donnent le moyen d'y établir un mur de soutenement ; mais il est très-difficile de prescrire les travaux qui doivent vaincre les obstacles que l'on rencontre à chaque instant dans les pays de montagne : c'est au génie de l'ingénieur à créer les moyens et à aplanir les difficultés.

Il faut en revenir aux chemins ordinaires à mi-côte. Je vais citer une partie du Mémoire de M. Tresaguay, qui était très-habile dans les travaux de ce genre, quoique souvent on ne puisse pas être de son avis.

« On s'est attaché particulièrement à tourner les montagnes pour réduire les plus fortes pentes à 5 pouces (0,16) par toise, et l'on ne se détermine à donner cette pente que lorsqu'il est impossible de la faire moindre sans tomber dans des remblais ou déblais trop considérables, ou sans être obligé de donner de trop grands développemens, dont l'extrême largeur ne serait pas compensée par une pente plus douce. Les pentes les plus ordinaires doivent être de 2 (0,05), 3 (0,08) et 4 pouces (0,11) : on s'est assujéti dans les montagnes dont le développement alonge nécessairement le chemin, de diviser la hauteur totale en un certain nombre de pentes disposées de façon que les pentes les plus fortes soient au commencement de la montée, et qu'elles diminuent à mesure que l'on approche du sommet : par exemple, une côte de 600 toises (1169,422) de développement, et de 150 pieds (48,726) de hauteur totale, peut être montée sur une pente uniforme de 3 pouces (0,08); mais, quoique cette pente soit facile sur une petite longueur, elle devient fatigante à mesure qu'elle s'alonge, et on doit préférer de diviser cette montée en cinq pentes ; savoir, la première de 100 toises (194,904), sur 4 pouces (0,11) de pente ; la seconde, de 100 toises (194,904), sur 3 pouces 6 lignes (0,10); la troisième, de 110 toises (214,394) de longueur sur 3 pouces 3 lignes (0,09);la quatrième, de 140 toises (272,865) de longueur sur 2 pouces 8 lignes (0,07); la cinquième et dernière, de 150 toises (292,356) sur 2 pouces (0,05), que la résistance diminue en raison de la diminution des forces du cheval affaibli par un long tirage : au lieu que si la pente eût été de 3 pouces (0,08) uniformément sur toute la longueur, la résistance aurait été égale à la fin comme au commencement, et les forces du cheval beaucoup moindres. On doit observer de faire des repos de 20 toises (38,981) de longueur ou environ, à tous les changemens de pente, que l'on doit placer, autant qu'il est possible, aux tournans des angles saillans ou rentrans dans la montagne ; ce qui fait que leur longueur ne peut être assujétie à aucune proportion entr'elles et les hauteurs. Les chemins à mi-côte doivent être coupés au penchant de la montagne, sur 42 pieds (13,643) de largeur, avec banquettes de 3 pieds (0,975) au sommet, et plantés d'arbres seulement du côté du vallon.

« M. Tresaguay préfère, d'après l'expérience qu'il dit en avoir faite, les chaussées creuses comme celles de la planche x, fig. 3, aux chaussées bombées (fig. 4) et aux chemins inclinés sur toute leur largeur (fig. 5), pour éviter les fossés pratiqués au pied du talus des déblais servant à l'écoulement des eaux : les eaux rassemblées et resserrées dans ces rigoles ou fossés, s'écoulant avec la plus grande vitesse sur des pentes de 3 (0,81) et 4 pouces (0,108), entraînent nécessairement les terres, et forment des ravins qui rendent bientôt le chemin impraticable : quel que soin que l'on puisse prendre de l'entretien, les réparations peuvent être détruites par le premier orage.

« Le seul moyen d'arrêter ces désastres est de revêtir les fossés ou rigoles de perrées sur les côtés , et de paver le fond ; mais cet excédent de dépense ne remédie pas assez à l'écoulement des eaux au côté opposé : les eaux entraînent les empatemens du remblai, de façon qu'en très-peu de temps il ne reste , pour ainsi dire , que la chaussée isolée , les accotemens étant ravinés et impraticables pour les voitures.

« La chaussée creuse (fig. 3) remédie à tous ces inconvéniens , en réunissant les eaux dans son milieu ; elle est plus économique , en ce qu'elle supprime la dépense de la fouille et du revêtement du fossé , ainsi que du déblai de sa largeur sur toute la hauteur des talus ; elle est en outre la plus sûre pour les voyageurs par sa forme, et surtout par la banquette du côté du précipice : on ne peut employer cette banquette pour les chaussées bombées, parce qu'alors il faudrait un second fossé au pied du talus de la banquette , revêtu comme l'autre ; sans quoi , les eaux, coulant sur la longueur de l'accotement , l'auraient bientôt détruit. La fig. 3 a le même inconvénient que le fossé. Outre que sa forme est désagréable à la vue, elle est , on ne peut plus incommode aux voitures toujours penchées sur un plan de 5 (o,135) à 6 pouces (o,162) par toise, parce qu'il faut que la pente sur la largeur soit toujours plus forte que sur la longueur, pour déterminer les eaux à s'écouler dans les fossés : sans quoi , elles suivraient la pente la plus rapide de la longueur, les fossés deviendraient inutiles, et les chemins ravinés et emportés.

« Pour prévenir les dégradations que pourrait faire l'écoulement des eaux dans les chaussées creuses et les ravins sur les accotemens de ces chaussées et sur celles bombées, on forme des écharpes de distance en distance, déterminées aussi par la roideur des pentes ; savoir, de 10 toises en 10 toises (19,490) sur les pentes de 4 (0,108) à 5 pouces (0,135), de 15 toises (29,236) sur celles au-dessous de 3 pouces (0,081). Les écharpes disposées suivant les pl. XXVIII, fig. 14-15, forment un angle de 45 degrés avec la ligne du chemin, et sont composées de libages ou grosses bordures posées en carreaux et boutisses, et de champ, de façon qu'elles soient au moins de 12 pouces (0,325) encastrées dans une tranchée faite pour les recevoir : en sorte que leur surface n'excède pas celle de la chaussée et des accotemens, et ne cause aucun choc aux voitures. On pose aussi, de 12 en 12 pieds (3,898), des bordures saillantes pour empêcher les rouliers de conduire l'une des roues le long de la chaussée ; ce qu'ils feraient, sans cette précaution, dans les descentes, pour retenir les voitures. Cette pratique, usitée par tous les voituriers, dégrade les chaussés par l'ornière qui se forme, et met les bordures en l'air et sans soutien.

« Ces écharpes suffisent dans les chaussées

creuses, pour arrêter les dégradations que pourrait faire l'écoulement des eaux, lorsque la pierre cassée est très – dure ; mais lorsqu'au contraire elle est tendre et se réduit en sable, les eaux les entraînent facilement, et déchaînent la chaussée. Dans ce cas, on y remédie par un pavé de 6 pieds (1,949) de largeur dans le milieu de la chaussée, suivant la même courbure de l'empierrement : on a soin de faire déborder alternativement une bordure de ce pavé, comme des pierres d'attente, pour former liaison avec l'empierrement ou le cailloutis.

« Lorsque les pentes sont longues, et qu'il se rassemble une trop grande quantité d'eau dans ces fossés, on les en dégage par des cassis qui traversent l'accotement et conduisent les eaux hors le chemin.

« Ces cassis (fig. 10) sont construits comme les chaussées creuses sur une cerche de 4 (0,11) à 5 pouces (0,14) de flèche ; ils ont 6 (1,949) à 9 pieds (2,923) de largeur, proportionnée à la quantité d'eau qu'ils doivent recevoir, et aussi pour que les voitures ne souffrent point du choc en les traversant. Lorsque ces cassis se déchargent sur l'empatement des remblais, ils sont prolongés sur cet empatement jusqu'à la rencontre du terrain ferme : sans quoi, les eaux ravineraient et entraîneraient les terres rapportées. On a d'ailleurs le plus grand soin de détourner les eaux

I.   24

étrangères qui pourraient y aboutir, par des fosssés de décharge, petites digues, etc. : de façon qu'il ne doit y couler d'eau que celle de la pluie qui tombe sur la surface, et non celles qui pourraient provenir de l'égoût des terres, ou autres chemins de traverse. »

C'est le moment de placer ici quelques réflexions tirées d'un Mémoire de M. Cunnings sur la forme de chemin la plus avantageuse, sous le rapport seulement de l'effet des voitures sur leur surface.

« On a généralement préféré les routes convexes ou bombées. D'abord, on suppose qu'elles sont plus sèches que les chemins plats, à cause de la pente de leurs côtés, qui donne à l'eau un courant plus fort que celui qu'on obtiendrait en le prolongeant dans la direction de la route. En second lieu, la forme extérieure des routes représentant une arche, on a imaginé qu'elles jouiraient aussi de la propriété de soutenir des fardeaux plus pesans que n'en supporteraient des chemins de tout autre forme ; mais il ne faut pas oublier que si les culées qui soutiennent tout l'effort de la pression latérale et empêchent l'arche la mieux construite de s'affaisser, venaient à fléchir, elle ne pourrait même soutenir son propre poids. Si donc la route convexe n'est pas calculée pour résister à la pression latérale, et empêcher l'éboulement ou le débordement des matières

consiitutrices du chemin, elle n'a rien à gagner à
sa ressemblance avec l'arche d'un pont. Quant à
l'avantage de faire écouler les eaux pluviales vers
les côtés, on n'en jouit que quand les routes
viennent d'être achevées, et tant qu'elles conservent cette surface égale qu'on leur suppose dans
la théorie : mais dès qu'il y a quelques ornières de
formées, elles arrêtent l'eau qui s'écoulait vers
les côtés, et l'étendent dans le sens de la longueur
de la route. Comme on n'a pas construit les routes
de manière à ce que l'eau pût s'écouler de ces
ornières, elle y reste, et pénètre chaque jour davantage les substances qui forment les chemins,
jusqu'à ce qu'enfin la croûte du chemin étant
usée, les roues pénètrent les substances tendres,
et forment des ornières profondes qui s'élargis-
sent à la longue, et deviennent des fossés dangereux. Tous ces inconvéniens proviennent cependant de la forme convexe qui force les voitures
à tenir toujours le haut du chemin : ainsi les
avantages imaginaires de la convexité des routes
s'évanouissent dans la pratique et font place à
des maux réels.

« Quand le haut d'une route convexe est occupé par une ou plusieurs voitures, si d'autres
voitures veulent passer en même temps, il faut
qu'elles passent sur le penchant de la route d'un
côté ou de l'autre : alors leur poids et les ébran-
lemens qu'elles donnent au pavé forcent les subs-

tances les plus dures à déborder sur les côtés, et à quitter insensiblement le milieu du chemin vers les extrémités, où elles ne peuvent être d'aucun service.

« Les chemins plats qui ont un même niveau depuis un bord jusqu'à l'autre, sont bien meilleurs pour voyager que les routes convexes. Chaque portion de leur largeur entière étant également commode, est également fréquentée et usée également. Comme il n'y a point là de pente latérale, ainsi que dans les routes convexes, les substances dont la route est formée ne tendent pas à s'éloigner progressivement de leur place ; ils ne forment pas d'ornières profondes, parce que la route est également fréquentée sur toute sa largeur, et que les voitures qui la parcourent étant répandues également et volontairement sur toute sa surface, l'empreinte de chaque roue, quoiqu'à peine sensible, devient une petite rigole pour conduire les eaux pluviales le long de la route ; et c'est ce qui peut arriver de plus heureux, lorsqu'on a eu soin de donner au chemin une pente convenable, et de pratiquer d'espace en espace, à travers la route, de petites rigoles propres à décharger les eaux.

« Il faut remarquer que chaque voiture prenant un chemin différent sur la même route, chaque roue forme une nouvelle petite rigole presqu'insensible, pour faire écouler les eaux dans le sens de la longueur d'une route plate, et qu'ainsi le chemin est d'autant plus sec, qu'il y passe plus de voitures. Donc le nombre de voitures qui roulent sur un chemin plat dans des temps pluvieux, tend à le sécher et à l'améliorer; au lieu que, sur une route convexe, le passage fréquent des voitures tend à sa destruction immédiate.

« En effet, quiconque prend la peine d'observer que les eaux coulent presque toujours longitudinalement dans les ornières des routes convexes, quoique la pente soit incomparablement plus forte du milieu vers les bords, sentira bientôt la nécessité de construire des routes de manière à ce que les eaux coulent dans le sens de leur longueur, au lieu de se donner tant de mal et à si pure perte pour tâcher de les faire couler du milieu vers les côtés : ainsi les chemins plats ont une supériorité marquée sur les routes bombées.

« Examinons maintenant les routes concaves. Supposons une grande auge de bois ou de pierre d'une largeur uniforme et remplie dans toute sa longueur, qui est indéfinie, à une profondeur quelconque, de substances propres à former une route, et assez moites pour pouvoir se rapprocher et prendre de la cohérence ; supposons ensuite qu'un cylindre pesant, aussi large que l'auge, y roule à plusieurs reprises : on sent que les substances renfermées dans l'auge ne peuvent pas s'échapper par les côtés à cause de l'obstacle qui les maintient ; toute la force du cylindre s'appliquera à les comprimer perpendiculairement , par conséquent à les consolider , à les rapprocher et à donner à leur attraction réciproque la plus grande énergie. Comme, dans ce cas, le mouvement latéral ne peut plus avoir lieu dès que les substances ont été une fois comprimées et que rien ne peut plus changer leurs positions relatives, elles deviendront si dures , si compactes , si incompressibles , si unies , que les roues pourront rouler dessus avec autant de facilité que sur du fer ou de la pierre , et si elles restent sèches elles formeront le meilleur chemin possible pour les voitures ; mais si l'on vient à enlever l'obstacle qui s'opposait à la pression latérale , ces mêmes substances se porteront insensiblement vers les bords chaque fois qu'une roue passera dessus ; elles ne seront plus ni si compactes ni si fermes que quand toute la pression était appliquée perpendiculairement, et que rien ne pouvait changer leurs positions respectives ou rompre leur attraction.

« Tout ceci ne sert qu'à faire sentir la nécessité d'assujétir les bords des routes par des murs , des culées, ou toute autre manière de résister à l'effort de la pression latérale. »

Je terminerai cet article par l'extrait d'un mémoire que j'ai adressé en 1802 à l'Administration des ponts et chaussées , comme renfermant quelques réflexions utiles.

« Il est certain qu'il existe des causes premières
de la mauvaise tenue des chemins dans l'Empire;
je ne sais si l'on ne doit pas mettre au nombre de
ces causes le peu de considération qui accompagne toujours la médiocrité de la fortune. Il n'en
était pas ainsi chez les Romains. Nous avons vu
que c'étaient les premiers hommes de l'état qui
étaient chargés de veiller à l'exécution des travaux publics, et que le peuple romain crut honorer Auguste en le nommant commissaire des
grands chemins. Cet empereur nomma des préteurs pour veiller à l'exécution des travaux. Ces
ingénieurs, appelés *curatores viarum*, étaient d'un
rang et d'un mérite distingués ; c'était par ces
places qu'on parvenait aux plus hautes dignités :
ces hommes avaient ce génie élevé, ces élans de
l'ambition qui se manifestèrent dans les travaux
dont l'exécution leur fut confiée.

« En général l'homme circonscrit dans le cercle
étroit des connaissances ordinaires, sans ambition, resserré encore par la médiocrité de ses
revenus, porte dans ses projets, dans l'exécution
des travaux, la médiocrité de ses moyens et la
parcimonie de son caractère.

« J'ai vu souvent des ingénieurs disputer quelques
deniers sur le prix de l'adjudication ; ils croyaient
avoir servi l'état et très-bien fait leur devoir en
forçant, pour ainsi dire, les entrepreneurs à ac-
cepter des conditions onéreuses.

Il ne faut pas cette sorte d'économie dans les travaux publics ; il faut penser qu'on travaille non seulement pour le présent, mais encore pour l'avenir. Que résulte-t-il de ces petites vues économiques et de cette mauvaise administration ? Que les entrepreneurs n'exécutent jamais les conditions des devis, qu'ils sont sans cesse à réclamer, que l'ingénieur est souvent obligé de céder à la justice de leurs réclamations : de là la mauvaise exécution des travaux, un entretien onéreux, un résultat nul. Je pourrais citer quelques exemples pour prouver ce que j'avance. Un, entr'autres, où il en a coûté la vie à plusieurs ouvriers. Je ne le fais pas, pour éviter de compromettre l'ingénieur qui fut l'auteur de cet événement malheureux

« Ce n'est pas ainsi que les Romains administraient. Plus de vingt siècles se sont écoulés et leurs chemins existent encore, dans certaines parties, presque dans leur entier, tandis que dix années de révolution ont anéanti nos routes. Nos chemins ont tout au plus un pied d'épaisseur ; ceux des Romains en avaient trois ou quatre ; leurs chars étaient à deux roues ou à quatre ; ceux à deux roues étaient seulement attelés de deux ou trois chevaux et ne pouvaient charger que deux ou trois cents ; les chars à quatre roues pouvaient être attelés de huit chevaux et ne pouvaient porter plus d'un millier pesant. En France

les chariots de roulage portent dix fois davantage : on a fait, il est vrai, des lois répressives,
mais elles sont restées sans exécution. Ainsi les
chaussées romaines avaient un massif solide d'au-
moins trois pieds d'épaisseur, et n'avaient à supporter qu'un roulage d'un millier pesant au plus ;
les chaussées françaises n'ont pas un pied d'épaisseur réduite ; elles sont d'ailleurs d'une construction peu solide, et elles ont à supporter un roulage sept à huit fois plus considérable.

« Les formes de nos routes sont vicieuses, la chaussée est trop étroite, les accotemens trop larges.

« Le passage de la chaussée aux accotemens est
dangereux, sur-tout sur les chaussées pavées où
l'accotement se trouve presque toujours plus bas
de quarante à cinquante centimètres que la bordure en pavé, et si deux voitures se rencontrent,
l'une d'elles, ou quelquefois toutes les deux, se
trouvent forcées de mettre une roue sur l'accotement : le changement subit produit un resaut qui
fait renverser la voiture.

« Les accotemens, dans les temps pluvieux, sont
des plaines de boue où les piétons ne peuvent
marcher. S'ils prennent le pavé, bientôt deux
voitures de front ne leur laissent que la res-
source de s'abîmer dans une terre fangeuse ; s'ils
prennent un des bords extérieurs du fossé, ils
divaguent sur les terres des propriétaires riverains et nuisent aux récoltes.

« Je voudrais qu'on réduisît sur les routes de 60 pieds (19,490) les accotemens à 6 pieds (1,949), la chaussée à 24 pieds (7,796), les fossés à 4 pieds (1,30) ; sur le côté extérieur du fossé j'établirais une banquette de 5 pieds (1,62) dans sa base, et qui aurait au moins 2 pieds (65) d'élévation au-dessus du niveau du terrain, il resterait ensuite 3 pieds (97) qui serviraient à la plantation des arbres.

« Dans cette position, les arbres seraient moins nuisibles à la chaussée ; ils serviraient d'ombrage aux piétons, ils seraient à l'abri du pillage des passans et plus faciles à conserver. *Voyez* pl. XXVIII. Quant à la construction, dans tous les cas il est absolument nécessaire que les routes soient appuyées sur des murs de soutenement : les accotemens, par ce moyen, seront soutenus et conservés, au lieu qu'ils sont toujours imparfaits et quelquefois détruits en grande partie. Quand les accotemens s'affaissent, faute d'être soutenus, les bordures de la chaussée se déchaussent, la chaussée cède et s'enfonce : cet état de route demande un entretien continuel, et cet entretien très-dispendieux ne les rend pas meilleures.

« Je ne parle point de la construction particulière de la chaussée : on devrait reconnaître son insuffisance ; je ne m'attache qu'aux murs de soutenement, parce que, dans la construction même des routes actuelles, ils contribueraient beaucoup à consolider la route et à la conserver.

« La construction des murs de soutenement serait, sans doute, dispendieuse ; mais l'avantage l'emporterait de beaucoup sur la dépense, qui serait bien diminuée par le moyen que je vais indiquer.

« Il faudrait partager la dépense de l'entretien des routes en deux parties : la chaussée, les accotemens, les murs de soutenement, aqueducs et ponts, seraient à la charge du Gouvernement; le curement des fossés, les banquettes des piétons, la conservation des plantations resteraient à la charge des propriétaires limitrophes des chemins, soit que les plantations aient été faites par eux, ou par le Gouvernement.

« Plusieurs arrêts du Conseil, et notamment celui du 3 mai 1720, ordonne : *Que les fossés seront entretenus par les propriétaires des terres y aboutissantes, toutes et quantes fois qu'il sera jugé nécessaire par les ingénieurs, etc.*

« Par le même arrêt du Conseil, le roi étant informé de la nécessité qu'il y a de repeupler le royaume d'ormes, hêtres, châtaigniers, arbres fruitiers et autres, Sa Majesté a jugé qu'il n'y avait point de plus sûrs moyens pour y parvenir, que de renouveler l'Ordonnance des rois ses prédécesseurs, par laquelle il a été enjoint à tous les propriétaires des terres aboutissantes aux grands chemins, d'en planter les bords de ces différens arbres, suivant la nature du terrain, etc.

« On ne ferait donc que renouveler les dispositions des anciennes ordonnances, sans lesquelles nous n'aurons jamais de belles routes.

« Une loi qui obligerait tous les propriétaires limitrophes des grands chemins de concourir à leur entretien, ne serait donc pas nouvelle ; elle serait juste, puisque personne n'est plus intéressé à la conservation de ces chemins que ceux qui les avoisinent, et elle serait d'un grand allègement pour le trésor public.

« On pourrait établir une ou plusieurs troupes de forçats dans chaque département, pour l'extraction et le transport des pierres des carrières.

« Il serait , je crois, très - avantageux à la société d'utiliser tous les criminels, et sur-tout de ne pas les rendre à cette société à laquelle ils ont voulu nuire. Un homme condamné aux galères pour huit ou dix ans en sort flétri, et n'en est que plus dangereux. Qu'espère-t-on de lui? qu'il devienne meilleur? L'expérience prouve le contraire.

« La nature des crimes doit fixer la différence des travaux auxquels ils seraient employés; mais, une fois condamnés, ils devraient rester enchaînés toute leur vie.

« Ces hommes proscrits seraient marqués à la joue d'un fer chaud, et enchaînés deux à deux ;

ils camperaient aux carrières sous des tentes ; ils seraient nourris comme ils le sont aux galères, et ce ne serait pas un surcroît de dépense pour le Gouvernement.

« On ferait faire des tombereaux cubans 6 pieds (02,056,636), auxquels deux ou quatre forçats enchaînés seraient attelés pour le transport des pierres. Ainsi, pendant que les uns seraient occupés à l'extraction, d'autres transporteraient les matériaux sur les bords des routes, où les entrepreneurs n'auraient plus qu'à les faire employer.

« Dans la construction et l'entretien des routes, ce sont l'extraction et le transport des matériaux qui coûtent le plus ; on peut porter cette dépense aux deux tiers : en sorte que si les grandes routes coûtent au gouvernement douze millions, elles ne lui en coûteraient plus que quatre ; et, par ce moyen, la construction générale des murs de soutenement ne serait pas dispendieuse.

« Pour l'entretien journalier des routes, on emploie des cantonniers, et l'on doit regarder ce moyen conservateur comme indispensable ; mais je crois que cette dépense pourrait devenir un sujet d'économie et de libéralité.

« Dans le grand nombre de militaires qui ont si bien mérité du Gouvernement, et auxquels il doit et donne des retraites, on pourrait choisir pour cantonniers ceux à qui il reste assez de forces pour travailler.

« On ferait construire de distance en distance une maisonnette en pisé, à laquelle on joindrait un carré de terrain pour le jardinage ; ces maisonnettes pourraient être bâties uniformément avec des péristiles soutenus par quatre troncs d'arbres en forme de colonnes. Ces péristiles serviraient à mettre les voyageurs à l'abri, en cas de mauvais temps ; et ces habitations ainsi multipliées contribueraient à la sûreté et à l'agrément des routes.

« On donnerait à ces cantonniers militaires un traitement annuel, et ce traitement ne pourrait jamais atteindre les sommes des dépenses réunies des cantonniers et des militaires à qui on donne des retraites : ce serait donc une économie pour le Gouvernement.

« Les communes sur lesquelles se trouveraient placés les cantonnemens seraient tenues de fournir le terrain et de faire la première dépense des maisonnettes. »

Je crois ne devoir pas quitter cet article sans parler des chemins de fer. Je ne m'arrêterai point à discuter leur avantage, je n'examinerai pas s'il y a des circonstances où l'on ne devrait pas, en France, leur donner la préférence sur la petite navigation, si l'on n'obtiendrait pas par eux plus de promptitude dans les transports, et s'il n'y a pas enfin des lieux, des circonstances qui commanderaient ces sortes de chemins pour étendre la bienfaisante influence des canaux jusqu'à plusieurs lieues dans les terres, sur-tout dans les pays montueux, où se trouve ordinairement le siége des richesses minérales. Je vais seulement examiner leur construction, leurs divers avantages, et l'usage qu'en font les Anglais, qui en sont les inventeurs.

Les principes pour la construction des chemins de fer sont de placer les barres dont ils sont composés dans un parallélisme exact, reposant et scellées dans des soubassemens de pierre ou des traverses de bois ; mais la pierre est préférable : il faut aussi que les barres parallèles aient une pente égale, et que le chemin soit rendu sec de chaque côté par des saignées, pour éviter les dégradations par le séjour des eaux pluviales. Des carrés de pierre placés de niveau, et à chaque côté des pierres un massif de gravier, ou de pierres pilées, fortement battues avec un mouton ou une demoiselle ; la voie du cheval bien ferrée ; une rigole pratiquée pour le prompt écoulement des eaux pluviales ; des barres pesant environ trente-trois livres avec un talon à chaque extrémité pour être scellées dans la pierre, et ce scellement fait avec du soufre.

Mais, pour mieux juger de leur construction, j'en vais donner l'explication telle qu'elle a été donnée par M. O'Reilly, dans le volume xiv des *Annales des Arts*.

« La coulisse, ou longrine de fer, le plus générale-
lement employée pour les chemins de fer, est celle
indiquée fig. 8, pl. XL, parce que cette longueur
sert pour chaque côté du chemin : sa longueur
est de six pieds (1,949) ; la largeur de la surface
sur laquelle roulent les roues des chariots, est
de trois pouces (0,081), et l'épaisseur, d'un demi-
pouce (0,014) ; le rebord s'élève de deux pouces
(0,054) au-dessus de la surface, que nous app el-
lerons désormais la *charrière.* Pour nous conformer, dit M. O'Reilly, au mot *trod*, le rebord a
un demi-pouce (0,014) d'épaisseur à sa jonction
avec la charrière ; on le diminue environ d'une
ligne vers le sommet pour la dépouille en mou-
lant les pièces ; les trous pour les clous, lorsqu'on
les pratique dans la charrière, doivent être frai-
sés dans le modèle du fondeur, afin de recevoir
les têtes : on pratique ces trous à un pouce (0,027)
de distance de chaque bout ; dans quelques longrines on met des oreilles derrière le rebord à
chaque extrémité pour recevoir les clous. On
voit le profil de ces longrines, dans la fig. 9 : leur
poids est de quarante - sept à cinquante livres,
environ chaque. Le menuisier doit avoir grand
soin, en faisant le modèle en bois, de laisser
4 pouces $\frac{5}{8}$ (0,122) de largeur aux deux extrémités.
Négliger ce point, c'est se préparer beaucoup de
peines et de difficultés lorsqu'on vient à poser
les chemins. Les dimensions précitées convien-

nent, pour les chemins, dans les environs des
forges et des houillières, ainsi que dans les galeries des mines : lorsqu'il s'agit de transporter des
fardeaux plus considérables que ceux usités dans
ces endroits, on doit raccourcir les longrines à
4 pieds (1,299), ou 4 pieds ½ (1,461) ; élever les
rebords d'un demi-pouce (0,014) de plus vers le
milieu, et augmenter l'épaisseur d'un huitième
de pouce (0,001). Lorsqu'on aura des poids légers
à transporter, on diminuera l'épaisseur dans la
même proportion.

« Dans la fig. 10, on trouvera l'élévation d'un des
sommiers de bois, sur lequel on pose les longrines
de fer. Dans plusieurs endroits, on fixe les extrémités sur des morceaux de bois de tout échantillon, sans entailler leurs surfaces, pour recevoir
les longrines ; mais dans les chemins soignés, on
suit la méthode décrite ici. Les sommiers ont
3 pieds 4 pouces (1,083) de largeur : on les débite
en bois de chêne de 4 à 5 pouces (0,108) (0,135)
de large sur 3 pouces ½ (0,095) d'épaisseur ; la
coulisse ou longrine est entaillée dans le sommier, de manière à laisser 14 pouces dans œuvre,
de rebord en rebord ; ce qui forme la voie des
chariots à ¼ de pouce (0,020) près, pour le jeu
des roues dans les chemins en ligne droite ; mais
lorsque le chemin tourne rapidement, il faut un
pouce et demi (0,041) de jeu. Lorsque les longrines
se réunissent à des coulisses courbées, on fait l'ex-

trémité qui se joint à la coulisse plus large d'un pouce que l'autre bout qui se réunit aux longrines du chemin droit.

« La fig. 2 montre la disposition des coulisses courbes pour tourner un chemin à angle droit : ces coulisses exigent trois sommiers entre les extrémités, leur charrière a quatre pouces (0,108) de large ; et à cause du tournant, la voie est espacée d'un pouce $\frac{1}{2}$ (0,041) plus étroit que le chemin droit ; l'épure de la coulisse intérieure est tracée par un rayon de 3 pieds 2 pouces (1,029), et se fait de quatre pièces ; la coulisse extérieure se trace par un rayon de 4 pieds 6 lig. (1,313) et se forme d'autant de pièces.

« Lorsqu'il s'agit de tourner à gauche *et vice versâ*, et de continuer en même temps le chemin droit, les longrines et les coulisses prennent la forme indiquée, fig. 3 : la charrière, dans la partie droite, a trois pouces $\frac{1}{2}$ (0,095) de large, et la partie circulaire 4 pouces (0,108). L'inspection de cette figure suffit pour expliquer l'assemblage de cette partie du chemin qui est composée de deux longrines à coudes, et de trois coulisses circulaires.

« Dans la figure 7 , on voit les premières coulisses ou longrines placées aux extrémités des chemins où les chariots commencent à entrer sur la route, afin que les roues de fonte puissent se placer facilement sur les longrines ; l'extrémité courbe est posée sur un fort madrier assez large, et qui fait les fonctions de sommier ; la charrière a 5 pouces $\frac{1}{2}$ (o, 149) de large à cette extrémité, et la voie y est proportionnellement plus étroite entre le rebord, pour faciliter l'entrée des chariots.

Actuellement il faut montrer la manière de faire passer les chariots l'un à côté de l'autre, dans les endroits où l'économie ne permet point d'établir des chemins doubles.

Fig. 12, représente une pareille disposition. La charrière des longrines et des coulisses doit avoir 4 pouces (o, 108) de large, afin de permettre de rétrécir la voie entre les rebords un peu plus que dans les chemins droits.

La figure montre la manière de faire passer deux voitures, et de les remettre de nouveau sur le chemin. Les deux premières longrines *aa* aux deux extrémités ont 6 pieds (1,949) de long, et sont faites en ligne droite pendant 4 pieds (1,299) ; de là la charrière s'élargit jusqu'au grand bout, où elle a 7 pouces $\frac{1}{2}$ (o,203) de large. Les coulisses *bb* sont fondues à deux branches ; la branche droite a 7 pieds 3 pouces (2,355) de long ; la troisième longueur, à chaque côté *cc*, ne doit avoir que 6 pieds (1,949) de long. Il est impossible de décrire aussi bien qu'on peut le concevoir par l'inspection de la planche, la disposition des rebords. Ces rebords sont doubles dans les longrines exté-

rieures de la division *cc*, parce que la coulisse du
milieu étant sans bord pour la plupart, ne peut
avoir 2 pouces $\frac{1}{4}$ (0,061) dans le milieu; la division
entre *c* et *d*, à gauche, est composée de quatre
longrines ordinaires ; la division du milieu *d* est
composée de quatre longrines, formant un chemin double. Cette division doit être composée de
quatre ou cinq longueurs, suivant le nombre des
chariots qu'il s'agit de faire passer à la fois.

« Pour empêcher que les roues de fonte des
chariots ne heurtent contre les points *ee* des
longrines *bb*, il faut élever le sol de ce côté du
chemin pendant la longueur de trois ou quatre
paires de longrines. Lorsqu'il sera question d'a-
jouter l'embranchement d'une route sans déran-
ger la disposition ordinaire, on changera la longrine *f* de la division *a* contre celle indiquée dans
la fig. 13 : cette longrine est munie d'un rebord
ou languette *g* mobile sur un centre, et tournant
à droite et à gauche, suivant la direction qu'on
veut donner à la charrière ; le heurtoir *h* empêche cette languette de s'en aller hors de cette
direction : le conducteur ouvre ou ferme cette
languette, suivant la direction qu'il veut donner
à son chariot.

« Les sommiers sur lesquels reposent les longrines du chemin double ont quatre boulons de
demi-pouce (0,014) de diamètre, qui entrent
dans les rebords, et qui maintiennent les lon-

grines à des distances convenables : on voit un de ces sommiers, fig. 14.

« Les chemins de fer se réunissent en plusieurs endroits avec les plates-formes des magasins, etc., d'où les chariots partent chargés des marchandises pour commencer leur route. Comme ces planchers sont un peu plus élevés que le niveau du chemin, les longrines (fig. 4) sont munies de deux portions circulaires qui se relèvent vers l'extrémité pour se poser sur la plate-forme, où la charrière est entaillée dans les madriers. Les parties circulaires sont munies de rebords intérieurs *a*, percés de trous, pour aider à les fixer sur la plate-forme.

«Fig. 5. Deux longrines à oreilles ; les rebords s'emmanchent ensemble au moyen des entailles pratiquées à chaque extrémité, comme on voit dans l'élévation (fig. 11). Cette manière d'assembler les longrines est peu usitée.

«Lorsqu'on a besoin de tourner le chemin doucement, on fabrique des longrines comme celles indiquées fig. 6 ; le rayon de cette courbe est censé être de 300 pieds (97,452), afin de former une légère déviation de 9 pouces (0,244) de la ligne droite sur une longueur de 15 pieds (4,873); le côté long de la longrine à gauche a 6 pieds (1,949) ; les côtés courts de la même longrine, 5 pieds 11 pouces 9 lignes (1,942). La longrine à droite a 5 pieds 11 pouces 6 lignes (1,936) d'un côté, sur 5 pieds 11 pouces 4 lignes (1,931) de l'autre. Si on n'a que quelques-unes de ces longrines à poser, cette grande exactitude n'est pas nécessaire ; mais dans le cas contraire, si on n'y fait pas attention, les joints s'ouvriront et il y aura beaucoup de frottemens qu'on pourrait éviter. Il faut toujours observer que le sol des côtés longs des chemins tournans doit toujours être élevé 2 pouces ou 2 pouces $\frac{1}{2}$ (0,068) plus haut que l'intérieur du chemin ; par ce moyen la gravité du chariot diminue le frottement des roues sur le rebord intérieur du chemin. Lorsqu'il s'agit d'accommoder un chemin qui tourne hors de la ligne droite 18 pouces (0,487) sur 15 pieds (4,873), ce qui suppose un rayon environ de 150 pieds (48,726), les longrines doivent courber 0,37 d'un pouce dans le milieu, le côté long de la longrine extérieure aura 6 pieds (1,949), et son côté court 5 pieds 11,88 pouces (1,946). Les côtés longs de la longrine intérieure auront 5 pieds 10,93 pouces (1,895), et son côté court 5 pieds 10,81 pouces (1,896) pour une courbe de 18 pouces (0,487) par 15 pieds (4,873), égale à un rayon de 225 pieds (73,789), les longrines doivent être courbées 0,24 d'un pouce (0,001) vers le milieu ; le côté long de la longrine extérieure aura 6 pieds (1,949), son côté court 5 pieds 11. 92 pouces (1,920) ; le côté long de la longrine intérieure aura 5 pieds 11,29 pouces (1,924), son côté court 5 pieds 11. 21 pouces (1,926). Pour un chemin qui tourne, 6 pouces (0,162) par 15 pieds (4,873); ce qui équivaut à un rayon de 450 pieds : les longrines doivent tourner 0.12 d'un pouce dans le milieu; le côté long de la longrine extérieure aura 6 pieds (1,949), son côté court 5 pieds 11.96 pouces (1,921); le côté long de la longrine intérieure, 5 pieds 11.64 pouces, son côté court 5 pieds 11.6 pouces (1,927).

« Pour expliquer plus clairement ce que nous entendons par une courbe de 6, 9, 12 (1,949), ou 18 pouces (0,487) par 15 pieds (4,873), on n'a qu'à jeter les yeux sur la fig. 15, où nous supposerons les distances de *a* à *b*, de *b* à *c*, et de *c* à *d*, de 15 pieds (4,873) chaque, et les distances entre *eb*, *ec*, *ed*, etc., égales à 6, 9, 12, ou 18 pouces (0,487). C'est ainsi que les ingénieurs anglais chargés de la confection de ces chemins, s'y prennent pour leur tracé.

« Les chariots employés sur ces routes sont tous de différentes dimensions suivant la nature des marchandises ou des matériaux dont on les charge. La seule chose indispensable dans leur confection, c'est que leurs roues de fonte n'aient jamais plus d'un pouce et demi à deux pouces de large, afin de s'accommoder à la largeur des charrières; la hauteur est en général de 14 à 18 pouces.

« Je ne passerai pas en revue les différens chan-

gemens qu'on a fait subir aux chemins de fer,
puisque ces changemens sont souvent déterminés
par la nature des localités et la manière de voir
de l'ingénieur.

« On a établi en France un chemin de fer aux
mines de charbon du mont Cenis, pour conduire
les charbons aux fonderies de Creusot ; mais ce
chemin a été fabriqué à trop grands frais, ce qui
a empêché de l'imiter ailleurs, et cependant il y
a des endroits où cette construction de chemin
aurait produit un avantage très-considérable ; par
exemple, depuis les mines de Fim et Noyant,
département de l'Allier, jusqu'à Moulins, la rivière de Quesne ne pourrait être rendue navigable qu'avec beaucoup de dépenses ; la pente est
considérable depuis Cressanges, et le nombre
d'écluses qui seraient indispensables rendrait
nuls les avantages de cette navigation ; cependant
ces houillières sont de première qualité et d'une
richesse inépuisable.

« Il existe en Angleterre beaucoup de chemins
de fer qui facilitent considérablement le transport
des charbons aux canaux de navigation, mais
avant d'en établir ils ont cherché à s'assurer de
l'avantage que ces chemins pouvaient avoir sur
une petite navigation. Je vais rapporter les expériences qui ont été faites pour s'en assurer.

« Un cheval estimé la valeur de vingt
louis traîna facilement sur un chemin de fer

dont la pente était de cinq huitièmes de pouce par toise vingt - un petits chariots accrochés l'un à la suite de l'autre et chargés de houille , de bois et d'autres matières pesant en tout soixante-dix milliers. Ce poids, qui paraît incroyable, a été tiré à plusieurs reprises par le même cheval en présence de commissaires nommés pour constater l'expérience.

« Le même cheval fit remonter ces mêmes chariots vides , pesant environ dix milliers , sans s'être sensiblement fatigué. Dans une autre partie du chemin où la montée était de 3 pouces (0,081) par toise (1,949) le cheval n'a pu tirer que six milliers ; en descendant à ce même endroit, on a été obligé d'enrayer les roues pour empêcher que le poids ne foulât trop fortement les reins du cheval.

« Les chariots employés sur ce chemin étaient en forme de camions ou de pyramides tronquées, élevées sur quatre roues de fonte évasées et portant dans leur rainure sur la barre de la fonte qui forme le conduit ou le chemin de fer.

« Les mêmes personnes ont fait une seconde expérience à une autre houillière sur un chemin d'une construction semblable , dont la pente était de $\frac{2}{7}$ de pouce (0,018) par toise (1,949). Le cheval employé était très-robuste ; on attela derrière lui vingt-un de ces camions pesant chacun cinq quintaux , et ensemble avec leur chargement de houille quatre-vingt-six milliers huit quintaux. Ce cheval les traîna jusqu'au bas de la descente avec la plus grande facilité. Le même cheval remonta avec un poids de quatorze milliers. Il est bon de remarquer que quoique ces poids soient anglais, le quintal employé était celui du commerce ou de cent vingt livres ; ce qui rend le calcul encore plus extraordinaire. Ce chemin a été formé de barres ou geuses de fonte de 3 pieds (0,975) de long, et du poids de trente-trois liv. chacune. On les a placées et scellées, en laissant entre les bancs parallèles une voie de 4 pieds 2 pouces (1,353) de large ; elles étaient fixées sur des barres de pierre ou des poutres en chêne, et la chaussée sur laquelle on avait établi la plate-forme, était remplie de gravois ou de sable battu, à défaut de ciment et de maçonnerie, qui seraient revenus à un prix trop élevé et dont l'usage était inutile.

« La dépense par mille anglais (826 toises ou 1609 mètres 904 millim.) y compris les matériaux employés à la construction de cette route, sur le point le plus dispendieux, était d'un millier de louis ; dans cette dépense on ne compte pas les exhaussemens extraordinaires pour traverser les ravins, etc. Les barres ne pèsent jamais moins de vingt livres, ni plus de quarante.

« Il y a plusieurs circonstances où les chemins de fer l'emportent sur la petite navigation, dit

M. O'Reilly : par-tout où la pente est d'un pouce
par toise, il faudrait nécessairement renoncer à
l'usage des canaux, et on obtiendrait par un
chemin de fer plus de promptitude dans le transport.

« On a pratiqué de ces chemins avec des barres
ou tringles de bois pour éviter la dépense du fer ;
mais après plusieurs essais inutiles on s'est vu
forcé de les abandonner : l'humidité les tourmen-
tait, ils se déjetaient et exigeaient des réparations
fréquentes qui les rendirent impraticables.

« Les partisans des canaux soutiennent que le
transport par eau a l'avantage, à cause de la
quantité qu'on peut voiturer à la fois ; mais ils ne
font pas attention aux difficultés de remonter à
tout moment un chargement complet. Sans doute
dans les eaux mortes un cheval peut traîner plus
de soixante milliers, tandis que sur le chemin de
fer il ne peut tirer que de seize à vingt mille ; mais
aussi quelle différence pour les frais ! L'entretien
de ce surcroît de chevaux, malgré le prix de la
voiture, ne sera pas même la moitié du péage et
du *transport par un canal.*

« Aujourd'hui, en Angleterre, ces chemins riva-
lisent avec les canaux de navigation. Par-tout
dans le Southwales et dans tous les pays montueux on les emploie ; on se trompe si l'on croit
qu'ils ne sont consacrés qu'aux forges et aux houillières : il en existe pour des communications en-

core plus importantes, et il y en a un entr'autres destiné à former la communication entre Portsmouth et Londres. »

Chêne. s. m. Le chêne est le plus grand, le plus durable et le plus utile de tous les arbres : il est naturellement répandu dans tous les climats tempérés ; les climats trop chauds ou trop froids ne lui conviennent pas ; c'est le meilleur bois qu'on puisse employer dans les travaux de charpente ; sa solidité répond de celle de toutes les constructions dont il forme le corps principal ; sa force le rend capable de soutenir de pesans fardeaux, dont la moitié ferait fléchir la plupart des autres bois, et sa durée peut aller jusqu'à six cents ans sans altération, lorsqu'il est à couvert des injures de l'air. Si on l'emploie sous terre et dans l'eau en pilotis, on estime qu'il peut durer quinze cents ans. Voyez *Bois*.

Cheval. s. m. Nous ne pouvons trop nous appliquer à connaître la nature des agens que nous employons, de quelle manière ils agissent, quelles sont leurs forces, etc. Ces connaissances de fait sont, dans la pratique, ce que sont les principes généraux dans les sciences de pure spéculation, dont l'application est d'une utilité si étendue, et nous épargnent tant de travaux.

L'usage multiplié que nous faisons du cheval dans nos travaux pour le transport des matériaux, a déterminé les savans à rechercher quels étaient les moyens d'employer cet intéressant animal, et de tirer tout le parti possible de sa force et de sa docilité, sans trop le fatiguer.

M. de la Hire a fait sur cet objet différens mémoires où il cherche à prouver que la force de l'homme est plus avantageusement employée à porter qu'à tirer, au lieu que celle du cheval est plus avantageusement employée à tirer qu'à porter, parce que, dit-il, toutes ses parties sont plus favorablement disposées pour cet effet que celles de l'homme ; et il ajoute que la force des chevaux ne dépend pas absolument de leur pesanteur, comme celle des hommes, mais principalement des muscles de leur corps et de la disposition générale de leurs parties, qui ont un très-grand avantage pour pousser en avant.

M. de la Hire a raison dans tout ce qu'il dit si on l'interprète bien, mais on l'a mal entendu. Il est vrai que ce savant académicien aurait pu s'étendre davantage sur ce qui regarde la force des chevaux ; il n'a d'ailleurs rien dit de la manière de l'employer, quoique ce fût là l'article le plus important, et qu'il fût plus en état que personne de le discuter.

Nous allons suivre le Mémoire de M. Parcieux sur le même sujet ; il nous apprend à peu près tout ce qu'un ingénieur doit savoir relativement au tirage des chevaux.

Il est bien vrai, comme l'a remarqué M. de la

Hire, que les chevaux sont plus propres à tirer qu'à porter ; mais il ne s'ensuit pas que ce soit par la force absolue de leurs muscles qu'ils tirent, ni qu'il faille mettre les palonniers à la hauteur du poitrail des chevaux, de crainte de les charger ou de les faire porter en partie. Je pense, au contraire, que ce que l'inclinaison convenable des traits leur fait porter, est plus favorable au tirage que nuisible, puisque cela fait le même effet que si on les chargeait d'un fort petit poids, sans qu'ils en soient réellement embarrassés, leur laissant toujours toute leur liberté.

Pour démontrer que les traits inclinés au chemin sont plus favorables à l'action du cheval ou de quelqu'autre agent animé que ce soit, il faut que je fasse voir auparavant qu'ils ne tirent tous que par leur pesanteur. Je commence par l'homme, quoiqu'on ne le conteste pas ; ce que je dirai sur sa manière d'agir en tirant, contribuera à rendre plus intelligible ce que j'ai à dire pour le cheval.

Il est aisé de voir que l'homme, AP (pl. xxiv, fig. 1re) que je suppose tirer un seau d'eau d'un puits, ne le fait monter qu'autant qu'en se penchant, il appuie le poids de son corps contre la bretelle AB, en s'exposant à se laisser tomber si la corde venait à casser : on voit que le centre de gravité C, où l'on doit supposer tout le poids de l'homme réuni, tend à s'approcher du centre de la terre, en suivant l'arc CG, qui a pour centre

le pied P qui porte à terre ; ce qui arriverait in-
failliblement si l'autre pied E ne venait au secours
faire un nouveau point d'appui , et si en tendant
le jarret peu à peu , on ne tenait le centre de gravité de la masse de l'homme toujours à la même
hauteur ou à peu près , suivant le besoin.

Il est bien évident que cet homme ne tire que
par sa pesanteur ; car si la résistance ne cédait pas
lorsqu'il s'appuie contre la bretelle , la masse se
trouverait portée ou soutenue par le pied P, qui
fait le point d'appui , et par le trait ou la corde
BI ou MQ que nous supposons ne pas céder, soit
que l'autre pied soit levé, soit qu'il semble porter
à terre ; car, dans ce dernier cas, s'il touche à
terre, il n'y appuie pas : il n'est là tout machina-
lement que pour soutenir le corps en cas d'accident, et faire un nouveau point d'appui , quand
l'autre jambe sera entièrement tendue ; mais tant
que la résistance ne cède pas, le poids de l'homme
est porté par le point d'appui P où est son pied,
et par la corde BL ou MQ de la résistance, comme
le ferait une poutre ainsi inclinée.

Tous ceux qui ont étudié les premiers principes de la mécanique savent qu'à chaque instant de l'action , on peut prendre pour bras du
levier les perpendiculaires abaissées du point
d'appui aux directions , suivant lesquelles agissent les poids ou les puissances : ainsi, dans la
position de l'homme que nous avons supposée ,

le bras du levier de sa masse est la ligne PD perpendiculaire à la direction CD, suivant laquelle
le centre de gravité de l'homme tend à chaque
instant à s'approcher du centre de la terre ; le
bras du levier de la résistance serait PM, si
l'homme tirait par un trait horizontal, et il ne
serait que PF, s'il tirait par un trait incliné.

Si cet homme se baisse ou s'incline plus qu'il
n'est, il se procurera deux avantages ; son centre
de gravité venant, par exemple, en I, la direction
LK de la résistance sera descendue au-dessous de
la première position. On suppose qu'elle soit descendue en LN par ce mouvement, le bras du levier
PF se raccourcit et devient PD ; la résistance
restant la même, et agissant maintenant par un
bras du levier plus court, elle a perdu de son
avantage, tandis que le poids de l'homme agissant
par un bras de levier PH plus long que le premier
PD, en a gagné.

Ce n'est donc pas la force des muscles, en s'é-
tendant, qui fait la traction : mais cette même
force, aidée du jeu des muscles, met le poids de
l'homme en état de vaincre la résistance, si elle
peut l'être par un homme.

La force des muscles qui agissent dans un
homme qui tire en avançant et continuant sa
route, ne sert qu'à lui faire porter continuellement son centre de gravité en avant ; et pour le
dire en deux mots et distinguer l'effet de la cause,

le poids de l'homme fait la traction , le jeu et la force des muscles en font la continuité.

On voit par là qu'un homme qui est grand et gros à proportion, et aussi agissant qu'un homme de moindre taille , doit tirer un poids beaucoup plus pesant qu'un homme plus petit, quoique ce dernier puisse porter autant que le grand, et même davantage.

Les parties du cheval , ainsi que de tous les autres quadrupèdes , sont tellement disposées , que les jambes de devant en portent la plus grande partie; l'office des muscles des jambes de derrière d'un cheval qui tire , est de pousser sa masse en avant, en inclinant les piliers qui en portent le plus : ce qui le ferait tomber si les traits cassaient.

Dans un tirage ordinaire et modéré , la masse du cheval a deux points d'appui bien marqués , l'un aux pieds de derrière , et l'autre aux pieds de devant; mais dans tous les cas, le plus marqué est celui des pieds de derrière ; car lorsqu'un cheval tire avec effort, les jambes de devant portent très-peu à terre: la masse du cheval est alors soutenue par les traits et par les pieds de derrière, s'il a les muscles des reins , des hanches et des jarrets assez vigoureux pour cela.

Les jambes de devant portent donc moins quand le cheval tire que quand il ne tire pas: ce qu'elles portent de moins est un poids qui tend à

tomber en tournant autour du point d'appui qui
est aux pieds de derrière, et c'est l'action de ce
poids tendant à tomber, qui fait la traction ; la
force des muscles des jambes de derrière et des
autres muscles ne sert qu'à pousser la masse en
avant, et mettre le poids en état d'agir continuellement.

La peine que j'ai éprouvée, dit M. de Parcieux,
à faire entendre à quelques personnes que ce n'est
pas la force des muscles qui fait la traction, mais
la pesanteur de l'agent, me porte à mettre ici
une comparaison qui ne sera peut-être pas
inutile.

On ne peut pas disconvenir que l'homme posé
sur ses deux pieds, ou sur un seulement, s'appuyant contre la bretelle, ne tire pas le poids de
sa masse tendante à tomber. Si la résistance est
grande, l'homme se baissera davantage ; mais qu'il
soit plus ou moins baissé, c'est toujours par l'effet
de sa pesanteur qu'il agit : cet homme pourrait
tant se baisser, qu'à la fin ses mains toucheraient
la terre ; ce serait toujours la même action, je
veux dire celle de la pesanteur ; elle ferait alors
beaucoup plus d'effet, et c'est le cas du cheval.

Cette position naturelle du cheval, indépendamment de l'inégalité des masses, est le principal avantage que le cheval a sur l'homme pour
tirer ; par sa position naturelle, sa masse est
baissée autant qu'elle peut l'être, ou à peu près ;

elle est appuyée sur un ou deux piliers mobiles,
par là moins exposée à tomber ; les muscles des
jambes de derrière ne font qu'appuyer cette masse
contre le collier plus ou moins vigoureusement,
selon que la résistance est plus ou moins grande,
et ils l'appuient quelquefois si fortement, que les
jambes de devant ne portent plus rien : c'est l'appui
de derrière et les traits qui portent tout, et c'est le
plus grand effort que le cheval puisse faire. S'il
s'est baissé autant qu'il le peut, et que la résistance
ne cède pas, le cheval aura beau tendre et bander
ses muscles tant qu'il pourra, il se cabrera, et
perdra de son avantage au lieu d'en acquérir.

Je crois, ajoute encore M. Parcieux, avoir
suffisamment montré que c'est la pesanteur ou
partie de la pesanteur de la masse du cheval qui
fait la traction. Cela prouvé, il en doit être de sa
manière de tirer comme de celle de l'homme ;
que les traits inclinés rendent le bras de levier de
la résistance, ou la perpendiculaire qui leur est
menée du point d'appui, moindre que ne font les
traits parallèles au chemin, il suffit pour cela de
jeter les yeux sur la fig. 1 : c'est là ce que je vou-
lais prouver.

Par ce mouvement machinal aussi naturel à
l'homme qu'au cheval, outre l'avantage que pro-
curent les traits inclinés en rendant le bras du
levier de la résistance plus court que ne font les
traits parallèles, il arrive encore que de quelque

quantité que le cheval se baisse pour vaincre la résistance, il gagne davantage par des traits inclinés que par des traits parallèles ; car en se baissant il diminue presque de la même quantité les perpendiculaires qui seraient menées du point d'appui à l'une et à l'autre de ces deux positions de traits ; mais cette diminution est une plus grande partie de la perpendiculaire abaissée au trait incliné, puisqu'elle est plus courte qu'elle n'est de l'autre perpendiculaire qui est plus longue, et par cette raison dans les momens où il faut donner un fort coup de collier, le cheval n'a pas besoin de se baisser autant en tirant par des traits inclinés au chemin, qu'en tirant par les traits parallèles : par là il est moins exposé à glisser, avantage très-grand pour la conservation d'un animal aussi utile.

Plusieurs personnes ont écrit en faveur du tirage haut ou parallèle au chemin, qui me paraît contraire à tout principe; J'ai cru qu'on me saurait gré d'éclaircir cette question, dont les applications sont très-intéressantes dans l'économie journalière.

Chevalet. s. m. Pièce de bois couchée en travers sur deux autres pièces, auxquelles elle est perpendiculaire ; le chevalet le plus simple de tous sert en une infinité d'occasions, mais surtout à soutenir les planches qui forment les ponts des petites rivières.

On appelle encore *chevalet* un tréteau qui sert à échafauder, scier de long, et porter des triangles de fer dans une machine hydraulique.

Cheville. s. f. Petit morceau de fer ou de bois rond qui sert à tenir ferme un assemblage.

— *d'assemblage*, ne sert aux charpentiers qu'à assembler les pièces de bois façonnées sur le chantier, ou à mesure qu'ils les mettent en place, jusqu'à ce qu'elles y soient toutes, pour les cheviller à demeure : ces chevilles sont de fer avec un talon percé d'un œil à la tête, la pointe ronde : elles ont neuf pouces, un pied, et quelquefois plus de longueur.

— *barbelée*, celle dont le corps est hérissé de dents dont la pointe est du côté de la tête de la cheville, afin qu'étant chassée dans le bois, elle ne puisse en être retirée.

— dans le toisé des bois de charpente, c'est un morceau de bois de 6 pieds (1,949) de long sur un pouce (0,027) de carré de base : il en faut soixante-douze pour faire une solive, c'est-à-dire, pour faire la valeur de 3 pieds (0,102) cubes. .

— *de ranche*, morceaux de bois rond, de deux pieds de long, qu'on fait passer à travers le rancher d'un engin ou de la volée d'une grue, et qui servent d'échelons.

Cheviller. v. a. Mettre des chevilles.

Chèvre. s. f. Machine avec laquelle on élève à plomb des pierres, des poutres, etc. dans les travaux : elle est composée de deux pièces de bois, qu'on nomme *bras*, de deux ou trois entretoises, pour en arrêter l'écartement; d'un treuil, traversé de quatre leviers, pour dévider le câble qui passe sous une poulie placée à l'extrémité supérieure, où elle roule sur un axe claveté.

Quelquefois aux deux bras, on en joint un troisième qu'on appelle *bicoq* ou *pied de chèvre*, pour la soutenir lorsqu'on ne peut l'appuyer ou lorsque le fardeau ne doit pas être élevé bien haut.

Chevron. s. m. Pièce de bois de 3 (o,o8r) ou 4 pouces (o,108) de gros.

Ciment. s. m. Voyez *Mortier*.

Cintre. s. m. Assemblage de charpente, composé de pièces de bois qui, ayant à soutenir le poids de la voûte dont elles sont pressées et poussées, doivent être disposées entr'elles de manière à ce qu'en s'appuyant les unes sur les autres, elles se contrebuttent et ne puissent céder; ce qui dépend de la force absolue des bois et de la position des pièces.

Quand on construit une voûte, une arche de pont, etc., il est évident qu'il faut commencer par poser de chaque côté les pierres ou voussoirs qui doivent être sur les deux pieds-droits. On pourrait continuer ainsi jusqu'à une certaine hauteur, parce que le premier voussoir n'étant nullement incliné à l'horizon, et ne faisant nul effort pour tomber, et les suivans l'étant encore peu, ils se soutiennent sans peine, ou par la force du ciment ou par celle du frottement seul qui les arrêterait : mais cela ne pourrait pas aller loin, et les voussoirs seraient bientôt tellement inclinés, qu'il serait impossible qu'ils se soutinssent, et que la construction avançât. On a trouvé l'expédient de construire un cintre de charpente qui ait par sa convexité la même figure ou courbure que la voûte doit avoir par sa concavité, et d'élever la voûte sur ce cintre qui la porte et la soutient toujours, jusqu'à ce qu'enfin la clef, ou le dernier voussoir du milieu étant posé, elle se soutienne par sa construction seule et sans cintre.

Un seul cintre ne porte pas toute la voûte, on en construit plusieurs, selon sa largeur, tous égaux et semblables, disposés parallèlement les uns aux autres à distances égales, ordinairement de six pieds : de sorte que le poids est également partagé entr'eux. Chaque cintre s'appelle *ferme*; il y en a cinq, chacun ne porte que la cinquième partie de la voûte.

Pour déterminer la force nécessaire à un cintre, il faut d'abord connaître la force qu'on a à soutenir : la pesanteur d'une voûte dépend et de sa figure et des matériaux dont elle est construite. Mais, avant d'expliquer les expériences et les remarques faites pour parvenir à connaître cette pesanteur, je vais donner le détail des cintres que le savant Pitot a choisis pour exemple.

Une voûte peut être construite en demi-cercle, c'est ce qu'on appelle *plein cintre;* ou, si elle n'est pas en demi-cercle, elle sera plus ou moins haute, ce qu'on appelle *voûte surhaussée* ou *surbaissée.* M. Pitot ne traite que des voûtes en plein cintre ou des voûtes surbaissées, qui sont les plus ordinaires.

Dans les deux cintres choisis par M. Pitot, l'un pour les arcs en plein cintre (pl. VII, fig. 1), l'autre pour les arcs surbaissés (pl. VI, fig. 2), on verra les mesures ou grosseurs les plus ordinaires, pour avoir au moins les rapports des grosseurs que chaque pièce doit avoir, et y faire ensuite les changemens qu'on trouvera nécessaires.

CAB est le diamètre d'une voûte ou d'une arche de pont, que nous supposerons devoir être dans la suite de 60 pieds (19,490) pour l'arc en plein ceintre, fig. 1, et de 80 pieds (25,987) pour l'arc surbaissé, fig. 2 : la montée ou flèche CD sera à l'arc surbaissé de 30 pieds (9,745).

Les courbes AEDFB auront six pouces sur douze de gros ; l'entrait EF aura au moins 12 pouces (0,325) sur 12 (0,325) de gros ; la semelle GH 12 pouces (0,325) sur 12.

Les jambes de force IE, IG, KF, KH, 8 sur 10.

Le poinçon RD, 12 sur 12.

Les arbalétriers LM, NO (fig. 1), 6 sur 10.

Les décharges LM et les arbalétriers NO
(fig. 2), 8 sur 10.

Les moises PQ, 8 pouces sur 20, ou 24 de gros.

C'est dans le bon arrangement dans l'assemblage de toutes ces pièces que consiste la plus
grande partie de la force du cintre ; c'est pourquoi nous donnerons ici quelques maximes, dont
on pourra se servir très-utilement.

Il faut que chaque pièce soit appuyée et contre-
butée avec la correspondante, ainsi qu'on le peut
voir dans le dessin, où les jambes de force IG,
KH, sont contrebutées par le moyen de la semelle GH : les arbalétriers sont contrebutés au
point N du poinçon, etc.

On doit éviter, autant qu'il est possible, de
placer deux pièces l'une sur l'autre par des entailles comme les croix de Saint-André, etc. ; car
les deux pièces disposées ainsi n'ont pas plus de
force qu'une seule au point où elles se croisent.

Il ne faut pas compter beaucoup sur la force
des tenons, sur-tout aux pièces qui sont posées
obliquement, pour soutenir un fardeau ; il faut y
faire aussi des embrassemens, et même y mettre
des moises, en se souvenant toujours de cette
maxime, que les meilleurs assemblages de charpente se peuvent faire sans tenons et mortaises.

Il faut mesurer ou toiser la solidité de l'arc ou
portion de la voûte qu'une ferme de cintre doit
porter, par les règles de la géométrie pratique, et

savoir combien on doit donner de longueur de coupe ou extrados aux voussoirs. On donne ordinairement trois pieds aux carreaux et quatre ou cinq aux boutisses ; mais comme dans les grands ouvrages on prolonge les assises avec des libages jusqu'à six ou sept pieds plus ou moins , selon qu'on approche de la clef , nous les prendrons toutes de 7 pieds (2,274) dans la suite. Ainsi, pour les arcs en plein cintre , il n'y aura qu'à mesurer la superficie du profil AGDQBR , dont AG ou BR sera de 7 pieds (2,274), et la multiplier par 6 pieds (1,949), pour avoir le solide de l'arc. Mais pour les arcs surbaissés, il faudra trouver la valeur des diamètres AH ou BI (fig. 4) , et DK ou EK, avec lesquels on mesurera séparément la superficie des portions du profil APSE ou BRSE et ESQSED, en prenant toujours AP ou BR de sept pieds ; et enfin on multipliera la superficie entière APQRBDA par 6 pieds (1,949) , pour avoir le solide de l'arc surbaissé.

Lorsqu'on a trouvé la solidité d'un arc , il faut trouver sa pesanteur suivant celle de la pierre dont on s'est servi ; on pourra connaître cette pesanteur, soit de la pierre par la table que l'on a sur la pesanteur spécifique de plusieurs matières, et que j'ai placée à l'article *Pesanteur,* soit par des épreuves qu'on pourra faire aisément soi-même , ainsi que je vais l'indiquer.

Prenez un morceau quelconque de la pierre

dont vous voudrez connaître la pesanteur spécifique ; après l'avoir pesée exactement dans l'air, vous la peserez de même, après l'avoir plongée dans l'eau , et vous direz ensuite : Comme la différence entre le poids de la pierre dans l'air et son poids dans l'eau est à son poids dans l'air, ainsi la pesanteur d'un pied cube d'eau , qu'on sait être communément de soixante-douze livres, sera à la pesanteur d'un pied cube de cette pierre. Cette règle est évidente , car la différence ou la diminution du poids de la pierre étant pesée dans l'eau , est égale au poids d'un même volume d'eau que le morceau de pierre ; et il est clair que le poids d'un volume quelconque d'eau est au poids d'un volume de pierre , comme la pesanteur d'un pied cube d'eau est à celle d'un pied cube de la même pierre.

Dans les exemples que nous allons donner, nous supposerons que la pierre pèse cent soixante livres le pied cube.

Le poids total de l'arc ou portion de la voûte étant trouvé , il est évident que tout ce poids ne pèse pas sur le cintre avant que la clef soit posée, et qu'une partie est portée par les pieds-droits de la voûte : ainsi il faut réduire le poids total de l'arc à celui que le cintre doit porter. Pour faire cette réduction, je dis que (pour les arcs en plein cintre) le poids total de l'arc est à celui que le cintre doit soutenir, comme le carré du rayon CB ou CD (fig. 3 , pl. VII) est à la superficie du carré de cercle CBD.

Démonstration.

Ayant divisé par la pensée l'arc BRQD en un nombre infini de petits voussoirs, et mené à chaque division ou à chaque coupe du plan CNS et les lignes PNO parallèles à CD , on voit évidemment que chaque voussoir V peut être regardé comme un petit poids posé sur un plan incliné CNS ; mais par les propriétés du plan incliné , CN est à NO comme le poids du voussoir V est au poids ou à la force relative qu'il faut employer pour le retenir sur son plan : ainsi chaque rayon CN , ou bien chaque ligne PNO , sera l'expression du poids total ou de la force absolue du voussoir, et chaque sinus NO sera celle de la force relative qu'il faut employer pour le soutenir sur le plan ; on aura donc la somme de toutes les lignes PNO , ou la superficie du carré CM pour l'expression du poids total de tous les voussoirs, ou de l'arc entier BRQD, et de même la somme de tous les sinus NO , ou la superficie du quart de cercle CBB , exprimera la somme de toutes les forces relatives qu'il faut employer pour retenir tous les voussoirs , ou (ce qui est le même) le poids que le cintre doit soutenir.

Puisque le carré du diamètre d'un cercle est à sa superficie , ou le carré du rayon à la superficie

du quart du cercle comme 14 est à 11, on trouvera par là très-facilement la réduction qu'il faut
faire au poids total d'un arc en plein cintre par
cette règle, comme 14 est à 11, ainsi le poids de
l'arc est au poids réduit que le cintre doit porter.

Si l'on veut avoir la réduction du poids d'un arc
quelconque BRSN, ou la quantité dont cet arc
doit peser sur le cintre, on dira : Comme le rectangle OM est au segment du cercle BON, ainsi le
poids de l'arc est au poids réduit ; ce qui est évident : car le rectangle OM est composé d'un même
nombre de lignes PNO, qu'il y a de voussoirs infiniment petits dans l'arc BRNS, et le segment BNO
est de même composé d'un égal nombre de lignes
NO : ainsi le rectangle OM sera l'expression du
poids total de l'arc, et le segment BNC sera celle
du poids réduit.

Si l'arc de la voûte est un arc surbaissé, il faut,
pour trouver la réduction au poids total de l'arc
BRSQD (fig. 4, pl. VII), chercher d'abord celle
de l'arc BRSE par le rapport du rectangle OM au
segment BEO, et ensuite de l'arc ESQD par le
rapport du rectangle KXTD au quadriligne KXED
qu'on trouvera aisément par les règles de la planimétrie.

Nous avons donné les moyens de calculer le
poids ou la charge de la maçonnerie que le cintre
doit porter : il faut maintenant donner les moyens
de calculer la force du cintre suivant la résistance

des bois tirés ou poussés selon leurs longueurs. On ne peut connaître la force ou la résistance des bois que par des expériences faites sur les bois dont on fait usage, car la force de chaque espèce de bois est différente. On a trouvé que le bois de chêne, qui est presque le seul en usage dans la charpente, soutient environ soixante livres par ligne carrée lorsqu'il est tiré suivant sa longueur ; ainsi un bâton de ce bois, d'un pouce carré ou 144 lignes (0,325), peut soutenir environ huit milliers six cent quarante livres, et une pièce d'un pied de grosseur soutiendrait environ douze cent quarante-quatre milliers.

Sans nous arrêter aux différences que présentent les expériences faites depuis celles données par M. Pitot, on peut fixer la résistance de chaque pièce de bois dont on a fait usage dans la construction des cintres, ou le poids absolu qu'elles peuvent porter, à cinquante liv. par ligne carrée.

La force absolue de chaque pièce de bois étant ainsi établie, on trouvera leurs forces relatives ou leurs résistances moyennes suivant toutes les positions obliques qu'elles peuvent avoir par la règle de la résistance des solides (*Voyez* cet article). Mais dans les cintres que je propose pour exemples, les pièces qui doivent porter le poids de la maçonnerie de la voûte sont disposées de telle sorte que non seulement elles sont chacune appuyées et contrebutées avec leurs correspon-

dantes, mais que de plus elles sont arrêtées fixes
par les moises : nous pouvons donc ne faire aucune réduction à la force absolue de chaque pièce
de bois, hormis celle qui résulte de leurs positions obliques dont nous allons donner l'explication : il est bon d'observer que prenant ainsi toute
la force absolue de chaque pièce, nos calculs
nous donneront la plus grande force de nos
cintres, de laquelle il faudra rabattre quelque
chose par l'impossibilité de faire un assemblage
parfait.

On doit regarder chaque pièce qui sert dans
un assemblage de charpente à porter ou à soutenir un grand poids comme autant de puissances
plus ou moins inclinées ; on trouvera l'expression de la force de ces puissances par un principe
général des mécaniques, qui démontre que si un
poids P est soutenu au poids BD, etc., ou tiré
suivant les directions ABE ou CDE par des puissances ou forces exprimées par les lignes EF ou
EG : ayant fait le parallèlogramme FEGH, la
diagonale EH exprimera la force totale qui résulte du concours des deux puissances EF, EG ;
s'il y avait une troisième puissance on ferait un
autre parallélogramme dont un des côtés serait
l'expression de cette troisième puissance ; et
l'autre côté la diagonale EH, la diagonale de ce
dernier parallélogramme, serait l'expression de la
force résultante des trois puissances, et ainsi des

autres puissances, s'il y en avait une quatrième, cinquième, etc.

Il faut diviser la plupart des grands assemblages en plusieurs parties posées les unes sur les autres, et calculer la force de chacune séparément : ainsi dans les cintres que je propose pour exemple, on doit les regarder comme composés de deux parties séparées par l'entrait, dont l'inférieure doit seule avoir la force de porter tout le poids de l'arc de la voûte réduit, ainsi que je l'ai expliqué plus haut, et la supérieure celui de l'arc au-dessus de l'entrait. Il est vrai qu'on peut dire que la partie inférieure ne porte pas l'arc entier de la voûte, y ayant toujours huit, dix, et même douze assises de chaque côté de la naissance ou des premières retombées qui peuvent se soutenir sans cintre : mais nous ne tiendrons pas compte de cette diminution, parce qu'il vaut mieux donner au cintre plus de force que le poids qu'ils doivent soutenir.

Il nous reste encore à remarquer que les courbes ayant leurs parties convexes pressées d'abord par la maçonnerie, sont retenues et ne peuvent plier de ce côté-là, et qu'ainsi nous pouvons les regarder dans nos calculs comme des pièces droites ; la partie APE, par exemple, sera regardée comme une pièce de même grosseur que les courbes posées suivant l'inclinaison AE.

D'après toutes ces données il sera facile de ré-

soudre le problème suivant et tous ceux de la
même espèce.

PROBLÈME.

La grosseur de chaque pièce d'un cintre étant
donnée, trouver avec la règle et le compas sa
force totale ou le poids qu'il peut soutenir, pour
avoir le rapport de ce poids avec celui que le
cintre doit porter.

Ayant trouvé le poids absolu ou relatif que
chaque pièce du cintre peut porter suivant la
grosseur donnée, on divisera le cintre, comme je
l'ai déjà dit ci-dessus, en deux parties, qu'on tracera séparément avec toute la justesse possible,
en se contentant de marquer en lignes, pour la
partie inférieure (fig. 1 et 2), AEFB, les jambes
de force AE, AG, BF, BH, avec les courbes; et
pour la supérieure, les arbalétriers NO et les décharges LM. Cela fait, on divisera une échelle en
autant de parties qu'on jugera à propos, dont
chacune exprimera un millier de livres pesant :
on prendra sur cette échelle la valeur de la force
de chaque pièce. Maintenant, pour trouver la
force totale de la partie inférieure de nos cintres,
on portera sur chaque jambe de force les longueurs AS, AT de la valeur du poids qu'elles peuvent soutenir, pris sur l'échelle : mais on peut regarder la force des courbes ADE (fig. 6) comme
unie avec celle de la jambe de force AE : ainsi on

portera la valeur de la force des courbes de **T** en
V, et on achevera le parallélogramme AVXS ; la
diagonale AX sera l'expression de la force qui résulte des deux jambes de force AG , AE , et des
courbes ADE. On fera la même opération de
l'autre côté aux jambes de force BA , BE et aux
courbes BIE , pour avoir la diagonale BN égale à
AX , et également inclinée sur AB ; enfin , on portera la diagonale AX ou BN de M en R et en Z ,
pour achever le parallélogramme RMZY ; et la
diagonale MY sera l'expression de toutes les forces
obliques , ou la valeur du poids que le cintre peut
soutenir. Pour avoir la force de la partie supérieure du plein cintre (fig. 1) , on prolongera les
arbalétriers LM , NO jusqu'à leur point de rencontre X , duquel on portera sur la ligne XLS de
X en S les valeurs de la force de l'arbalétrier LM
et des courbes LPM ; on prendra de même sur
XON la valeur de la force de l'arbalétrier NO.
Cela fait, on achevera le parallélogramme XVASX,
pour avoir la diagonale AX ; en faisant la même
opération de l'autre côté , on aura de même une
diagonale AX également inclinée : ainsi on portera
AX de Z en R pour achever le parallélogramme
ZRYR , dont la diagonale ZY exprimera la force
de la partie supérieure du cintre , laquelle doit
être pour le moins aussi forte que le poids réduit
de l'arc de la voûte , et cela pour être toujours
en force dans la pratique du côté des cintres ; car,

dans la rigueur, on peut dire que la partie supérieure ne doit porter que l'arc de la voûte au-dessus de l'entrait.

Pour connaître la force de la partie supérieure du cintre surbaissé (fig. 2), il faut remarquer que les arbalétriers NO et les décharges LM sont parallèles, et qu'ainsi on peut prendre sur une même ligne NO prolongée, les valeurs de la force de l'arbalétrier NO de O en T, ensuite celle des courbes EPD de S en R : cela fait, on prendra ONZ de l'autre côté égal à OR, pour achever le parallélogramme ORYZ, dont la diagonale sera l'expression de la force de la partie supérieure de la deuxième partie.

Je vais donner un exemple pour le petit cintre de 60 pieds (19,490), où l'on verra le calcul du poids de la voûte que le cintre doit porter.

On a vu par ce que nous avons déjà dit, que le solide de la portion de la voûte qu'une ferme de cintre doit porter, est de 4422 pieds (151,573) cubes de pierre ; si chaque pied cube pèse cent soixante livres, comme nous l'avons supposé, on aura le poids total du même arc de 707520 liv., qu'on réduira à 555908 livres, pour le poids que le cintre de 60 pieds (19,490) doit porter.

Calcul de la force du cintre pour la partie inférieure.

Nous avons donné à chaque jambe de force 8 pouces sur 10 de gros, et aux courbes 6 sur 12.

Ainsi la force absolue de chaque jambe de force sera de 576000, celle des courbes 80640 à 50 liv. par ligne carrée de force de bois de chêne posé debout, ou considéré comme poussé, suivant sa longueur; ce qui est véritablement la plus grande force qu'on puisse lui donner, à cause des différens défauts qui peuvent se trouver dans le bois : on prendra donc AS, AT égal à 576000 liv., et TV égal à 518400 liv. ; on opérera comme il est indiqué au problème pour avoir la diagonale MY, qu'on trouvera, sur l'échelle, de 2,850,000 livres pour la force de la partie inférieure du cintre de 60 pieds (19,490). Cette force est beaucoup plus grande que le poids réduit de l'arc de la voûte, qu'on a trouvé de 555900 livres.

Calcul de la partie supérieure du même cintre.

Nous avons donné à chaque arbalétrier LM, NO, six pouces sur dix de gros : les courbes sont, de même que ci-dessus, de six sur douze ; ainsi la force absolue de chaque arbalétrier sera de 432000 liv., des courbes LPM, 518400 livres, et sur XN, ayant pris XV égal à la force de l'arbalétrier NO, 432000, on achevera le parallélogramme XSAVX ; et avec la diagonale XA égale à ZR, on fera, comme il a été dit, le parallélogramme ZRYR, dont la diagonale ZY sera l'expression de la force de la partie supérieure, qu'on trouvera, sur l'échelle, de 1,160,000 livres.

Je ne suivrai point M. Pitot dans tous ses autres calculs, je m'arrêterai à ce dernier problème.

Un cintre étant donné avec le poids de l'arc de la voûte qu'il doit porter, ou la force qu'il doit avoir, trouver la grosseur qu'on doit donner à chaque pièce de bois.

Pour résoudre ce problème on donnera, 1° à chaque pièce des valeurs telles que l'on voudra, pourvu que ces valeurs aient entr'elles les mêmes rapports que ceux que ces pièces doivent avoir réellement ; 2° on opérera avec ces valeurs supposées comme aux problèmes précédens, pour avoir la valeur de la diagonale MY relative à celles qu'on a données à chaque pièce ; 3° on fera ces proportions comme la valeur relative de la diagonale MY est à celle qu'on a donnée à une des pièces : ainsi la force ou le poids donné que le cintre doit porter, sera au poids ou à la force que cette même pièce doit avoir ; 4° ayant fait cette proportion pour chaque pièce, on aura leurs forces absolues, lorsque le cintre donné sera tel qu'on puisse prendre les forces absolues des pièces : mais si ce cintre donné est disposé de telle sorte qu'on ne puisse prendre que les forces réduites, on regardera les valeurs qu'on aura trouvées pour chaque pièce, comme des forces réduites en forces absolues par les règles de la résistance des solides, pour les diviser enfin par

5o livres, afin d'avoir la superficie en lignes carrées de la base de chaque pièce.

Il n'est pas possible de résoudre tous ces problèmes d'une manière rigoureuse, et quoique
cette théorie soit très-bonne, il n'en faut pas
moins consulter la pratique pour savoir si cette
théorie est d'accord avec la nature, et pour la
rectifier.

Il faut sur-tout consulter M. Perronet, l'un
des plus habiles ingénieurs de notre siècle, et
celui qui a fait exécuter les plus grands travaux.

Je vais rapporter en partie son Mémoire sur le
cintrement des ponts et leur décintrement, et sur
les différens mouvemens que prennent les voûtes
pendant leur construction.

« Lorsque les fermes d'un cintre ne sont appuyées que contre les culées et les piles des ponts,
on les nomme *fermes retroussées ;* chaque point
d'appui peut être établi sur une seule pièce de
bois qu'on nomme *jambe de force ,* au lieu de
l'être sur plusieurs files de pieux, comme on était
dans l'usage de le faire.

« Les tenons et les mortaises affaiblissent les
bois; on doit les supprimer en assemblant les
principales pièces des fermes nommées *arbalé-*
triers, sur plusieurs rangs en liaison l'un sur l'autre, et de telle sorte que les bouts de l'un des
rangs répondent au milieu des arbalétriers supérieurs, avec lesquels ils formeront des figures

triangulaires qui auront pour base la longueur entière d'un' arbalétrier , et pour côtés deux demi-arbalétriers du rang de dessus. Les principales pièces doivent être moisées au milieu de leur longueur, ainsi qu'à leur extrémité , et boulonnées. »

Cette manière de disposer les bois des fermes a été adoptée par M. Perronet , comme la plus convenable.

Les cintres s'affaissent après leur assemblage , et aussi sous le fardeau des voûtes pendant leur construction , soit par la compression des fibres du bois, ou par un peu de courbure que prennent les arbalétriers ; ce qui doit obliger de surhausser, sur l'étalon ou l'épure du charpentier, la vraie courbure des arches, de la quantité à laquelle cet affaissement peut être évalué d'après l'expérience.

Je vais donner les principales dimensions et les assemblages des fermes que M. Perronet a fait construire pour des arches de 60 (19,490) , 90 (29,236) et 120 pieds (38,981) d'ouverture, ainsi que le résultat des observations qu'il a faites à ce sujet.

Arche de 60 *pieds* (19,490) *d'ouverture.* Pl. **x.**

L'arche du milieu du pont de Cravaut, située sur la rivière d'Yonne, de 60 pieds (19,490) d'ouverture et 20 pieds (6,497) de hauteur sous clef,

depuis les naissances, a été cintrée avec cinq fermes
retroussées, espacées à 5 pieds $\frac{1}{2}$ (1,786) de milieu en milieu ; chaque ferme était composée de
trois cours d'arbalétriers , le premier et le troisième de cinq pièces, et celui du milieu de quatre ;
ces cours d'arbalétriers étaient posés l'un sur l'autre , assemblés triangulairement , et retenus avec
des moises , comme je l'ai expliqué ci - devant ;
chaque arbalétrier avait 15 (4,873) à 18 pieds
(5,847) de longueur et 8 (0,217) à 9 pouces (0,244)
de grosseur ; les moises avaient même grosseur
pour chaque pièce, sur 7 (0,189) à 7 pieds $\frac{1}{2}$ (0,351)
de long : la grosseur de chaque cours de couchis
était de 4 (0,108) à 5 pouces (0,135) ; la pierre
employée à ce pont pèse cent soixante-seize liv.
le pied cube , et l'épaisseur de la voûte est de
quatre pieds à la clef.

Arche de 90 pieds (29,236). Pl. XI.

L'arche , dite de Saint-Edme, construite à Nogent-sur-Seine, a 90 pieds (29,236) d'ouverture,
sur 26 pieds (8,446) de hauteur sous clef depuis
les naissances : elle a été cintrée avec cinq fermes
retroussées, espacées à 7 pieds (2,274) de milieu
en milieu , chacune formée de trois cours d'arbalétriers , comme au pont précédent ; le premier et
le troisième cours étaient faits de cinq pièces, et
celui du milieu de quatre pièces , chacune de 18
(5,847) , 20 (6,497) et 22 pieds (7,146) de lon-

gueur, et de 14 (0,379) à 16 pouces (0,433) de grosseur ; les moises avaient la même grosseur que les arbalétriers, sur 7 (2,274) à 8 pieds (2,599) de longueur ; chaque cours de couchis avait 6 (0,162) à 7 pouces (0,189) de grosseur.

Ces cintres étaient de la plus grande force ; je crois qu'il aurait suffi de donner 12 (0,325) à 15 pouces (0,406) de grosseur aux arbalétriers, comme le portait le devis, au lieu de 14 (0,379) à 16 pouces (0,433) que l'entrepreneur leur a donnés, pour employer ses bois tels qu'il avait pu les trouver dans les forêts.

Le grès dont est construit ce pont, pèse cent quatre-vingt livres le pied cube, et l'épaisseur de la voûte à la clef est de 4 pieds (0,487) 6 pouces.

Arche de 120 *pieds* (38,981). Pl. VIII.

Chacune des cinq arches du pont de pierre de Neuilly, de 120 pieds (38,981) d'ouverture sur 30 pieds (9,745) de hauteur sous clef depuis les naissances, et 45 pieds (14,618) de largeur, a été cintrée avec huit fermes retroussées, espacées à six de milieu en milieu ; chaque ferme était composée de quatre cours d'arbalétriers disposés en liaison et triangulairement, comme ceux des arches précédentes ; celui du dessous des fermes était composé de huit pièces ; les deuxième et quatrième, chacun de sept pièces, et le troisième de six pièces, qui avaient toutes de-

puis 19 (6, 172) jusqu'à 23 pieds (7, 471) de longueur
et 14 (0,379) à 17 pouces (0,460) de grosseur; les
moises pendantes, au nombre de treize, avaient 9
(2,924) à 10 pieds (3,248) de longueur sur 9 (0,244)
à 15 pouces (0,406) de grosseur pour chaque pièce :
le tout était lié avec cinq moises horizontales de
9 (0,244) à 15 pouces (0,406) de gros, et huit
lierres de neuf pouces aussi de gros : les couchis
avaient 7 (0,189) à 8 pouces (0,217) de grosseur;
les calles de dessous et le dessus de ces couchis
avaient l'une 6(0,162) à 7 pouces (0,189), et l'autre,
qui est celle du poseur, environ 2 pouces (0,054)
de hauteur : en sorte que l'intervalle d'entre les
dessus des fermes et les voûtes, était de 17 (0,460)
à 18 pouces (0,487), étant nécessaire de lui donner au moins le double de la hauteur du couchis;
cette hauteur s'est même trouvée encore augmentée pendant la pose, de 6 (0,162) à 8 pouces
(0,217) dans le haut, par l'affaissement des fermes,
qui a obligé d'augmenter successivement la hauteur de ces calles.

Les cintres de l'arche du milieu du nouveau
pont de Mantes, qui a également 120 pieds (38,981)
d'ouverture étaient aussi retroussées, et M. Perronet donna aux pièces de bois la même disposition entr'elles, et à peu près la même grosseur
qu'aux fermes du pont de Neuilly.

La pierre qui a été employée à ce pont et à
celui de Mantes, vient en grande partie de la

carrière de Saillancourt près Melan ; elle pèse cent soixante-cinq livres le pied cube, un peu plus ou un peu moins, suivant les différens bancs : l'épaisseur des voûtes est de 5 pieds (1,624) à la clef.

Différens mouvemens que prennent les voûtes pendant leur construction.

On peut commencer à poser les premiers cours des voussoirs sans cintre de charpente, jusqu'à ce qu'ils viennent à glisser sur les voussoirs inférieurs.

Le cours des voussoirs que l'on pose ensuite de chaque côté, commence à charger les cintres ; cette charge, qui augmente successivement jusqu'à ce que la clef soit posée, en faisant un peu baisser la partie inférieure des cintres, tend en même temps à faire remonter la partie supérieure, motif pour lequel on est obligé de la charger de voussoirs, qui étant tous taillés, sont employés ensuite au haut des voûtes, et cela se fait à mesure que la voûte s'élève, pour assujétir les fermes et les empêcher de remonter.

Cette charge a été portée, pour l'arche de soixante pieds, à soixante-sept mille cinq cents liv. ; la voûte étant pour lors élevée au treizième cours de voussoirs, faisant la septième partie de sa totalité pour chaque côté, les cintres n'avaient pas été surhaussés ; ils ont pu baisser d'un pouce sous le poids de la voûte.

Le poids total de la voûte, avant que la clef fût posée, était d'environ un million trois cent cinquante mille livres ; et ce poids doit, d'après les calculs de M. Couplet, être réduit, pour les quatre neuvièmes ou environ, à quatre cent mille liv. pour la charge des cintres, et à cent vingt mille pour celle de chaque ferme.

La charge sur la partie supérieure des cintres de l'arche de 90 pieds (29,236) a été de trois cent cinquante mille livres ; on posait pour lors les quinzièmes cours de voussoirs, faisant près de la sixième partie de la totalité pour chaque côté ; les cintres qui avaient été surhaussés seulement de 3 pouces (0,087) de plus que la courbure que devait avoir la voûte, se sont d'abord affaissés de 2 pouces (0,054) sous cette charge, et ensuite relevés d'un pouce (0,027), lorsque l'on a posé les vingtièmes cours de voussoirs, en s'aplatissant un peu sur les reins ; quand la voûte a été faite aux trois quarts, les cintres ont encore baissé d'un pouce et demi par la seule compression des bois, sans que l'on ait remarqué de renflement au droit des reins, et de 3 lignes (0,007) seulement de plus sous la charge totale : alors il n'est plus resté que 3 lignes (0,007) du surhaussement que l'on avait donné à ces cintres.

Cette charge totale pour les cintres, avant que la clef fût posée, étant réduite, comme je l'ai expliqué ci-devant, devait monter à un million deux cent quarante-cinq mille livres, et celle de chaque ferme à deux cent quarante-neuf mille liv.

Pour les arches de 120 pieds (38,981) du pont de Neuilly, on a commencé, à la fin de 1771, à charger le sommet des fermes de cinquante-deux voussoirs du poids chacun de cinq mille livres, le tout pesant deux cent soixante mille livres ; elles ont été comprimées sous cette charge seulement de 9 lignes (0,020), et ne l'ont pas été davantage pendant tout l'hiver : il y avait alors dix-huit ou dix-neuf cours de voussoirs posés de chaque côté des arches.

Le 7 juillet 1772, la charge du haut des cintres, la plus haute qui ait été mise, était de cent quatre-vingt-six voussoirs, qui pesaient environ neuf cent trente milliers, indépendamment des quarante-six cours de voussoirs déposés de chaque côté; le tassement total n'a été que de 19 lignes (0,043).

C'est le 26 du même mois qu'on a achevé de poser les clefs, et l'affaissement total, qui avait augmenté sensiblement chaque jour sur la charge des vingt derniers cours de voussoirs, s'est trouvé de 13 pouces 3 lignes (0,359).

La charge totale des cintres, était pour chaque arche, avant que les clefs fussent posées, a peu près de deux millions quatre cent mille livres, et pour chacune des huit fermes de trois cent mille livres.

Cet affaissement inévitable des fermes, occasionc d'abord une ouverture dans les joints supérieurs des voussoirs à peu de distance de l'aplomb des naissances, sur-tout aux grandes arches, et ensuite successivement plus haut, à mesure que l'on élève la voûte ; ce qui fait craindre aux personnes qui ne connaissent pas ces sortes de constructions, que ces effets ne soient occasionés par un défant de soin et puissent nuire à la solidité ; mais ces joints se referment ensuite après que les clefs sont posées : c'est ce que j'expliquerai en parlant du décintrement des voûtes.

A l'arche de 60 pieds (19,490) dont j'ai parlé, on ne s'aperçut de ce mouvement qu'en posant le dix-huitième cours de voussoirs de chaque côté : l'effet fut très-peu sensible.

L'arche de 90 pieds (29,236) étant élevé de chaque côté au vingtième des quatre-vingt-quinze cours de voussoirs qui composent la voûte, le joint s'ouvrit jusqu'à neuf lignes au-dessus du quinzième cours de voussoirs, traversant le massif des reins de la voûte près de l'aplomb du nu des naissances de l'arche ; ce qui occasiona verticalement une séparation du derrière des voussoirs, en descendant jusqu'au septième cours, d'avec les assises courantes et horizontales des culées.

Peu de temps après, ces joints ayant commencé à se refermer, il s'en ouvrit d'autres à l'extrados ou au haut du vingt-sixième, et jusqu'au trente-unième cours de voussoirs, chacun de près d'une ligne de part et d'autre de l'arche.

Aux arches joignant les culées du pont de Neuilly, les joints se sont ouverts à leur extrados, du onzième jusqu'au trente-sixième cours de voussoirs de chaque côté, depuis un quart de ligne jusqu'à deux ou trois lignes, excepté celui d'entre les vingt-sixième et vingt-septième cours de voussoirs qui s'est ouvert de 10 lignes (0,023) à l'arche de la culée, située du côté de Neuilly, et de six lignes seulement à celle de l'autre culée ; le tout du côté de ces culées : ces ouvertures ont été moins grandes aux autres arches.

Peu après la pose de la clef, les joints de l'extrados au côté inférieur des voussoirs se sont ouverts au-dessus du trente-sixième cours jusqu'au cinquante-sixième qui joignent les clefs, depuis un quart de ligne jusqu'à une ligne, mais seulement à un, deux ou trois joints au plus de chaque arche.

Au pont de Mantes, dont l'arche du milieu avait, ainsi que je l'ai dit ci-devant, pareille ouverture de 120 pieds (38,981) et 35 pieds (11,369) de hauteur sous clef, les joints s'étaient ouverts à peu près comme à celui de Neuilly.

Décintrement des ponts.

Pour diminuer le tassement des voûtes et faciliter le décintrement des ponts, l'usage ordinaire a été jusqu'à présent de poser à sec un certain

nombre des derniers cours de voussoirs, de les
serrer fortement avec des coins de bois chassés
à coup de maillet entre des lattes savonnées, et
de les couler et ficher ensuite avec du mortier de
chaux et de ciment ; cependant on ne l'a point
fait au pont de Neuilly, parce que M. Perronet a
pensé que la percussion de ces coups de maillet
ferait peu d'effet pour serrer les voussoirs entr'eux
sur d'aussi grosses masses de pierre, chacun de
ces voussoirs étant du poids au moins de cinq
milliers, et quelques-uns de huit ou dix milliers :
il avait d'ailleurs craint de casser des voussoirs,
comme cela est arrivé à d'autres ponts, en chassant ces coins, qui sont souvent en porte-à-faux,
à cause de la difficulté de les placer exactement
les uns vis-à-vis des autres.

Quelques ingénieurs sont dans l'usage de laisser
les voûtes le plus de temps qu'ils peuvent sur les
cintres, d'autres les font démonter tout de suite,
après les avoir fait fermer.

Lorsqu'on a assez de temps à la fin de la campagne,
on fait bien d'attendre un mois ou six semaines ;
mais il est toujours prudent de ne pas décintrer
avant que les mortiers des joints des derniers
cours de voussoirs aient acquis assez de consistance pour que l'on ne puisse y introduire qu'avec
peine la lame d'un couteau, et cela arrive en
moins de quinze jours ou trois semaines, sur-
tout si la pierre est sèche et poreuse : alors elle

prend plus promptement l'humidité du mortier.

Le décintrement du pont de Cravaut a été commencé cinquante jours après que les arches ont été fermées, et fait en peu de jours ; le tassement de la voûte a été insensible.

La crainte d'être surpris dans l'arrière-saison par les grandes eaux, a déterminé M. Perronet à commencer le décintrement de l'arche de Nogent-sur-Seine, trois jours après sa fermeture : cet intervalle de temps avait été employé à battre les coins aux treize derniers cours de voussoirs, et à les couler et ficher. Les mortiers auraient cependant exigé plus de temps pour prendre une certaine consistance, à cause de la dureté du grès qu'on y avait employé ; mais comptant sur la sûreté de la méthode dont il devait faire usage, il pensa qu'il ne courait aucun risque pour la courbure de l'arche et la solidité de l'ouvrage, et qu'il n'en résulterait qu'un plus grand tassement à la voûte, lequel tasssement devenait même utile pour diminuer les rampes du pont.

Ce décintrement a été fait en cinq jours, de la manière que je l'expliquerai ci-après en parlant du pont de Neuilly, et qui avait aussi été employée à celui de Cravaut.

Les fermes, qui avaient été comprimées seulement de 2 pouces 9 lignes (0,074) sous la charge de la voûte, sont remontées de deux pouces après l'enlèvement des couchis et des étrésillons du des-

sous des voussoirs, par le développement de l'é-
lasticité des bois.

Le deuxième jour du décintrement, les joints
qui s'étaient ouverts au bas des voûtes, comme
je l'ai dit ci-devant, se sont resserrés de deux
lignes ; le troisième jour, le plus grand joint, qui
était situé du côté de la ville, s'est rouvert de
trois lignes ; douze heures après l'enlèvement de
tous les couchis, ces grands joints se sont entièrement fermés du côté de la ville, et à deux lignes
près au côté opposé; ceux de la partie supérieure
de la voûte se sont aussi resserrés.

Le tassement total de la voûte a été, en quarante-cinq jours, après le commencement du décintrement, de 12 pouces 6 lignes (0,339) à la clef.
Ce tassement s'est distribué proportionnellement
sur les autres voussoirs, jusqu'au dix-septième
cours ; au-dessous de ces cours de voussoirs, la
courbure s'est relevée de ce dont elle avait pu
baisser sur les cintres pendant la construction de
la voûte ; ce qui s'est fait pour le total avec tant
de régularité, que la courbe se trouve très-agréa-
ble au coup-d'œil et sans aucun jarret. Il en est
seulement résulté que la partie de l'arc supérieur
appartient présentement à un rayon de 123 pieds
(39,955), au lieu de cent pieds (32,484) que ce
rayon devait avoir suivant l'épure avant l'aplatis-
sement de cet arc : le tassement a augmenté de
15 lignes (0,034) dans la première année, en

sorte qu'il est actuellement de 13 pouces 9 lignes (0,372) à la clef.

Pour rendre ce changement de courbure plus sensible et pour distinguer la partie de la voûte qui tend à renverser les culées et les p. ies de celle des parties inférieures qui résistent à cet effort, M. Perronet avait fait tracer, avant le décintrement, une ligne horizontale sur les voussoirs des têtes de l'arche, du dessus d'un vingt-huitième cours à l'autre, et d'autres lignes obliques au droit des reins, depuis les extrémités de cette ligne horizontale jusqu'à l'endroit où se fait la jonction du septième cours avec le mur, en évasement de chaque culée.

La ligne horizontale a fait connaître par sa courbure celle de l'abaissement des voussoirs correspondans, en y ajoutant celui des extrémités de cette ligne que l'on avait repéré d'après un point fixe.

Les lignes obliques se sont courbées avec inflexion, en sorte qu'au-dessus du dix-septième voussoir, elles étaient convexes par en bas et concaves au-dessous de ce voussoir ; la plus grande ordonnée était de 6 pouces 10 lignes (0,185) dans le milieu de la partie convexe, et de 5 pouces 6 lignes (0,140) aux deux tiers de la partie concave, à compter d'en bas.

Ce point d'inflexion, auquel doit se faire la séparation des deux actions qui agissent en sens contraire, était d'ailleurs rendu sensible par le joint qui s'était ouvert en cet endroit. Le petit arc qui se termine au-dessus du dix-septième voussoir, est de cinquante degrés ; il comprend presque exactement le tiers de la demi-voûte.

La connaissance de ce point d'inflexion est très-importante pour la théorie et le calcul de la poussée des voûtes. Avec de pareilles observations, faites sur des arches de différentes grandeurs et de différentes courbures, on parviendra plus sûrement à connaître cette théorie, qu'en établissant des formules, comme l'ont fait MM. de la Hire, Couplet et d'Anecy, d'après des hypothèses dont ils ont été obligés de se contenter, à défaut de pareilles observations.

Il me reste présentement à rendre compte du décintrement du pont de Neuilly, qui a exigé les plus grandes précautions, à cause de la hardiesse de sa construction.

J'ai dit ci-devant que les fermes sont garnies de couchis avec leurs cales, qui portent les cours de voussoirs ; ce sont ces cales et ces couchis qu'il faut ôter lentement et dans un certain ordre pour détacher les fermes des voûtes, qui pour lors restent isolées : en sorte qu'il n'y ait plus qu'à enlever ou faire tomber les fermes pour achever le décintrement.

J'ai dit aussi que l'on pouvait considérer deux parties dans une voûte: l'une, supérieure, qui tend à descendre ; l'autre, inférieure de chaque côté, qui résiste et est repoussée en dehors. Cette dernière partie de chaque côté de la voûte doit comprendre celles qui ne chargent point les cintres, avant que la clef soit posée.

M. Couplet ayant fait la recherche de l'arc dont les voussoirs ne chargent point les cintres avant que la clef soit posée, a trouvé, en supposant que les voussoirs soient polis et sans frottement, qu'il devrait être de trente degrés dans les voûtes en plein cintre, ou du tiers de la demi-circonférence.

On a vu qu'à l'arche de Nogent-sur-Seine, la partie de l'arc qui a été repoussée en dehors, et qui, par conséquent, ne devait point charger les cintres avant que les clefs fussent posées, étaient également du tiers de la demi-circonférence.

Au pont de Neuilly, la courbure des têtes étant d'un seul arc soutenu par des voussures ou espèce de cornes de vaches, l'inflexion dont on a parlé ci-devant ne s'est point fait remarquer ; mais les plus grands joints ont indiqué que c'était au-dessus du vingt-sixième cours de voussoirs que devait se faire de part et d'autre la séparation de la portion supérieure de la voûte qui tendait à repousser les parties inférieures; et ce point est à deux voussoirs au-dessous du milieu de la demi-voûte.

On peut donc, d'après ces observations, commencer par faire ôter, sans inquiétude, tous les couchis qui sont posés de part et d'autre, du bas des voûtes, tout au moins jusqu'au tiers des demi-voûtes, puisque quand les clefs sont posées, ces parties, au lieu de porter sur les cintres, sont repoussées en dehors par la charge des voussoirs supérieurs : ce qui le fait encore mieux connaître, c'est que les cales et les couchis qui sont posés au droit de ces arcs inférieurs tiennent peu; on trouve même que plusieurs d'entre eux se sont détachés des voûtes quand on se présente pour les enlever.

On doit cependant avoir l'attention d'enlever ces couchis lentement; il faut y employer plusieurs jours, en ôter un nombre égal par jour de chaque côté en même temps, parce que les fermes qui sont repoussées par leur charge supérieure dans le vide que laissent ces couchis, ne permettent à la partie supérieure de la voûte de descendre que très-lentement : on doit empêcher avec le plus grand soin de laisser prendre une certaine vîtesse à d'aussi fortes masses ; ce n'est qu'en modérant cette vîtesse jusqu'à ce que tous les couchis des voûtes soient ôtés, qu'on prévient la fracture des pierres et le danger qu'il y aurait pour la conservation des voûtes mêmes, si on en usait différemment.

Ces observations doivent faire abandonner, principalement pour les voûtes faites avec des cintres retroussés, l'ancien usage d'ôter les couchis de deux en deux également de chaque côté dans tout le pourtour de la voûte, et de continuer ensuite la même opération jusqu'à l'enlèvement de tous les couchis ; car on laissait par cette méthode des points d'appui sous l'arc supérieur, qui nuisaient au tassement uniforme et général, et occasionaient souvent des jarrets et des irrégularités dans la courbure des voûtes, sur-tout aux grandes arches, lesquelles étaient même exposées à de plus grands accidens quand il s'y joignait quelques défauts de construction.

On a donc commencé, le 14 août 1772, dix-huit jours après la pose des dernières clefs du pont de Neuilly, à ôter les couchis du bas des voûtes, à partir du neuvième cours de voussoirs, ceux de dessous ayant été posés sans couchis ; on a continué jusqu'au 3 septembre suivant à enlever le reste des couchis en égal nombre par jour de chaque côté et de suite en montant : on ne laissait que quelques jours d'intervalle à différentes fois, sans y travailler ; en sorte que le tout a été enlevé en dix-neuf journées. On a eu soin de mettre les étrésillons ou petites pièces de bois posées debout, entre les fermes et les voûtes, pour faciliter le dévêtissement des cales et des couchis supérieurs, lorsqu'on s'est aperçu que les fermes, en remontant par la force de l'élasticité des bois, commençaient à nuire à ce dévêtissement ; il n'en est resté, le dernier jour, que sept cours au haut des fermes, que M. Perronet a fait enlever; les étrésillons ont été ruinés, c'est-à-dire, détruits avec le ciseau et le maillet : le tout en moins d'une heure, ce qui s'est fait en même temps à toutes les arches. Les charpentiers commençaient par les rangs des étrésillons les plus éloignés de la clef, et s'en rapprochaient en ruinant toujours en même temps de chaque côté les rangs supérieurs. Lorsqu'ils furent arrivés au dernier rang, on voyait ces étrésillons s'écraser d'eux-mêmes avec force, et celui qui conduisait cette opération à l'une des arches, fut renversé de l'éclat de l'un de ces étrésillons, qui vint le frapper sur les reins. Les fermes, qui se trouvaient pour lors affaissées de 19 pouces (0,515), compris 6 pouces (0,162) après la pose des clefs, le tout au lieu de 15 pouces (0,406), dont elles avaient été surhaussées, se relevèrent de 5 pouces 6 lignes (0,149), et presqu'également à chaque arche avec force et bruit.

L'affaissement des fermes n'avait été que de 19 lignes (0,043) le 18 juillet, après la pose des quarante-sixième cours de voussoirs de chaque côté, et de 7 pouces 4 lignes (0,198) sous la charge totale de neuf cent trente mille livres, après la pose de cinquante-cinq cours de voussoirs. Cet affaissement a été de 13 pouces (0,352), après avoir posé les trois derniers cours de voussoirs, compris celui de la clef.

Pendant qu'on a ôté les couchis, les voûtes ont baissé de 6 pouces (0,162) ; le tassement a été subitement de 18 lignes (0,041) le jour que l'on a ruiné les étrésillons, et de 13 lignes (0,029) le lendemain ; lorsque le parapet et le pavé ont été posés sur le pont, le tassement total a été de 9 pouces 6 lignes (0,258), et s'il a augmenté, cette augmentation n'a pas été à un pouce.

L'arc supérieur des arches ayant été mesuré après le tassement des voûtes, on a trouvé que sur 33 pieds (10,720) de corde de la pointe d'une corne de vache à l'autre, la flèche n'avait que 6 pouces 9 lignes (0,182) de hauteur; ce qui le fait appartenir à un arc de cercle dont le rayon est, à très-peu près, de 244 pieds (72,261): d'où l'on peut voir la possibilité que l'on ne connaissait pas avant, la construction du pont de Neuilly, de faire, avec de la pierre dure et dans un lieu convenable, des arches en plein cintre du double de ce rayon, ou d'environ 500 pieds (162,420 d'ouverture.

Avant que les clefs des arches soient posées, les joints des voussoirs tendent à s'ouvrir, comme je l'ai déjà dit, pour l'affaissement des fermes, dont le mouvement part des jambes de force placées contre les piles et les culées pour soutenir, et s'augmente en s'éloignant vers le haut de ces fermes; mais les clefs étant posées, et les cintres se trouvant bientôt après déchargés, la cause du mouvement des voûtes change, et c'est des clefs et contre-clefs que part, en sens contraire du mouvement des fermes, l'action des voussoirs, pour se reporter vers les piles et les culées, qui doivent soutenir les voûtes après leur décintrement.

Ce dernier mouvement des voussoirs tend à refermer les joints qui se sont ouverts pendant leur pose, et cela s'opère plus facilement lorsque les fermes ont mieux résisté, par leur bon assemblage et leur force, à la charge des voussoirs.

Je crois qu'il est à propos d'observer que les grandes arches doivent être construites sur des fermes retroussées, à moins que les voûtes ne soient trop peu élevées, et décintrées comme je viens de l'expliquer, parce qu'en suivant cette méthode, les voûtes sont soutenues par les fermes sans pouvoir corrompre leur courbure, et que les voussoirs se resserrent insensiblement entr'eux, à mesure que les fermes s'affaiblissent en perdant leur point d'appui; cet affaiblissement a lieu lorsqu'on enlève les couchis des parties inférieures de ces voûtes, contre lesquels les fermes étaient appuyées : les voûtes continuent à baisser insensiblement, jusqu'à ce qu'elles se soutiennent presqu'entièrement sur elles-mêmes; ce qui arrive de telle sorte que, lorsque l'on vient à ruiner les étrésillons, on s'aperçoit que les fermes ne portent presque plus ces voûtes, et qu'elles auraient même pu s'en détacher, sans la force de l'élasticité des bois qui les sollicite à remonter.

Le pont de Nemours n'a pu être décintré par les mêmes moyens qu'avait employés M. Perronet au pont de Neuilly, à cause du grand surbaisse-m?nt des voûtes, dont le poids est d'environ cinq millions de livres. Ce poids portant presqu'en totalité sur les cintres, on avait prévu qu'il serait très-difficile et très-long d'enlever les couchis sans opérer un affaissement général et uniforme dans tout le système. On avait senti en même temps le danger d'opérer d'une manière subite cet affaissement, qui aurait produit une force vive, dont l'action se serait portée entièrement sur la partie des culées opposée à la poussée des voûtes.

Cette force effrayante, si l'on pense au poids des arches, en occasionant une rupture dans la liaison de la première assise des coussinets des voûtes avec l'assise inférieure, aurait produit un glissement des coussinets sur le plan de cette assise, et il en serait nécessairement résulté la chute des trois arches.

On a fait le décintrement de la manière sui-vante, et il a réussi parfaitement, ainsi que le rapporte M. Boistard, ingénieur, chargé de l'exé-cution du pont de Nemours d'après les projets de M. Perronet.

Après avoir enlevé les guettes, les moises

horizontales, et desserré seulement les écroux des boulons, on a fait un premier trait de scie dans la partie supérieure des abouts des arbalétriers, à seize centimètres de leur assemblage avec les jambes de force. Un trait de scie a été donné en même temps à tous les premiers rangs d'arbalétriers des cintres, jusqu'à ce que la compression du bois ait empêché la scie d'avancer. On a fait un même trait de scie aux deuxièmes rangs d'arbalétriers, on n'a pas touché aux troisièmes rangs.

Après cette opération, on a fait avec des ébauchoirs une première entaille à tous les abouts des premiers rangs, et à tous ces deuxièmes rangs.

Enfin, on a donné un second trait de scie aux premiers rangs d'arbalétriers, successivement aux seconds, et l'on a terminé l'entaille de manière qu'ils n'ont plus été soutenus que par cinq centimètres d'épaisseur de bois.

Au bout de quatre heures, le poids des voûtes a fait fléchir les arbalétriers à leur entaille.

Au bout de huit heures, l'inflexion a augmenté.

Enfin, au bout de douze heures, tout le système des cintres s'est trouvé affaissé sous le poids des voûtes, dont le tassement s'est fait avec une égalité parfaite aux trois arches : alors les abouts des arbalétriers avaient fléchi, et l'on a enlevé avec la plus grande facilité les cales et les couchis.

Pendant et après le décintrement, les voûtes n'ont pas éprouvé le plus petit accident.

Le tassement a été en décroissant proportionnellement depuis les clefs jusqu'aux naissances. Le lendemain du décintrement des voûtes, il était de 3 pouces 6 lignes (0,095) à la clef de chaque arche : il a augmenté insensiblement jusqu'à 7 pouces 6 lignes (0,194) , et s'est arrêté.

On s'est assuré de son effet par une charge en pavés de grès de plus d'un million cinq cent mille livres, répartie sur les trois voûtes.

Cette charge d'un poids au-dessus de celui du couronnement des têtes, des parapets, des trottoirs et de la chaussée, n'a produit aucune augmentation dans le tassement.

On ne doit pas laisser passer une observation très-curieuse et très-importante : c'est qu'après le décintrement des voûtes , les joints des naissances auxquels on avait donné 2 lignes (0,005) d'épaisseur à l'extrados et 12 (0,025) à l'intrados, et fermé de 5 lignes (0,011) à l'intrados , cette ouverture avait lieu également dans toute la longueur du premier cours de voussoirs , d'une tête à l'autre du pont ; de sorte qu'on voyait que les premiers cours de voussoirs ne portaient les coussinets que sur un pied (0,325) de hauteur environ à l'intrados : tout le reste du joint au-dessus était à jour.

Cette observation indique particulièrement la

direction de la poussée des voûtes, qu'il est indispensable de connaître pour en calculer les effets. Voyez *Poussée des Voûtes.*

On a refiché les joints, après les avoir contrecalés avec des cales en forme de coin de 4 pouces (o,108) de largeur et d'un pied (o,325) de longueur.

Je vais terminer cet article par quelques observations et une règle générale pour déterminer la force des pièces de bois à employer dans les cintres des voûtes de différentes formes ou grandeurs : je les ai puisées dans l'ouvrage de M. Rondelet ; c'est le fruit de l'expérience et le résultat d'une longue pratique, qui ne peuvent qu'être très-utiles aux ingénieurs.

On sait que la charge des cintres ne commence qu'au-dessus de trente degrés, et va en augmentant jusqu'aux voussoirs qui joignent la clef pour soutenir la voûte en attendant qu'elle soit mise en place.

Afin de trouver une combinaison de pièces de bois qui résiste solidement aux efforts des voussoirs, il faut commencer par déterminer la position de l'entrait: pour cela, quel que soit le cintre de la voûte surhaussée, surbaissée, ou plein cintre, on tirera des points A et D (pl. xxxix, fig. 4, 5, 6, 7), deux tangentes indéfinies qui se rencontrent au point F, par lequel on menera une perpendiculaire à la courbe : le point K, où elle le rencon-

trera, déterminera la position de l'entrait. Ayant
ensuite divisé la partie KD en deux ou trois parties,
en raison de sa longueur développée, on tirera
par les points de division E et G (fig. 4) d'autres
perpendiculaires à la courbe, qui indiqueront la
position des deux poinçons intermédiaires. Du
point *i*, où la direction du premier rencontrera
l'entrait, on tirera la ligne HIL, qui indiquera en
dessous la position d'une jambe de force pour
soutenir la portée de l'entrait, et en dessus celle
d'une contre-fiche, pour contre-venter le haut du
poinçon LT soutenu de l'autre côté par la contre-
fiche LM, qui butte contre le poinçon du milieu.
La partie au-dessous de l'entrait sera divisée en
deux, trois ou quatre parties, en raison de sa
longueur, par lesquelles on fera passer les moises
RS, pour entretenir les jambes de force, poteaux
et contre-fiches qui peuvent s'y trouver (fig. 7),
et les empêcher de fléchir dans leur longueur.

Pour parvenir à connaître la grosseur des pièces
de bois qui composent ce cintre, d'après les directions que nous venons d'indiquer, il faut commencer à chercher l'effort au droit de l'entrait
causé par la partie RK au-dessus de trente degrés,
indiqué RegK. Cet effort, qui agit selon la direction de l'entrait en le pressant par les deux bouts,
doit être au poids comme l'horizontale *i*K est à
l'arc KR.

Supposons le diamètre AB de la voûte de $\frac{7}{2}$

pieds (23,388), et que le cintre est composé de fermes semblables à la fig. 4, espacées de 6 pieds (1,949) de milieu en milieu, on trouvera que le cube de la partie Reg K, répondant à chaque entrait, est de deux cent soixante-dix, qui peuvent être évalués au poids moyen de cent cinquante liv. par pied; ce qui produira quarante mille cinq cents livres, à très-peu de chose près, comme trois est à cinq, on aura $\dfrac{40,500 \times 3}{5} = 24,300$ pour chaque bout, et pour l'effort entier 48,600, de ce qui a été sur la force des bois pressés par les deux bouts dans le sens de leur longueur : il résulte qu'une pièce de bois dans cette position peut soutenir jusqu'à quarante-quatre livres par ligne carrée; ce qui ferait six mille trois cent trente-six livres par chaque pouce. Mais en réduisant cette force à moitié, il ne faudrait à cet entrait, entretenu comme il l'est dans sa longueur, que 4 (0,108) à 5 pouces (0,135) de grosseur pour résister à l'effort de la partie inférieure du cintre. Cependant si l'on considère que cet entrait sert de corde à l'arc qui forme la partie supérieure du cintre, on reconnaîtra facilement que l'effort résultant de la charge de cette partie du cintre, qui agit en sens contraire de celui de la partie inférieure, étant beaucoup plus considérable, le détruira entièrement.

La partie supérieure de la demi-voûte, depuis

le point K jusqu'à la clef, ayant 33 pieds (10,720) de circonférence moyenne sur 7 pieds (2,774) réduits de haut, et 6 pieds (1,949) d'épaisseur, produit un cube de 1386 pieds (47,507), lesquels, évalués, comme ci-devant, à raison de cent cinquante livres, produiraient un poids de 207900, dont le cintre doit supporter environ les deux tiers, c'est-à-dire 138600. Ce poids, porté par la partie supérieure du cintre, agira sur l'entrait qui lui sert de corde, avec un effort qui sera 138600 comme KM est à l'arc KEGD, comme 68 à 63, qui donne 128405 : donc, ôtant l'effort en sens contraire de la partie de voûte inférieure que nous avons trouvée de 24300, restera 104105 pour la demi-voûte, et pour la voûte entière 208210. Mais comme les contre-fiches prolongées HIL supportent plus de la moitié du poids, le plus grand effort sur l'entrait peut être réduit à 104105, et comme le bois tiré par les deux bouts a le double de force de celui qui est poussé en sens contraire, chaque pouce carré résisterait à un effort de 12672 : donc ne prenant que la moitié, on trouverait, pour la grosseur de cet entrait, 16 pouces de superficie, ou 4 pouces sur 4 pouces (0,108 sur 0,108).

En cherchant les grosseurs des autres pièces de bois, on ne trouverait que 2 (0,054) ou 3 pouces (0,081) pour les pièces EI, IL, LM, NO, et 4 (b,108) à 5 pouces (0,135) pour les jambes

de force et les contre-fiches PQ, HI. Si l'on voulait avoir l'effort juste de cette partie de voûte
sur son cintre, il faudrait faire pour chaque voussoir cette proportion : le sinus total est au sinus
de l'inclinaison du joint sur lequel il est posé,
comme son poids est à la force qu'il faudrait
pour le soutenir en agissant parallélement au
joint, qui est celle que doit lui opposer le cintre.
Ainsi désignant le sinus total par r^e, le sinus de
l'inclinaison du joint par S^n, le poids du voussoir
par P, et la force qu'il faut pour le soutenir, par
F, on aura $r^e : S^n : : P : F$, d'où on tire $F = \frac{s^n \times P}{r^e}$;
c'est-à-dire qu'il faut multiplier le poids de chaque
voussoir par le sinus de l'angle du joint sur lequel
il est posé, et diviser le produit par le sinus total.
Ayant trouvé le cube du voussoir g K de 40 pieds
(12,994), lesquels étant évalués pour le poids à
cent cinquante livres, donneront, pour la valeur
de P, 6000. Le sinus S^n étant de 51 degrés, on
aura $F = \frac{6000 \times \sin. 51}{r^e}$, qui donnera 4663 pour l'effort de ce voussoir sur le cintre. En faisant la
même opération pour chacun, on trouvera
116350 au lieu de 128405 que donneraient les deux
tiers, en supposant que les joints des voussoirs
peuvent glisser à la moindre inclinaison : mais
comme ils ne commencent à glisser qu'à 30 de-
grés, on aurait $F = \frac{6000 \, \sin. 30}{r^e}$ qui donneront

F=2150 pour le voussoir S'K, et pour le demi-
cintre 81254. Mais il est essentiel de considérer
qu'il ne suffit pas que chacune de ces pièces ait
une force suffisante pour résister à la partie de
l'effort à laquelle elle répond ; il faut de plus que
leur ensemble ait une solidité, une stabilité capable de résister à la masse des efforts réunis et
au mouvement, en ayant égard aux défauts et
imperfections des bois, de leur assemblage, de
leur pose en place, et enfin aux charges et accidens extraordinaires auxquels les cintres peuvent
être exposés. C'est pourquoi, je pense qu'on peut
déterminer les grosseurs des pièces de bois dont
se composent les cintres, par la méthode usitée
pour tous les ouvrages de charpente, qui ont de
de grands efforts ou de grandes charges à soutenir. Cette règle consiste à donner aux poteaux
ou pièces de bois qui doivent résister à des efforts
qui les pressent par les deux bouts dans le sens
de leur longueur, depuis le douzième de leur longueur isolée jusqu'au dixième. Dans le cintre dont
il s'agit, la plus grande partie isolée de l'entrait
étant de 34 pieds (11,045), on lui a donné 14
pouces (0,379) sur 15 (0,406) d'épaisseur, et on
l'a doublé d'une pièce de 10 pouces (0,271) qui
peut être boulonnée avec l'entrait, ou, ce qui
vaudrait encore mieux, réunie avec des frettes
à écroux pour moins affaiblir les pièces.

Cet entrait est soutenu par des jambes de force

PQ, HI, qui sont maintenues à moitié de leur largeur par des moises, dans lesquelles sont emmanchées les pièces ou faux arbalétriers qui portent les couchis.

Les jambes de force n'étant pas isolées dans toute leur longueur, au lieu du douzième, on ne leur a donné que le quinzième de leur longueur : ainsi la jambe de force PQ ayant 15 pieds (4,873) de longueur, on a fixé la grosseur à 12 pouces carrés (0,325), et celle de l'autre HI, qui a 19 pieds (6,172) à 14 pouces (0,379) sur 12 (0,325).

La grosseur du poinçon EI, dont la longueur est de 5 pieds (1,624), sera de 5 (0,135) sur 8 pouces (0,217) pour répondre aux faux arbalétriers, qui forment le contour du cintre. Celle du poinçon LT, qui a près de 8 pieds (2,599), sera de 8 (0,217) sur 8 pouces (0,217), et celle du poinçon du milieu DM, qui a près de 9 pieds (2,924), sera de 9 (0,244) sur 9 pouces (0,244). La grosseur des contre-fiches LI, LM et du lieu No a été fixée à huit pouces, et enfin celle des faux arbalétriers, qui soutiennent les couchis, dont la longueur est de 8 (2,599) à 9 pieds (2,924), a été fixée à 8 (0,217) sur 9 pouces (0,254).

En appliquant à ces dimensions le calcul de la force des bois, on trouvera une force beaucoup plus considérable que les efforts que ces pièces

ont à soutenir ; mais cette surabondance constitue la solidité du cintre et sa stabilité, sans lesquelles on ne saurait être sûr de son opération.
Ce principe est fondé sur la nature, qui emploie
toujours des moyens surabondans pour obtenir
des effets constans et faciles, ainsi qu'on peut s'en
convaincre par l'ossature des animaux, dont la
force est beaucoup au-dessus de ce qu'exigeraient
leur poids, leur volume et leur mouvement.

Ciseau. s. m. Instrument de fer, tranchant par
le bout. Il y en a de plusieurs espèces, qui ne
diffèrent entre eux que par la force et la grandeur.

Les ciseaux de tailleur de pierre sont tous de
fer, d'environ 7 pouces (0,189) de longueur.

— *à louver,* c'est-à-dire à faire dans les pierres
le trou pour placer la louve : ce ciseau a jusqu'à
15 pouces (0,405) de longueur.

— *de charpentier,* est emmanché de bois et sert
à faire des mortaises.

Civière. s. f. Sorte de petit brancard à quatre
bras, avec lequel deux hommes portent des
pierres et autres matériaux.

Claveau. s. m. Pierre taillée en forme de coin
ou de pyramide tronquée, oblique ou droite,
dont le plan est carré et qui sert à construire une
plate-bande.

— *à crossette,* est celui dont la tête est retour-
née avec les assises de niveau.

Clavette. s. f. Morceau de fer plat, un peu plus

large d'un bout que de l'autre, qu'on passe dans la mortaise d'un boulon et qu'on fait entrer à coups de marteau. Il y en a aussi qui sont doubles et dont on sépare les deux ailes, lorsqu'elles sont posées en place, afin que le mouvement du boulon ne les fasse pas ressortir.

Clayonnage. s. m. On appelle ainsi le talus des terres sur lesquelles on applique les claies faites de menues perches, et arrêtées avec des piquets pour les empêcher de s'ébouler, et leur donner le temps de se consolider.

Clef. s. f. Dernière pièce qu'on met en haut d'une voûte pour en fermer le cintre : cette pièce étant plus étroite par en bas que par en haut, presse et affermit toutes les autres. Voy. *Voûte.*

— *saillante*, est celle dont le parement excède le nu des autres voussoirs.

— *pendante*, est celle qui, dans une voûte, excède le nu de la douille.

Coin. s. m. Morceau de bois ou de fer composé de deux surfaces inclinées l'une vers l'autre, dont on se sert pour fendre, couper, presser ou élever quelque chose.

On distingue deux sortes de coin, un simple et un double ; le coin simple (Pl. XXIV, fig. 5) est comme un triangle rectangle ABC, dont la base AD est appelée la longueur : DC est la hauteur ou le dos du coin.

Le coin double ACD (fig. 6) est fait de deux

coins simples ACE, AED, qui sont joints par l'application de leurs longueurs l'une contre l'autre.

Les puissances que l'on emploie pour les coins sont, ou les pressions, ou les percussions. Lorsqu'un charpentier veut percer du bois, il presse avec sa poitrine sur le coin ; lorsque nous coupons quelque chose avec un couteau, nous ne faisons que presser : mais nous frappons aussi sur le coin avec un marteau.

Les corps que l'on sépare les uns des autres à l'aide du coin, sont aussi de différentes sortes ; quelques-uns se fendent, et la fente s'avance devant le coin, comme cela arrive à l'égard des bois qui se fendent aisément : mais il s'en trouve d'autres dont la fente ne s'étend pas au-delà de l'endroit où le coin pénètre, comme cela se remarque lorsqu'on désunit du liége, du bois humide, ou quelque métal, à l'aide du coin.

Lorsqu'un corps ne se fend pas en avant, mais qu'il ne fait que se désunir par le moyen du coin, la pression qui agit sur le dos du coin doit être à la résistance des parties qui se désunissent, comme la hauteur du coin est à sa longueur, c'est-à-dire comme DC est à DA (fig. 5).

La cohésion des parties produit leur résistance contre le tranchant du coin. Cette cohésion est la même que si les parties étaient pressées l'une contre l'autre par un poids ; car les parties d'un corps qui se sont jointes, peuvent tenir l'une à l'autre aussi fortement que si, étant séparées, elles étaient pressées par un poids quelconque. Par conséquent, au lieu de se présenter la cohésion des parties, on peut les concevoir comme pressées par un poids qui produise le même effet : de sorte que nous donnerons à la résistance le nom de poids. Concevons donc un mur Ad, contre lequel le poids X s'appuie, mais qui s'élève de lui-même autant que le coin fait lever le poids : que la puissance qui presse soit P sur le dos du coin DC, qui le fasse avancer de D vers A, jusqu'à ce que le tranchant A arrive au b, et que le dos DC parvienne en Ad, le poids sera alors monté de A jusque en d; c'est pourquoi la vitesse de la puissance sera AD et celle du poids DC. Maintenant, si leurs forces de mouvement sont égales, c'est-à-dire $P \times AD = X \times DC$, alors P sera à X comme DC est à AD.

Par conséquent, plus AD est long, la hauteur DC restant toujours la même; ou bien plus DC est petit, AD restant aussi le même, plus petite devra être la force de P pour lever le poids X. Il n'y aura aucune différence dans cette règle que le coin soit simple ou double.

On comprend par là quelle est la nature des couteaux, des clous, des vilebrequins, etc., car ils ne sont tous que des coins qui pénètrent d'autant plus facilement dans les autres corps, qu'ils sont ou plus aigus, ou plus pointus.

Il nous reste à examiner la puissance qui est requise pour agir sur le dos du coin lorsqu'on veut fendre une pièce bois dont la fente s'étend en avant : cela demande plus d'attention.

Qne l'on conçoive une pièce de bois déjà fendue en la manière de EFL (fig. 7), laquelle doive être encore fendue davantage à l'aide du coin ABC : lorsqu'on enfoncera le coin plus avant dans la fente EFL, les points E et L venant à s'affaisser plus profondément, diviseront encore davantage l'angle EFL de la fente. Supposons que le coin s'enfonce de la longueur de D*d* et qu'il soit alors en *abc*, le point E se trouvera en *e*, et L en *l* : de sorte que la ligne de la fente EF aura décrit le triangle EF*e*, et la ligne L*l* le triangle LF*l*, lesquels triangles sont tous deux égaux. Si donc on tire *ef* parallèle à EF et F*f* parallèle à E*e*, on aura le parallélogramme E*e*F*f*, qui est égal avec deux triangles *e*EF et *l*LF pris ensemble : les mouvemens des deux lignes de la fente sont donc égaux au parallélogramme E*e*F*f*, c'est-à-dire, au mouvement de la ligne EF sur E*e*. Par conséquent, la ligne E*e* fait voir jusqu'à quel point les parties du bois sont séparées l'une de l'autre, c'est-à-dire que E*e* représente la résistance qui a été mise en mouvement contre le coin, que nous avons supposé auparavant être le poids X. Le coin est à

présent descendu avec son tranchant C jusque en
C. Si donc on tire la ligne Cg parallèle à eE, elle
sera aussi égale à Ee. Puisqu'il faut, pour faire
équilibre, que les forces du mouvement du bois
et de la puissance qui presse soient égales, il faut
aussi que P $\times$ Cc=O$\times$Cg; je nomme X la résistance du bois, comme j'ai fait ci-dessus à l'égard
du bois : de sorte que, après avoir posé cela en
proportion, X sera à P :: Cc est à Cg, c'est-à-
dire, la résistance du bois sera à la puissance qui
le fend, comme Cc est à Cg. Pour déterminer encore ces proportions d'une autre manière, il est
bon de faire attention que le point E a décrit
l'arc d'un cercle dont le centre est F, et le demi-
diamètre EF. Si Ee est un petit arc qui ne diffère
pas d'une ligne droite, Ec sera posé perpendiculairement sur EF; il en est de même à l'égard
de Cg, parce qu'il est parallèle à Ee. Qu'on mène
par le tranchant du coin la ligne cCD jusque sur
le dos AB, et qu'on tire de D la ligne DH, perpendiculaire sur EF ou parallèle à Cg; le triangle
DHC sera alors semblable au triangle Cgc : de
sorte que cC : Cg :: DC : DH ; mais X est à P ::
Cc : Cg :: DC : DH ; c'est-à-dire la résistance du
bois sera à la puissance qui le fend, comme la
hauteur du coin est à une ligne tirée du milieu du
dos perpendiculairement sur la fente, mais posée
sur le côté du coin.

Nous entrerons dans un plus grand détail

pour l'application, aux articles *Voûte* et *Voussoir*.

Colle. s.f. La colle dont on se sert pour coller le
papier à dessiner et qu'on appelle colle à bouche,
se fait en faisant fondre de la colle de Flandre
dans de l'eau, et en y ajoutant quatre onces de
sucre candi pour lier la colle.

Collier, s. f., d'une porte d'écluse. Voyez *Crapaudine*.

Colonne milliaire. s. f. C'étaient, chez les Romains,
des colonnes posées de mille en mille, sur les
bords des grands chemins ; elles marquaient les
distances des villes de l'Empire ; elles partaient
toutes d'un seul point, le milliaire doré : cette colonne était élevée à Rome, près d'un temple de
Saturne, au pied du Capitole.

Nous avons voulu en cela imiter les Romains,
mais non avec autant de magnificence. De petites
bornes remplacent les colonnes milliaires, et
nous n'avons pas le milliaire doré, ou du moins
on l'aperçoit à peine. C'est, dit-on, une borne
placée au parvis Notre-Dame.

Contre-fort. s. m. Pilier de maçonnerie saillant
hors le nu d'un mur de revêtement, et lié avec
lui pour soutenir la poussée des terres ; la partie
par laquelle il est lié avec lui pour soutenir cette
poussée des terres se nomme *racine*, et celle qui
le termine du côté des terres se nomme *queue*.

Conducteur. s. m. Est un homme chargé de la
surveillance et de l'exécution des travaux sous les

ordres de l'ingénieur ordinaire , qui doit avoir toujours près de lui deux ou trois conducteurs , selon l'étendue de son arrondissement et l'importance des travaux qu'il a à faire exécuter.

Les conducteurs doivent veiller à la bonne qualité des matériaux et à l'exécution fidèle des devis suivant les règles de l'art.

Un soldat peut devenir général , mais un conducteur ne peut jamais devenir ingénieur, tel talent qu'il puisse avoir. Je ne sais si cette démarcation de rigueur est avantageuse à la chose, mais je ne le crois pas ; il me semble, au contraire, que les ingénieurs devraient être conducteurs avant de diriger en chef les travaux : ils prendraient la science de la pratique , après qu'ils auraient acquis, à l'école , la théorie. En vain l'on envoie quelques élèves se former, sous les ordres des ingénieurs, à la direction des travaux; ce n'est pas la même chose : ces élèves agissent en ingénieurs, ils ne demeurent point assez sur les travaux. Si ces élèves savent flatter les ingénieurs sous les ordres desquels on les place , ils deviennent bientôt ingénieurs eux-mêmes , n'étant souvent pourvus que d'une bonne dose d'incapacité et d'amour-propre.

Cône. s. m. On donne ce nom, en géométrie, à un corps solide dont la base est un cercle qui se termine par le haut en une pointe, que l'on appelle *sommet.*

Le cône peut être engendré par le mouvement d'une ligne droite KM qui tourne autour d'un point immobile K, appelé *sommet,* en rasant par son autre extrémité la circonférence d'un cercle MN, qu'on nomme *la base.*

On appelle en général *axe du cône* la droite tirée de son sommet au centre de la base. Quand l'axe du cône est perpendiculaire à sa base, ce solide est le cône proprement dit ; si cet axe est oblique ou incliné, c'est un cône scalène.

Conique. adj. Se dit en général de tout ce qui a rapport au cône. Les sections coniques sont l'ellipse, la parabole et l'hyperbole, sans compter le cercle et le triangle, qu'on peut mettre au nombre des sections coniques : en effet, le cercle est la section d'un cône par un plan parallèle à la base du cône, et le triangle en est la section par un plan qui passe par le sommet. On peut par conséquent regarder le triangle comme une hyperbole dont l'axe, transverse au premier axe, est égal à zéro.

Contre-fiche. s. f. Pièces de bois en décharge qui servent à entretenir et supporter les poutrelles d'une travée de pont de charpente.

Contre-jumelles. s. f. Pavés qui, dans les ruisseaux des rues, se joignent deux à deux, et font liaison avec les caniveaux.

Contre-poseur. s. m. L'ouvrier qui, dans la construction des édifices, aide au poseur à recevoir les pierres de la grue ou autre machine, et à les mettre en place d'à plomb et de niveau.

Corde. s. f. Est en géométrie une ligne droite qui se termine par chacune de ses extrémités à la circonférence du cercle, sans passer par le centre, et qui divise le cercle en deux parties inégales qu'on nomme *segment*.

Corde mécanique. Outre le frottement, la roideur des cordes apporte de grands obstacles à l'effet des machines.

Une corde est d'autant plus difficile à plier, 1° qu'elle est plus roide et plus tendue par le poids qui la tire.

2° Qu'elle est plus grosse.

3° Qu'elle doit en se pliant se courber davantage, c'est-à-dire, se rouler, par exemple, autour d'un plus petit rouleau. M. Amontons, qui a fait beaucoup d'expériences sur cet objet, a trouvé que la résistance qui vient de la roideur causée par les poids qui tirent la corde, augmente à proportion des poids : celle qui vient de la grosseur des cordes augmente à proportion de leur diamètre.

Sur quoi il faut remarquer que ce n'est pas parce qu'une plus grosse corde contient plus de matière qu'elle résiste davantage ; car alors sa résistance augmenterait suivant le plus de capacité d'un cercle d'une plus grosse corde, c'est-à-dire, selon les carrés des diamètres : ce qui n'est

pas ; mais elle augmente suivant la simple proportion des diamètres , parce qu'un point de la circonférence du rouleau , autour duquel la corde
doit se plier, est une espèce de point fixe, par
rapport auquel le diamètre de la corde doit se
mouvoir ; par conséquent plus ce diamètre est
long , plus la corde est éloignée du point fixe du
mouvement, et plus elle a d'avantage contre la
puissance opposée : enfin la résistance causée par
la petitesse des rouleaux , poulies , etc. autour
desquels les cordes doivent se rouler, est bien, à
la vérité, plus grande pour de plus petites circon-
férences de rouleaux poulies , etc. ; mais elle
n'augmente pas tant que selon la proportion de
ces circonférences.

Il est clair que la résistance causée par la roideur des cordes sera d'autant plus grande , que
les cordes, malgré cette roideur, seront obligées
de se plier plus vîte. Il faut y avoir égard en cal-
culant les résistances de différentes cordes d'une
même machine ou de différentes parties de la
même corde , qui se plieront avec différentes
vîtesses.

Pour trouver l'effet de la roideur d'une corde
dans une machine , il faut voir dans le Mémoire
de M. Amontons comment il se sert d'une première expérience , qui devient le fondement de
tous ces calculs.

On a accroché à quelque chose de fixe, comme

au plancher d'une chambre, les extrémités AA des deux cordes AC, AC (Pl. XXIV, fig. 2), distantes l'une de l'autre de 5 (0,135) à 6 pouces (0,162) : les extrémités de ces cordes pendant librement vers le bas, portaient le bassin D d'une balance.

On a engagé dans ces cordes un cylindre de bois BB, en faisant faire du même sens un tour à chaque corde autour de chaque bout du cylindre, ainsi qu'il est représenté (fig. 3). On a mis ensuite en D (fig. 3), un poids assez considérable, et on a entortillé vers le milieu du cylindre, du sens contraire à la corde AEFG (fig. 3), c'est-à-dire, du sens EGF, un ruban de fil fort flexible, au bout duquel était un autre petit bassin de balance pendant librement en H ; on a mis dans ce bassin assez de poids pour faire descendre le cylindre BB, nonobstant la résistance causée par la roideur des cordes AC, AC.

On a fait une expérience avec des cylindres et des cordes de différentes grosseurs, chargées de différens poids ; et, après avoir réduit l'action du poids H à une distance égale du point d'attouchement E, dans tous les cylindres, ayant égard au poids de chaque cylindre et des bassins H et D, on a trouvé qu'à $\frac{1}{2}$ pouce de distance du point E, quarante-cinq onces surmontaient la résistance de deux cordes, ayant chacune 3 lignes (0,006) de diamètre, chargées d'un poids de vingt liv., et tournées autour d'un cylindre de $\frac{1}{2}$ pouce (0,014).

Quatre-vingt-dix onces surmontaient cette résistance , le poids étant de quarante livres.

Cent cinquante-trois onces , le poids étant de
soixante livres.

D'où il suit que la résistance causée par la roideur des cordes autour des mêmes poulies ou de
poulies égales , augmente à proportion des poids
qui pendent au bout des cordes.

En continuant l'expérience , on a trouvé que
toujours à $\frac{1}{2}$ pouce (0,014) du point E :

Trente onces surmontaient la résistance de
deux cordes, de deux lignes chacune de diamètre,
chargées en D d'un poids de vingt livres, et tournées autour du même cylindre.

Quinze onces surmontaient la résistance de
deux cordes d'une ligne de diamètre pareillement
chargées en D, d'un poids de vingt livres, et tournées autour du même cylindre.

D'où il suit que la résistance causée par la roideur des cordes augmente, non seulement à proportion des poids qui pendent aux extrémités de
ces cordes , mais encore à proportion de leur
grosseur, et que sur des poulies égales, ces résistances sont entr'elles en raison composée des
poids et des grosseurs des cordes.

On doit remarquer que la résistance causée
par la roideur des cordes de grosseur égale ,
chargées de poids égaux , augmente bien à mesure
que le diamètre des poulies autour desquelles

elles sont enveloppées diminue , mais non pas
suivant la même proportion ; car, dans le cas dont
il s'agit , quoique les diamètres des poulies soient
entr'eux comme les nombres 1 , 2 , 3 , les résistances n'augmentent cependant que suivant les
nombres 90-114 et 135, au lieu qu'elles devraient
augmenter suivant les nombres 90-180-270 , si
elles suivaient la proportion des poulies.

On trouvera le surplus de l'expérience dans la
table qui suit :

LIVRES.	ONCES.	ONCES.	ONCES.	LIGNES.	Millimètres.
	135	114	90	3	0,007
60	90	76	60	2	0,005
	45	38	30	1	0,002
	90	76	60	3	0,007
40	60	50⅓	40	2	0,005
	30	25⅓	20	1	0,002
	45	38	30	3	0,007
20	30	25⅓	20	2	0,005
	15	12⅔	10	1	0,002

Il serait à souhaiter qu'on eût fait un plus grand
nombre d'expériences pour bien déterminer la
proportion de la résistance causée par la roideur
des cordes de grosseur égale, chargées de poids
égaux autour des poulies d'inégales grosseurs ;
mais, en attendant, on pourra trouver ces résistances en suivant les règles suivantes.

Dans l'examen et dans la comparaison que l'on
fera de la résistance causée par la roideur des
cordes d'une machine, on suivra le même ordre
que pour les frottemens, et on se servira de la
première, troisième et quatrième règles citées à
l'article *Frottement*. Mais pour avoir la première
résistance causée par la roideur des cordes d'une
machine, on divisera la force mouvante par 10,
et on multipliera le quotient par la quantité de
lignes que contient le diamètre de la corde, puis
on prendra les $\frac{15}{32}$ du produit, si le diamètre de la
poulie n'a que 6 lignes (0,013), les $\frac{12}{48}$, s'il en a 12,
et les $\frac{5}{16}$, s'il en a 18 et au-dessus : on divisera ce
dernier produit par la quantité de pouces que le
diamètre de la poulie contient, et le quotient de
la division sera la valeur cherchée.

Je viens de donner la manière de calculer la
force des cordages : il faut maintenant jeter un
coup-d'œil sur les difficultés qui résultent de la
forme ronde de ces cordes. On sait qu'il y a beaucoup de danger à s'en servir, soit dans les travaux
des mines, soit dans les carrières ; le tortillement

forcé qu'on emploie pour les former, nuit à leur usage.

C'est une vérité reconnue de tout temps dans l'art de la corderie, que la force de plusieurs fils pris séparément est plus grande que quand ils sont réunis pour ne former qu'une corde : les torons sont roulés en spirale, les fibres extérieures occupent plus de place, et sont plus tendues que celles de l'intérieur ; elles portent plus de poids, et ayant déjà cédé aux efforts du tortillement pendant leur confection, elles ne peuvent pas s'alonger comme celles qui ont éprouvé peu ou point de tension, et elles se rompent promptement. Le seul effort de la torsion les casse souvent.

On doit donc regarder comme une vérité incontestable que deux ou plusieurs cordes réunies ensemble et tortillées pour n'en faire qu'une, ont moins de force que ces mêmes cordes agissant séparément et selon leur direction naturelle. En effet, par le tortillement, chacune de ces cordes perd une portion de la force qu'elle avait auparavant pour résister à l'effort d'un poids, et par conséquent elle est moins en état de résister à cet effort que si elle était tirée par un poids égal dans toute sa longueur.

Il résulte donc de ces observations et d'une suite d'expériences nombreuses, que le tortillement affaiblit les cordages ; que les cordes sont d'autant plus faibles , que les hélices que forment les cordons approchent plus de la perpendiculaire à l'axe de la corde ; que les cordes au contraire sont d'autant plus fortes, que les hélices sont plus obliques à l'axe du cordage.

C'est à ces principes reconnus que nous devons l'invention des cordages plats, qu'on devrait s'empresser d'appliquer aux travaux. Mussembroeck avait déjà proposé de fabriquer des cordes en nattes , et dans les différens essais que ce savant en fit , ces cordes résistèrent à un sixième de plus de force qu'une corde du même poids et de la même grosseur , faite à la manière ordinaire. Un Anglais nommé *John Curr*, de Sheffield, a trouvé la manière de fabriquer des cordes plates.

La grande difficulté que présentait la fabrique de ces cordes était d'assembler et de réunir les torons, pour que l'agrégation de leurs forces pût agir comme une seule et même corde.

L'inventeur rangeait de front plusieurs torons composés d'autant de cordons qu'en exigeait la force requise pour l'emploi auquel il destinait ce cordage , et quelquefois même le plus souvent il remplaçait ces torons par des aussières de 12 (0,027) à 15 lignes(0,034)de diamètre. Ces cordes se touchaient latéralement,et on les assemblait en les cousant avec du fil,du cordon , et même du fil d'archal , selon la destination de la corde : le tout étant terminé,représentait une espèce de courroie.

Comme il fallait dans cette opération un degré
de force considérable pour percer les torons ou
aussières, il imagina une machine dont on trouvera
la description dans les *Annales des Arts*, tome Ier.

L'avantage est considérable sous tous les rapports, puisqu'une corde plate où se trouvent
réunis quatre torons peu tortillés, et assemblés
de manière à ce que la somme de leurs efforts
agisse à la fois, sera plus forte qu'une corde composée de cinq torons, ou du moins cinq torons
dans un cordage plat auront plus de force qu'une
aussière à six torons. L'économie de matière est
frappante : non seulement on retranche un cinquième ou un sixième du chanvre, en employant
un moindre nombre de torons dans la confection
d'une corde plate, mais encore ces torons n'étant
que légèrement tortillés, ne sont pas raccourcis
dans leur longueur comme les cordages ordinaires dans l'opération du commetage ; ce qui
donne encore une plus grande économie.

Les cordages plats ont encore un avantage
dans l'usage, c'est qu'ils ne peuvent se détordre ;
se repliant toujours sur eux-mêmes, il leur est
impossible de sortir de leur position, tandis qu'on
ne peut empêcher le détortillement des cordes
rondes.

Je finirai cet article par une observation assez
curieuse sur le relâchement et le roidissement
alternatifs des cordes qui traînent un fardeau :

cette observation peut être utile à ceux qui s'appliquent à la science des forces mouvantes.

Celui à qui on doit cette expérience fit faire un grand cabestan, sur lequel il employa des cordes rondes de 5 pouces (o,135) de pourtour, et qui étaient très-longues : il attacha à l'extrémité de ces cordes un grand traîneau chargé de pièces de fer et de plusieurs grosses pierres.

Un cabestan tiré par quatre hommes amena le traîneau avec une si grande facilité, que les hommes couraient en tournant plutôt qu'ils ne marchaient ; et comme on voulait éprouver toute la force de la machine, l'auteur de l'expérience engagea six à sept personnes à monter sur le traîneau par-dessus tous les poids dont il était déjà chargé. Ces personnes s'aperçurent que le traîneau n'avançait que par accès ou par saccades, et non d'un mouvement continu.

Il monta alors lui-même sur le derrière du traîneau, et prenant une perche qu'il fichait en terre à chaque fois que le traîneau s'arrêtait, il remarqua : 1° que le traîneau n'avançait pas d'un mouvement continu, mais par accès et par secousses, quoique le cabestan tournât sans cesse et extrêmement vite ; cependant cela se passait sur une pelouse très-unie, et par conséquent ces resauts ne provenaient pas de l'inégalité du terrain.

2° Que les saccades qu'on éprouvait sur le traîneau devenaient d'autant plus courtes, que la corde diminuait davantage de longueur.

3° Que dans les plus grandes longueurs de la corde, le traîneau parcourait 7 (0, 189) à 8 pouces (0,216) chaque accès, après quoi il s'arrêtait sensiblement; et que cet espace diminuait par degré jusqu'à n'être que d'un pouce (0,027), et encore moins lorsque le traîneau approchait du cabestan.

4° Que les intervalles de temps qui se trouvaient entre les accès du traîneau étaient d'autant plus longs, que les espaces parcourus pendant les accès étaient plus grands, et qu'ensuite ces intervalles diminuaient, de manière qu'à la fin, et le fardeau étant tout proche du cabestan, les accès ou les espaces parcourus se confondaient presqu'entièrement, et donnaient à ceux qui étaient sur le traîneau, la sensation d'un mouvement presqu'uniforme et continu.

Cette expérience réitérée à plusieurs reprises donna le même résultat; mais ce ne fut pas tout: ayant eu la curiosité d'examiner ce qui se passait dans la corde pendant la marche du traîneau durant ses accès et ses repos alternatifs, il trouva qu'elle était dans un trémoussement continuel, que ce trémoussement était plus sensible vers son milieu que partout ailleurs, qu'il se faisait horizontalement, verticalement, et presqu'en tous sens avec beaucoup de variété. Il ne fallait qu'y appliquer la main pour s'en convaincre : mais on y remarquait sur-tout un balancement de haut en bas et de bas en haut, c'est-à-dire, de véritables vibrations verticales qui surpassaient de beaucoup toutes les autres, et avec lesquelles on ne laissait pas cependant de discerner tous ses petits tremblemens.

Ce qui était encore remarquable, c'est que le traîneau n'avançait que dans le temps précisément que la corde baissait, ou que sa vibration verticale s'approchait de la terre et jamais quand elle haussait.

Voici l'explication donnée par l'Académie des Sciences, à qui cette observation fut soumise.

1° Le plan le plus uni en apparence n'est, physiquement parlant, qu'un tissu d'aspérités sur lesquelles un corps pesant quelconque ne peut glisser sans y éprouver un frottement qui exige une certaine force pour être surmonté ; 2° nul corps ne peut être mis en mouvement avec toute la vitesse de celui qui le pousse ou qui le tire, que par un effort proportionné à sa masse ou à son poids : d'où il suit, dans le cas posé, que la corde souffrira une tension et une extension considérables, avant qu'elle puisse tenir du repos et mettre en branle le fardeau qu'elle doit traîner ; car ce fardeau est comme engrené par les inégalités de sa partie inférieure avec les inégalités et les petites monticules du terrain, et il ne saurait jamais s'en dégager sans les briser ou sans être soulevé en partie, avant de glisser par-dessus. Il commencera donc à se mouvoir et à marcher vers le cabestan où il est tiré et qui est fixe, par une espèce de saut et de saccade, dès que l'équilibre sera rompu, c'est-à-dire, dès que la force du roidissement de la corde viendra à surpasser la résistance de tous les obstacles, du poids et des frottemens. Or, il est clair que cette espèce de saut ne peut se faire sans une accélération sensible du mouvement du fardeau vers le cabestan, et d'autant plus sensible, que la résistance aura été plus longue et plus forte. Il n'est pas moins évident que de cette accélération du fardeau doit naître un relâchement subit dans la corde, et de ce relâchement un prompt abaissement de toute cette partie de la corde par son milieu, ou, comme on l'appelle, par son *ventre*; et voilà sa saccade ou sa vibration de haut en bas, dont la vitesse, multipliée par son poids, doit favoriser le mouvement, et pour ainsi dire la chute du fardeau vers le cabestan. La saccade ou vibration de la corde du haut en bas sera naturellement suivie d'une vibration de bas en haut, à la manière des cordes qu'on a pincées sur un instrument de musique, et celle-ci doit être d'autant moins forte pour tirer le fardeau, qu'au lieu d'agir en conséquence du poids de la corde, comme la précédente, elle est même retardée par ce poids qu'elle a vaincu : c'est aussi dans l'intervalle de ces deux vibrations contraires, et pendant la dernière, qu'il y aura un repos ou un

retardement dans le fardeau. Ce retardement sera
d'autant plus long, que l'accélération avait été plus
grande ; mais le tirage du cabestan allant toujours,
et la corde venant à recevoir une nouvelle tension et une nouvelle extension , il s'ensuivra un
accès semblable à celui que nous venons de décrire , et par les mêmes causes, et ainsi de suite.
Les effets en seront seulement plus subits ou de
moindre durée , parce que la longueur de cette
partie de la corde comprise entre le fardeau et
le cabestan , diminue toujours en approchant de
ce point fixe , et que , comme on sait , les vibrations sont proportionnées en durée à la largeur
des cordes qui en sont le sujet.

J'ai souvent observé de semblables vibrations
dans la corde d'un bac , lorsque, par sa longueur
et par son poids, ou par le défaut de tension , elle
s'enfonce dans le milieu d'une rivière ; car, quoique le mouvement d'un fluide tel que l'eau semble
devoir être uniforme au même endroit de son
cours , il y a cependant mille causes d'irrégularités qui font que la corde qu'il pousse et qu'il
tend , ne saurait demeurer précisément dans le
même état de tension et d'équilibre. Ainsi les
bouts de cette corde qui sont hors de l'eau depuis
la surface de la rivière jusqu'aux poteaux où ils
sont attachés sur ses rives , doivent être et sont
en effet dans un branle et un mouvement perpé-
tuel de vibration, qu'il est très-aisé de remarquer.

Je ne sais pas même si un pesant fardeau suspendu en l'air pendant qu'on le soulève par des
poulies ou des mouffles ne laisserait pas apercevoir quelque chose de semblable, quoique moins
sensible dans la corde qui le soutient.

Couchis. s. m. Se prend pour la forme de sable
d'un pavé, de même que pour les dosses de l'aire
d'un pont de bois, qu'on range en travers sur la
travée.

Coupe. s. f. Est la section perpendiculaire d'un
édifice, pour en faire voir l'intérieur et coter les
mesures de hauteur, largeur et épaisseur.

— *de pierre*, c'est l'art de tailler les pierres
pour construire des voûtes ou arcs de toutes sortes.
Les ouvriers l'appellent *le trait.*

L'idée qu'on a attachée au mot de *coupe* des
pierres n'est pas celle qui se présente d'abord à
l'esprit : ce mot ne signifie pas particulièrement
l'ouvrage de l'artisan qui taille la pierre, mais la
science du mathématicien qui le conduit dans le
dessein qu'il a de former une voûte ou un corps
d'une certaine figure, par l'assemblage de plusieurs petites parties. Il faut en effet plus d'art
qu'on ne pense pour que leur coupe soit telle
que, quoique de figures différentes et de grandeurs inégales, elles concourent chacune en particulier à former une surface régulière, ou régulièrement irrégulière, et qu'elles soient disposées
de manière à se soutenir en l'air, et à s'appuyer

réciproquement les unes sur les autres, sans autre liaison que celle de leur propre pesanteur; car les liaisons de mortier ou de ciment doivent toujours être comptées pour rien.

Coupe du trait. C'est faire un modèle en petit avec de la craie ou du plâtre, ou autre matière facile à couper, pour s'instruire dans l'application du trait de l'épure sur la pierre, en se servant des instrumens inventés pour cela.

Couper une pierre, c'est en ôter plus qu'il ne faut, et par conséquent la rendre défectueuse ; ce qui arrive fort ordinairement aux tailleurs de pierre : mais les entrepreneurs, gens qui entendent leurs intérêts, remédient à cette défectuosité par une autre ; ils font employer des cales très-épaisses et font des joints très-larges. C'est à ceux qui sont chargés de la surveillance des travaux à y faire la plus grande attention. Cette supercherie nuit non seulement à la perfection de l'ouvrage, mais encore à sa solidité.

Courbe. s. f. Il y en a de deux sortes, les unes planes, les autres à double courbure.

— *plane*, est une ligne courbe qu'on trace sur un plan, tels que le cercle, l'ellipse, la parabole, l'hyperbole, la spirale et les arcs rampans.

— *à double courbure*, est celle qui ne peut être tracée sur un plan qu'en perspective ou par projection, mais que l'on peut tracer sur un morceau de pierre, parce qu'il forme un angle solide : tel

est le panneau de douelle d'un angle, d'enfour-
chement d'une voûte d'arête en charpenterie ;
c'est une pièce de bois coupée en arc, servant à
former des parties circulaires, comme les cintres,
les plates-formes, liernes et chevrons des dômes
et coupoles.

Coussinet. s. m. Première pierre ou voussoir
d'une arche, qu'on pose à sa naissance, dont le
joint au-dessous est de niveau, et celui de dessus
en coupe, et sur lequel commence la retombée
de l'arche, qui monte aussi haut que les voussoirs
peuvent se supporter les uns les autres sans
liaison, sans être maçonnés et sans être retenus
par aucun cintre.

Cosinus. s. m. C'est le sinus droit d'un arc qui
est le complément d'un autre : ainsi le cosinus
d'un angle de 30 degrés est le sinus d'un angle
de 60 degrés.

Cotangente. s. f. C'est la tangente d'un arc qui
est le complément d'un autre : ainsi la cotangente
de 30 degrés est la tangente de 60 degrés.

Craie. s. f. Pierre calcaire plus ou moins friable, qui s'attache à la langue, et colore les mains.
Sa couleur est blanche, elle varie quelquefois en
raison des matières minérales étrangères qui y
sont jointes. Cette pierre offre peu de solidité ;
cependant tous les bâtimens de Reims sont bâtis
de cette pierre, et j'ai vu deux ponts construits
avec cette même pierre, dont les parties sont,

pour ainsi dire, farineuses, et se détachent aisément les unes des autres.

La craie fait effervescence avec tous les acides, et se change en chaux par l'action du feu.

Crampon. s. m. Morceau de fer plat et coudé qui sert à lier ou retenir une chose avec une autre. Lorsque le crampon sert à lier les pierres, il doit être scellé de plomb.

Crapaudine. s. f. Cube de fer ou de bronze creusé dans le milieu d'une de ses faces pour recevoir le pivot d'une porte, de l'arbre d'une machine : on l'appelle aussi *grenouille* et *couette;* c'est sur-tout dans le jeu des écluses que la crapaudine est importante. On en distingue de deux espèces, le mâle et la femelle. Le mâle ou pivot joue dans une autre en forme d'écuelle appelée simplement *crapaudine*, qui s'encastre dans le seuil; elle est accompagnée de deux oreilles horizontales qui servent à la maintenir dans la même situation; sa figure est ordinairement cylindrique, pour attacher la crapaudine mâle ou pivot à la partie du poteau qui s'y loge, et à laquelle Bélidor a donné le nom de *tourillon.* Ce pivot a quatre oreilles verticales (Pl. xx, fig. 1), placées à distance égale autour du bord supérieur; les oreilles s'incrustent dans le tourillon, où elles sont attachées avec des vis à tête perdue.

Pour empêcher le tourillon de tourner dans le pivot, il doit être coupé à huit pans (fig. 2), en

donnant à l'intérieur du second la forme d'un octo-
gone ; et afin d'adoucir le mouvement du pivot,
on fait sa base convexe, et le fond de la crapaudine bombé.

Cependant comme le frottement en général
n'est point proportionné à l'étendue des surfaces
qui se touchent, mais bien au poids que soutient
la base, cette forme séduisante au coup - d'œil
n'a pas effectivement tout l'avantage qu'on s'ima-
gine, parce que moins le pivot aura d'assiette, et
plutôt il aura usé l'endroit où il frotte : or, comme
on ne peut donner à la fonte la densité qui est
propre à l'acier, il n'y a point de meilleur expédient pour la conservation de la crapaudine et du
pivot, que d'encastrer deux plaques d'acier EF
(fig. 1) aux endroits dont nous parlons.

On voit (fig. 4 et 5) le profil et le plan d'un
autre pivot logé dans la crapaudine : ils ne diffèrent du précédent que par leur forme conique ;
à l'une et l'autre la convexité du fond et de
l'extrémité du pivot doivent être des segmens
de sphère, auxquels il convient de donner de
relief la douzième partie du diamètre du cercle
qui leur sert de base ; c'est-à-dire que *ab* doit
être la douzième partie de *cd*, ainsi que *ef* la
douzième de *gh*.

Les dimensions des pivots et crapaudines doivent être dans le rapport des dimensions des
autres parties de l'écluse.

Pour toutes les écluses qui auront depuis 12 (3,898) jusqu'à 18 pieds (5,847) de largeur, on donnera 7 pouces $\frac{1}{2}$ (0,209) au diamètre du tourillon de leur poteau, et on augmentera toujours d'un demi-pouce (0,013) par 6 pieds (1,940) : de sorte, par exemple, qu'aux écluses de 37 (12,018) à 42 pieds (13,643), le diamètre des tourillons sera d 9 pouces $\frac{1}{2}$ (0,256).

La hauteur du tourillon devra être égale aux deux tiers de son grand diamètre.

Le pivot de 7 pouces $\frac{1}{2}$ (0,209) sera d'une solidité suffisante, en donnant au métal 7 lig. (0,015) d'épaisseur, indépendamment de sa convexité d'en bas, et 8 lignes (0,018) à la crapaudine, indépendamment aussi du relief qu'elle doit avoir dans le fond.

On conçoit que les diamètres intérieurs de la crapaudine conique doivent être un peu plus grands que ceux du pivot pour la facilité de son jeu ; on n'y suppose cependant point de différence : c'est au fondeur à diminuer imperceptiblement la grosseur du pivot, ou d'augmenter la capacité de la crapaudine, afin d'assujétir l'un à l'autre.

On augmentera successivement de deux lignes l'épaisseur du métal pour chaque pivot et crapaudine, à mesure que les diamètres des tourillons iront en augmentant d'un demi-pouce (0,013).

Le meilleur métal dont on puisse faire usage en

général pour tous les ouvrages de fonte employés aux écluses, est composé de $\frac{11}{12}$ cuivre
rouge ou rosette de Suède, et de $\frac{1}{12}$ d'étain fin
d'Angleterre.

Il faut une extrême attention pour bien poser
les crapaudines et les colliers, afin que les centres
du mouvement des extrémités du poteau tourillon
soient renfermés dans la même verticale. Il faut
que le bord supérieur de la crapaudine excède
d'un pouce $\frac{1}{2}$ (o,o4o) la surface du seuil, afin de
pouvoir la retirer par la suite, s'il est nécessaire ;
l'emplacement qui doit la recevoir est enduit de
brai et de goudron, et on l'enfonce en la frap-
pant avec une demoiselle, en prenant bien garde
qu'elle soit fixée parfaitement de niveau.

Il nous reste à donner, d'après Bélidor, la
manière de calculer le poids des crapaudines et
des pivots, selon les dimensions et les rapports
que nous venons de déterminer. Il est démontré
que si ces pivots étaient pleins, leurs poids seraient entr'eux comme les cubes de leurs grands
diamètres extérieurs et intérieurs ; ce qui doit
s'entendre aussi pour le rapport des crapaudines
des mêmes pivots, puisqu'elles sont semblables
entr'elles.

L'expérience nous a instruits que le poids du
pivot des portes du grand passage de l'écluse de
Mardick, dont les diamètres et la figure conique
répondaient à celui que nous avons représenté

(fig. 4), pesait cent soixante livres , et sa crapaudine six cents livres : deux termes dont nous
allons nous servir dans l'exemple suivant.

Ce pivot de 160 livres ayant son grand diamètre intérieur de 10 pouces (0,270) et l'extérieur de 12 pouces 10 lignes (0,346), le cube du
premier sera de 1000 pouces (27,070), et celui
du second de 2113 (57,199), dont la différence
est 1113 (30,132), qu'on peut prendre pour
l'expression de la solidité du même pivot, qui
va devenir l'un des termes de la proportion que
nous allons établir, afin de trouver le poids de
tel autre pivot que l'on voudra. Par exemple ,
veut-on connaître le poids d'un pivot, dont le
grand diamètre intérieur ou celui de son tou-
rillon est de 7 pouces $\frac{1}{2}$ (0,209), et l'extérieur de
8 pouces 10 lignes (0,238), il faut cuber ces deux
diamètres : le premier donnera 422 pouces (11,369)
et le second 624 (16,892), dont la différence 202
exprimera de même la solidité de ce pivot, dans
l'analogie suivante.

Comme 1113 , expression de la solidité du
pivot fondamental , est à sa pesanteur de cent
soixante livres , ainsi 202, expression du second
pivot, est à sa pesanteur propre, qu'on trouvera
d'environ vingt-neuf livres.

Voulant aussi connaître le poids de la crapaudine du même pivot, l'on cubera son grand diamètre extérieur de 10 pouces 2 lignes (0,274), qui

donne 1,050 ½ (28,437), d'où il faut soustraire le cube de son diamètre intérieur de 8 pouces 10 lig. (0,238), que nous savons être 624 (16,892); la différence sera 426½ pour l'expression de cette crapaudine: mais devant être comparée à celle qui doit servir de règle, dont le diamètre extérieur est de 15 pouces 10 lignes (0,427), qui donne pour son cube 3968, l'on en retranchera pareillement celui du diamètre intérieur de 12 pouces 10 lig. (0,346), que nous avons trouvé de 2113 (57,199); la différence sera de 1855 pour l'expression de cette même crapaudine.

On dira donc: Comme 1855 est à six cents liv., pesanteur effective de cette crapaudine, ainsi 426½, expression de l'autre crapaudine, est à sa pesanteur effective, qu'on trouvera de cent trente-huit livres.

On sent combien ces données sont nécessaires pour établir les devis de ces sortes de travaux.

Il me reste à parler du collier à l'usage des portes d'écluse, que j'ai renvoyé à cet article.

Ce collier est une pièce de fonte dont AB représente la base circulaire (Pl. VII, fig. 5), et ACDB l'élévation vue en face; son rayon intérieur est le même que celui du collet, marqué ici par une circonférence ponctuée (fig. 8), dont le collier ne touche guère que le tiers de la surface : ce qui est plus qu'il n'en faut, puisque les ventaux, dans leurs mouvemens, ne décrivent pas tout à fait un quart de cercle. Les oreilles EA, FB ont chacune pour longueur le rayon du collet : d'où il suit que la surface du collier étant développée, se trouve à peu près double de son diamètre. L'épaisseur de ces oreilles va en augmentant depuis les points E et F, jusqu'aux extrémités A et B, afin de donner lieu à la liaison de la charnière, qui est le nom de la partie GO, autre pièce de métal qui s'ajuste avec le collier par de doubles nœuds traversés d'un boulon d'acier.

La queue OH de cette charnière est attachée par deux fortes chevilles S avec la fourchette ILK, formée par la première branche LM du tirant qui retient le collier de ce côté-là : elle est accrochée à la branche suivante NP, de manière à laisser un œillet pour y enfiler la clef R, appuyée contre de grosses pierres placées exprès dans le corps de la maçonnerie des bajoyers. Il faut observer que la direction AP de chaque tirant se trouve tangente au collet.

Pour proportionner la force des colliers à la grandeur des ventaux, ou à la largeur des écluses, il faut donner leur hauteur HI égale aux deux tiers du diamètre du collet, et lui donner pour épaisseur la sixième partie du même diamètre. Quant à la longueur GH des charnières, il faut qu'elle soit triple du rayon du collet, la largeur de la queue allant en diminuant, pour être réduite à la moitié de celle du collier, en lui conservant la même épaisseur.

La force du fer employé pour les tirans peut être réglée en donnant à la grosseur des branches la sixième partie du diamètre du collet, comme à l'épaisseur du collier. Ainsi, en suivant toujours le même exemple, le fer sera de 2 pouces (0,054) en carré, dont le pied courant pèse quinze livres. Cela suffit pour connaître la pesanteur du pied de tel échantillon qu'on voudra, puisqu'à longueur égale, leurs poids seront en raison des carrés de la largeur de leurs faces.

J'ajouterai que la longueur des branches ne doit point passer 5 pieds (1,624), afin de pouvoir multiplier les clefs, auxquelles on donnera 3 ou 4 pieds (0,074 à 1,299) de hauteur. On les fait d'une grosseur égale à celle des tirans, dont le nombre des branches et par conséquent celui des clefs dépendra de l'épaisseur des bajoyers.

Il faut proportionner le collet à la grosseur du poteau, par conséquent au poids des portes ; il faut le rendre capable de toute la résistance dont il aura besoin : c'est pourquoi il ne faut pas lui donner moins de 10 pouces (0,170) de diamètre quand il appartiendra aux portes des écluses, qui auront depuis 12 jusqu'à 18 pieds (3,897 à 5,856) de largeur.

Au collet des ventaux des écluses, qui avaient depuis 37 jusqu'à 42 (12,019 jusqu'à 13,643), on

donnera 14 pouces 6 lignes (4,562), et enfin l'on
donnera 16 pouces (0,433) à celui du collet des
écluses, qui auront depuis 43 jusqu'à 48 pieds
(13,968 à 15,592) de passage.

Les mesures que nous avons déterminées pour
les colliers, se trouvant les mêmes parties ali-
quotes de leur diamètre, il est certain qu'ils formeront des solides semblables à toutes les écluses, de quelque grandeur qu'elles soient, et par
conséquent seront dans la raison des cubes de
leurs côtés homologues, ou comme ceux de
leurs diamètres; d'où il suit qu'il suffira de connaître le poids du collier appartenant à un collet
déterminé, pour avoir celui de tout autre qu'on
voudra. Or, nous savons, par exemple, que le
diamètre de celui des ventaux du grand passage de l'écluse de Mardick avait 16 pouces
(0,433), et que leurs colliers, qui étaient à peu
près dans les proportions que je viens de prescrire, pesaient 520 livres.

Cela posé, voulant connaître le poids du
collier d'un diamètre de 12 pouces (0,325), on
dira : Comme le cube de 16 (0,433), qui est
4096 (0,0459) est à 520, pesanteur du collier
donné; ainsi le cube de 12 (0,0325), qui est 1728
(0,0343), est au poids du collier que l'on cherche, que l'on trouvera d'environ 220 livres, dont
les trois quarts, qui sont 165 livres, donneront
le poids d'une de ses charnières.

Crossette. s. f. Voyez *Voussoir.*

Croix de Saint-André. s. f. Charpente qui porte en décharge la lisse d'un pont de charpente, et tient en raison les deux flèches d'un pont-levis.

Cube. s. f. Corps solide, régulier, composé de six faces carrées et égales, et dont tous les angles sont droits et par conséquent égaux.

On peut considérer le cube comme engendré par le mouvement d'une figure plane carrée, le long d'une ligne égale à un de ses côtés, à laquelle cette figure est toujours perpendiculaire dans son mouvement : d'où il suit que toutes les sections du cube parallèle à sa base sont égales en surface, et conséquemment sont égales entre elles.

Pour déterminer la surface et la solidité d'un cube, on prendra d'abord le produit d'un des côtés du cube par lui-même, qui donnera l'aire d'une de ses faces carrées, et on multipliera cette aire par six pour avoir la surface entière du cube. Ensuite on multipliera l'aire d'une des faces par les côtés pour avoir la solidité.

Ainsi, le côté d'un cube étant dix pieds (3,248), sa surface sera 600 pieds carrés (195,000), et sa solidité 1000 pieds cubes (34,2772) : par exemple, la toise étant de 6 pieds et le pied de 12 pouces, la toise cube sera de 216 pieds cubes

(7,4038), et le pied cube de 1728 pouces (0,0343).

Culée. s. f. Massif de pierre qui arc-boute la poussée de la première et dernière arche d'un pont. Je renvoie à l'article *Pont* tout ce que j'ai à dire sur cette partie, qui en est inséparable.

Cycloïde, s. f., est une des courbes mécaniques, ou, comme les nomment d'autres auteurs, *transcendantes* : on l'appelle quelquefois *roulette*.

Cette courbe est décrite par le mouvement d'un point A de la circonférence d'un cercle, tandis que le cercle fait une révolution sur une ligne droite AP. Quand une roue de carrosse tourne, un des clous de la circonférence décrit dans l'air une cycloïde.

De cette génération il est facile de déduire plusieurs propriétés de cette courbe ; savoir, que la ligne droite AE (Pl. xxxix, fig. 6) est égale à la circonférence du cercle ABCD, et AC égale à la demi-circonférence, et que dans une situation quelconque du cercle générateur, la ligne droite *ad* est égale à l'arc *ad*, et comme *ad* est égale en parallèle à *dc*, *ad* sera égale à l'arc du cercle générateur ; et l'espace cycloïde AFE est triple de l'aire de ce même cercle.

Cylindre. s. m. Nom que les géomètres donnent à un corps solide, terminé par trois surfaces, dont deux sont planes, et l'autre convexe et circulaire. On peut le supposer engendré par la rotation d'un parallélogramme rectangle CBEF

I.

(Pl. xxxix, fig. 7) autour d'un de ses côtés CF, lorsque le cylindre est droit, c'est-à-dire lorsque son axe CF est perpendiculaire à sa base : un bâton rond est un cylindre.

La surface d'un cylindre droit, sans y comprendre les bases, est égale au rectangle fait de la hauteur du cylindre par la circonférence de sa base.

Ainsi la circonférence de la base, et par conséquent la base elle-même étant données, si on multiplie l'aire de cette base par deux, et qu'on ajoute ce produit à celui de la circonférence de la base par la hauteur du cylindre, on aura la surface entière du cylindre, et sa solidité sera égale au produit de la hauteur par l'aire de la base : car il est démontré qu'un cylindre est égal à un prisme quelconque qui a même base et même hauteur, ce qui est aisé à voir : et l'on sait que la solidité d'un prisme est égale au produit de sa base par sa hauteur.

Tous les cylindres, cônes, etc., sont entr'eux en raison composée de leurs bases et de leurs hauteurs. Donc si les bases sont égales, ils sont entr'eux comme leurs hauteurs ; et si leurs hauteurs sont égales, ils sont entr'eux comme leurs bases.

Quand le cylindre est oblique, la détermination de sa surface courbe dépend de la rectification de l'ellipse ; car ayant imaginé un plan perpendiculaire à l'axe et par conséquent à tous les côtés du cylindre, ce plan formera sur le cylindre une ellipse, et la surface du cylindre sera égale au produit de la circonférence de cette ellipse par le côté du cylindre.

FIN DU PREMIER VOLUME.

Imprimé en France
FROC022047300620
24394FR00009B/123